IDENTIDADE É DESTINO

A Editora Cultrix e o grupo Meio & Mensagem se uniram para publicar o que há de melhor e mais destacado na área de *business*. Trata-se de livros dirigidos a profissionais de comunicação e marketing, assim como a executivos e estudantes de visão, que sabem da importância de se conhecer novos caminhos no mundo dos negócios e conquistar a excelência pessoal e profissional.

Extremamente criativas e inovadoras, essas obras apresentam ao leitor os desafios e oportunidades do campo empresarial, na ótica de seus maiores líderes. Alguns dos nossos autores dirigem seu próprio negócio e outros chegaram ao ponto mais alto de suas carreiras em grandes multinacionais. Mas todos, sem exceção, contam o que aprenderam em sua jornada profissional, levados pelo simples desejo de dividir com o leitor a sabedoria e experiência que adquiriram.

Esperamos que você, leitor, ciente de que vive num mundo cada vez mais exigente, ache essas obras tão inspiradoras e úteis quanto nós, da Editora Cultrix e do grupo Meio & Mensagem.

meio&mensagem

IDENTIDADE É DESTINO

A LIDERANÇA E AS RAÍZES DA CRIAÇÃO DE VALORES

LAURENCE D. ACKERMAN

Tradução
AFONSO TEIXEIRA FILHO

Consultoria Editorial
PAULO STANDERSKI
Professor da FGV-EAESP

EDITORA CULTRIX
São Paulo

Título original: *Identity Is Destiny.*

Copyright © 2000 Laurence D. Ackerman.

Publicado originalmente por Berrett-Koehler Publishers, Inc., San Francisco, CA, USA.

Todos os direitos reservados. Nenhuma parte deste livro pode ser reproduzida ou usada de qualquer forma ou por qualquer meio, eletrônico ou mecânico, inclusive fotocópias, gravações ou sistema de armazenamento em banco de dados, sem permissão por escrito, exceto nos casos de trechos curtos citados em resenhas críticas ou artigos de revistas.

Dados Internacionais de Catalogação na Publicação (CIP)
(Câmara Brasileira do Livro, SP, Brasil)

Ackerman, Laurence D., 1950 -
  Identidade é destino : a liderança e as raízes da criação de valores / Laurence D. Ackerman ; tradução Afonso Teixeira Filho ; consultoria editorial Paulo Standerski. — São Paulo : Cultrix, 2004.

  Título original: Identity is destiny : leadership and the roots of value creation.
  ISBN 85-316-0858-9

  1. Empresas - Imagem 2. Liderança I. Título.
  II. Título: A liderança e as raízes da criação de valores.

04-6710   CDD-658.4092

Índices para catálogo sistemático:

1. Identidade corporativa e liderança :
   Administração de empresas 658.4092
2. Liderança e imagem corpotativa :
   Administração de empresas 658.4092

O primeiro número à esquerda indica a edição, ou reedição, desta obra. A primeira dezena à direita indica o ano em que esta edição, ou reedição, foi publicada.

Edição   Ano
1-2-3-4-5-6-7-8-9-10-11   05-06-07-08-09-10-11

Direitos de tradução para a língua portuguesa
adquiridos com exclusividade pela
EDITORA PENSAMENTO-CULTRIX LTDA.
Rua Dr. Mário Vicente, 368 — 04270-000 — São Paulo, SP
Fone: 6166-9000 — Fax: 6166-9008
E-mail: pensamento@cultrix.com.br
http://www.pensamento-cultrix.com.br
que se reserva a propriedade literária desta tradução.

Impresso em nossas oficinas gráficas.

Dedicado a meu pai, Jack, a meu filho, Max, e a Russ Anspach, mentor e amigo.

SUMÁRIO

	PREFÁCIO	9
	AGRADECIMENTOS	13
	INTRODUÇÃO: A LIDERANÇA SE DEFRONTA COM A IDENTIDADE	17
CAPÍTULO 1	A LEI DO SER	31
CAPÍTULO 2	A LEI DA INDIVIDUALIDADE	61
CAPÍTULO 3	A LEI DA CONSTÂNCIA	85
CAPÍTULO 4	A LEI DA VONTADE	105
CAPÍTULO 5	A LEI DA POSSIBILIDADE	127
CAPÍTULO 6	A LEI DO RELACIONAMENTO	147
CAPÍTULO 7	A LEI DO ENTENDIMENTO	175
CAPÍTULO 8	A LEI DO CICLO	203
CAPÍTULO 9	O QUE SE PODE ALCANÇAR COM A ADMINISTRAÇÃO BASEADA NA IDENTIDADE	229
	SOBRE O AUTOR	248

PREFÁCIO

Desde que o termo se tornou popular, cerca de cinqüenta anos atrás, *identidade corporativa* tem sido vulgarizada no seu sentido mais superficial e limitado: nomes, logotipos e anúncios publicitários — todos eles componentes básicos do marketing corporativo.

Esses elementos da "identidade" bastante conhecidos pelo público são criados por profissionais bem-intencionados para refletir a tendência atual dos negócios (tais como a globalização e a tecnologia). Às vezes, eles são projetados para imitar o jeito e o estilo das empresas *mais admiradas*, esperando que as características delas fiquem ressaltadas de maneira positiva. Com raras exceções, as identidades manufaturadas não possuem uma ligação clara com aquelas características exclusivas de criação de valor, que servem para distinguir das demais a empresa para a qual essa identidade foi criada.

Não devemos nos surpreender, portanto, com o fato de muitos gerentes questionarem o valor da "identidade corporativa". Também não é surpresa que essas "identidades" sejam descartadas e reformuladas com certa facilidade e despreocupadamente. Na maioria dos casos, aquilo a que nos referimos como identidade carece da integridade que é o que impõe respeito.

Mais recentemente, a noção de identidade passou a ter um significado mais profundo. Um relatório publicado pela *Conference Board* em julho de 1999, sobre a integração de empresas que passaram pelo processo de fusão, apresenta três fatores responsáveis pela criação de uma estrutura apropriada para uma organização bem-sucedida. No topo da lista estavam: a *identidade básica* da empresa, os *valores essenciais* para ela e a sua *estratégia comercial*. Os itens dois e três eram, respectivamente, o *modelo econômico básico do empreendimento* e a *filosofia e estilo do diretor-executivo*.

A pesquisa da *Conference Board* descreve, em seguida, como "a identidade da empresa, apoiada nos valores básicos e na estratégia comercial, pode promover o entendimento entre todos os funcionários e aumentar o desempenho". Isso já é um avanço, mas ainda há um longo caminho a percorrer.

No campo do comportamento e da psicologia humana, a noção de identidade é um reflexo daquelas qualidades que tornam uma pessoa única — um variado conjunto de traços que favorece a distinção e estimula a contribuição. Nesse terreno, a identidade se mostra como a mais eficiente das forças individuais. Por não conseguirmos aplicar essa definição de identidade, que é muito mais profunda do que as demais, aos "seres corporativos", temos prestado um grande desserviço aos negócios; na verdade, temos cometido uma fraude contra nós mesmos. Sem querer, as organizações acabam por violar o verdadeiro significado — e também o valor — da identidade, desperdiçando o próprio potencial produtivo.

O que fazemos ao não abraçar a identidade no seu sentido mais amplo é criar um vácuo organizacional cujo resultado é uma sobrecarga de trabalho para que os líderes executem suas tarefas — fazer com que os funcionários gostem do trabalho e proporcionar resultados que espelhem essa paixão; fazer com que, para os clientes, se torne uma "prioridade de vida" negociar com eles; e fazer com que os investidores se comprometam a continuar com a empresa apesar dos inevitáveis altos e baixos financeiros.

Quem somos nós? O que representamos? O que proporcionamos de diferente? Qual é o nosso lugar? Em milhares de entrevistas que realizei ao longo dos anos, descobri que essas são as perguntas mais representativas para os administradores e funcionários. E cabe ao diretor-executivo, ao chefe de seção ou da unidade, procurar as respostas.

Para responder a essas perguntas é preciso conhecer profundamente a identidade da empresa — não o nome, o símbolo, o *slogan*, mas a verdadeira identidade da instituição, que tem raízes profundas e encerra a integridade da própria instituição.

Há apenas uma maneira de continuar em frente: reconhecer e assumir a identidade como uma força que determina o destino de cada organização e de todos aqueles cujas vidas essa organização influencia. Minha proposta ao escrever este livro era a de colocar esse processo em funcionamento e, como resultado, mudar a razão e a forma pelas quais os líderes atuam.

AGRADECIMENTOS

Uma pessoa, acima de todas as outras, que contribuiu para tornar este livro mais legível, e até mesmo mais rico, foi Gerry Sindell. Desde o primeiro contato que tive com Gerry por telefone, em março de 1996 — depois que ele se apresentou a mim por meio de uma carta —, ele vem nutrindo um grande interesse pela história da administração baseada na identidade e acabou se tornando um dos maiores especialistas em suas leis. E conseguiu isso tudo sozinho.

A contribuição prestada por Gerry para *Identidade é Destino* é semelhante ao trabalho realizado por uma parteira. Desde a concepção até o nascimento, este livro consumiu cinco anos de esforços, chegando em alguns momentos a constituir até mesmo uma provação. Gerry esteve presente o tempo todo: como técnico de redação, revisor, *alter ego*, amigo e, quando necessário, chegou até mesmo a representar a minha consciência para decidir se aquilo que eu estava escrevendo era realmente o que eu queria dizer.

Numa sessão de "criação" na minha cozinha durante a primavera de 1996, Gerry e eu estávamos conversando sobre como estruturar este livro. Eu tinha trabalhado de três ou quatro maneiras diferentes para tratar do assunto e descartado todas elas nos dois anos anteriores. Muitos dos esboços que eu havia traçado foram todos deixados de lado. O assunto naquele momento era a singularidade das organizações. Eu estava descrevendo ao Gerry, com muito entusiasmo, sobre o que eu havia aprendido com a minha experiência em consultoria — que cada empresa é única e que a individualidade delas é a fonte da diferenciação. Gerry ergueu os olhos e, depois de uma pausa momentânea, perguntou-me se aquilo que eu estava descrevendo não seria de fato uma *lei natural*. Então Gerry formulou a pergunta de um modo mais abrangente, e a resposta a essa pergunta acabaria determinando a estrutura do livro: ele queria saber se: *Nas descrições que eu havia feito do impacto da identidade nas pessoas e nas organizações eu estava, de alguma forma, sugerindo que a identidade personificaria leis naturais que podiam ser aplicadas a ambas?*

Gerry Sindell me ajudou a encontrar o tom, e por isso eu lhe serei eternamente grato. Ele possui o dom da inspiração que, combinado com empatia, paciência e criatividade, ajudou a melhorar este livro e a me transformar em uma pessoa mais sábia.

Eu tenho um outro grande débito de gratidão para com Russ Anspach. Nos anos em que trabalhei com Russ em uma empresa que ele ajudou a fundar, a Anspach Grossman Portugal, ele me ensinou a sempre *ir além* das questões que eu formulava, das análises que eu fazia da situação dos clientes, e, sobretudo, do significado a que minhas conclusões levavam. Russ tem uma paixão pela verdade que contagia e serve de inspiração. Ele me ajudou a encontrar essa paixão em mim mesmo e a expressá-la em nome da integridade.

Outros também merecem crédito por terem confiado firmemente no assunto de *Identidade é Destino* e estarem presentes quando precisei, como minha empresária, Natasha Kern, que já incorporou a linguagem da identidade. Ela é um dos militantes mais empenhados na maneira de se viver com base na identidade e não mediu esforços para divulgar a proposta de *Identidade é Destino* até conseguir um contrato com o editor que estivesse melhor qualificado.

Minha esposa, Janet, serviu como revisora de idéias e de texto durante o tempo necessário para a realização deste livro. Como profissional da área de finanças, dotada de uma rigorosa capacidade de discernimento e visão para os pormenores, ela colocou à prova muitas de minhas idéias ao longo do caminho. Jan me ajudou a ter certeza de que muitas das implicações práticas de identidade ficassem claras de acordo com o caso. Também agradeço a ela por ter sido paciente comigo e pelo apoio que me deu durante o longo período em que me refugiei atrás do computador.

Da mesma forma, também tenho de agradecer a meu filho, Max, agora com quase onze anos. Durante os cinco anos dedicados a este projeto, Max desenvolveu um verdadeiro interesse pelo "livro do papai". Ele vivia me perguntando como estava indo o livro e se eu acreditava que as pessoas iriam gostar dele. Sua compreensão e paciência — especificamente em esperar por mim até que eu terminasse o período de trabalho para que fôssemos jogar bola — representaram para mim um "presente" inesquecível e de valor inestimável.

Agradeço também aos clientes cujas histórias eu relato neste livro. Para eles talvez eu deva meu maior reconhecimento. Em todos os casos mencionados, os executivos e funcionários das ilustres organizações de que trato abriram o caminho para que eu aprendesse os segredos de identidade ao mesmo tempo em que procurava atender às suas necessidades. Ao fazer parte deste livro, essas empresas, tanto individual como coletivamente, estão dando a todas as instituições um presente de valor excepcional, ajudando a iluminar o caminho para a criação de valor inerente à identidade. São elas que na verdade nos ensinam as Leis de Identidade e, por isso, são também as protagonistas deste livro.

INTRODUÇÃO:
A LIDERANÇA SE DEFRONTA
COM A IDENTIDADE

Em todos os estudos e trabalhos realizados sobre liderança, o assunto ainda mantém um certo tom de mistério que aguça nossa curiosidade e nos estimula a aprender mais. A liderança é o pré-requisito de todas as coisas: da mudança, do crescimento, da realização.

Quando pensamos em liderança, estamos pensando em indivíduos que demonstram coragem quando estão sob fogo cruzado, ousadia diante das incertezas, determinação em face de todas as vicissitudes. É comum considerarmos aqueles que ocupam posições de liderança como pessoas acima do normal, diferentes do resto de nós. Nos negócios, tratamos dessa forma gente como Louis Gerstner da IBM, Percy Barnevik da Asea Brown Boveri, Andrea Jung da Avon e Jack Welch da General Electric. No cenário político mundial, destacamos figuras como Nelson Mandela, Franklin Delano Roosevelt e Mahatma Gandhi. Todas essas pessoas demonstraram variados graus de coragem, ousadia e determinação.

Mas uma coisa absolutamente necessária para a liderança é a percepção — das pessoas, das organizações, diante de diversas circunstâncias e situações. Sem o conhecimento proporcionado pela percepção, toda a coragem do mundo pode resultar em nada — ou em algo pior. Se for mal usada, ela pode destruir excelentes organizações, prejudicar a vida dos funcionários e, até mesmo, levar o mundo à guerra.

Com o advento da era da informação — a era do trabalhador com instrução — a liderança ficou mais difícil do que nunca. Da perspectiva do líder, ordens e controle já não funcionam mais como antes, porque é impossível "obrigar" as pessoas a pensar de uma determinada maneira ou a repartir um conhecimento, se elas simplesmente não pretendem fazê-lo. O capital intelectual é hoje tão importante quanto o capital financeiro no planejamento e na condução dos negócios. A tendência de atingir um conhecimento cada vez maior continua ganhando espaço no historicamente mais físico e agregado mundo dos negócios, descrito há muito tempo por Frederick Taylor e Alfred Sloan. Essa nova tendência, que não pode ser detida, e que está sendo impulsionada rapidamente pela Internet, nos proporciona novas formas de identificar e resolver problemas e, com isso, modificar nosso pensamento a respeito da causa do sucesso.

As paredes caem, apesar de não muito facilmente, entre as divisões da empresa e entre as funções tradicionalmente tidas como auto-suficientes, como Marketing, Vendas, Pesquisa e Desenvolvimento, Produção, Engenharia, Finanças e Comunicações. Os espaços em branco entre elas — entre as divisões e também entre as funções — constituem um terreno fértil para a identificação de novas oportunidades de negócios.

As paredes também são derrubadas por outros meios. As linhas de demarcação tradicionais que existem entre os concorrentes vêm sendo atravessadas a toda hora por meio de consórcios (*joint ventures*) e alianças estratégicas projetadas para impulsionar a produtividade e expandir os mercados. Isso acaba proporcionando um ambiente no qual não é surpresa ver Bill Gates afiançar Steve Jobs, seu antigo rival, ao investir na Apple Computer.

O que todas essas mudanças significam? Elas anunciam as etapas iniciais de um período determinado sobretudo pela *mecânica da integração* e não pela unificação — integração da experiência, das idéias, da informação, das relações e, é claro, do conhecimento que é o resultado líquido de tudo isso. O poder dos líderes de hoje dependerá, cada vez mais, de suas percepções e da condição que tiverem para agir sobre o todo, adotando uma visão verdadeiramente *integrada* da vida.

É na área da integração que a liderança e a identidade se encontram. A identidade, como acabei descobrindo, é a única característica de uma organização ou de um indivíduo, que contém os *resultados integrados* das capacidades mentais, físicas e emocionais. Poderíamos considerá-la uma "pedra macia" que é o centro de todas as coisas humanas. Os líderes que compreendem com segurança a identidade podem olhar para o mundo de uma forma integrada, combinando as experiências externas e internas com os eventos, para produzir uma "história" unificada que nos conte como as coisas são — ou como elas podem ser. Perceber o mundo através das lentes da identidade pode proporcionar aos líderes aquele que talvez seja o único mapa em que se pode confiar para se navegar em um futuro turbulento.

A HISTÓRIA ENTRA EM CENA

Ao longo do tempo, tenho observado como as organizações se movem lenta, mas inexoravelmente, ao encontro inevitável de suas próprias identidades. É uma evolução provocada pela mecânica da integração, mecânica esta que podemos ver claramente em muitas das tendências definidas como prioridades de administração e prática durante as últimas duas décadas.

A marcha no sentido do conhecimento da identidade ganhou destaque no início da década de 1980, com a ascensão da cultura corporativa como um conceito de negócios bem aceito. O conhecido livro *Corporate Cultures* despertou a consciência do papel fundamental que as crenças e o comportamento humano têm no sucesso da empresa. Uma das maiores contribuições do livro foi a demonstração de como a cultura "integra" as pessoas através das linhas divisionais e funcionais.

Durante o mesmo período, os administradores começaram a pensar seriamente em "visão" e "missão" como parte de um léxico estratégico para suas empresas. Eles descobriram que missões cujos enunciados fossem bem formulados moldavam a estratégia de forma que as pessoas conseguissem compreendê-la em todos os níveis da atividade administrativa, do corpo executivo até os motoristas de caminhões, trabalhadores da linha de montagem e representantes de vendas. A missão original da Apple Computer, "tornar o computador mais humano", e a recente máxima da Maytag, "tudo para a sua casa", são dois bons exemplos. Os administradores descobriram que uma das características mais importantes de uma missão corporativa robusta era a capacidade de unir as pessoas para atingirem um objetivo comum.

No final da década de 1980 e início da de 1990, o conceito de competências corporativas dá mais crédito às características humanas — aptidões e especializações que integraram múltiplas disciplinas —, considerando-as a essência da estratégia efetiva. Uma vantagem competitiva sustentável surgiria a partir dessas competências, e não da tecnologia da empresa, da base de capital ou dos produtos e serviços. A obra de Gary Hamel e C. K. Prahalad foi de fundamental importância para que os administradores reconhecessem a existência e a relevância das competências basilares de suas organizações.

Mais recentemente, os administradores têm prestado muita atenção à idéia de que organizações bem-sucedidas estão unidas em torno de uma proposta que vai além do lucro. Apesar de tal "proposta" trazer recompensas financeiras, ela também reconhece a supremacia do homem no processo de criação de valor. Os principais expoentes da proposta corporativa são James Collins e Jerry Porras, cujo livro *Built to Last* esclarece a importância do propósito, e de outros estímulos não-financeiros, que estão por trás daquilo que eles chamam de empresas "visionárias".

Ao mesmo tempo em que percebemos um aumento das atividades estratégicas das empresas, percebemos também uma crescente preocupação por parte dos administradores com a marca corporativa, considerando-a como parte essencial de uma proposta de venda de uma empresa. O nome *Gillette* acrescenta um valor incalculável à linha de produtos Sensor. A IBM, a American Express e a Intel são *fabricantes de marcas* que inspiram confiança aos consumidores que adquirem os produtos dessas empresas. O que é significativo nesses casos é que a "marca" transmite ao consumidor informações acerca das competências e cultura de uma corporação bem como das características de seus produtos e dos benefícios prestados por eles.

Os mecanismos de integração estão muito mais evidentes hoje por causa da globalização, a qual, de forma peculiar, está fazendo com que as empresas se defrontem com o problema da identidade de forma muito mais séria do que anteriormente. A globalização está forçando uma integração lenta, mas constante, dos mercados e economias nacionais. Nas organizações maiores, ela está promovendo a integração da experiência, dos talentos, das crenças e das paixões entre pessoas que não se conhecem, que vieram de países diferentes e que não falam a mesma língua e nem possuem os mesmos costumes. Mesmo assim, essas pessoas estão sendo reunidas para competir em territórios nos quais são intermináveis os desafios que elas têm pela frente. "Quem somos nós?" é uma pergunta que nunca provocou tanta tensão quanto hoje.

De uma perspectiva histórica, um dos mais influentes pensadores sobre liderança e identidade das últimas quatro décadas é o dr. Abraham Zaleznik da Universidade de Harvard. Em seu artigo clássico, publicado na *Harvard Business Review* de 1963, "The Human Dilemmas of Leadership" [Os dilemas humanos da liderança], o dr. Zaleznik escreveu:

> O exercício da liderança exige um grande senso de identidade — saber o que uma pessoa é e o que não é — um sentido de autonomia, exclusividade ou identidade que permite uma liberdade de ação e de pensamento que são necessárias para a liderança.

A preocupação do dr. Zaleznik é com o indivíduo. O que eu tenho visto é que esse mesmo senso de identidade vale também para as organizações. Sua presença provoca uma revolução profunda nas idéias do que sejam liderança e administração.

Em um artigo da revista *Forbes* de outubro de 1998, Peter Drucker declara que a administração é uma disciplina social que lida com "o comportamento das pessoas e das instituições sociais". Ele prossegue, afirmando que:

> O universo social não tem "leis naturais" como as ciências físicas. Ele é uma matéria em contínua transformação. Isso significa que aquilo que antes era válido pode não ter mais valor hoje em dia e, de fato, ser totalmente inútil daqui para a frente.

Neste livro, eu postulo o contrário. Há, na verdade, leis naturais que estão sempre presentes. Essas leis proporcionam os elementos a partir dos quais as suposições podem e devem ser feitas. Diferentemente das leis naturais da física, que derivam de um mundo externo, essas leis vêm de dentro; elas emanam da identidade, e determinam a vida dos negócios da mesma forma que determinam a própria vida. Como essas leis funcionam — como elas influenciam cada empresa e cada indivíduo — é o assunto de *Identidade é Destino*.

Nas duas últimas décadas, eu trabalhei com mais de trinta diretores-executivos e suas equipes administrativas, ajudando-os a descobrir a identidade de suas organizações — o que são essas organizações, para que elas servem, e o que fazer sobre isso. Eu próprio descobri muito mais a respeito do que *não* é liderança do que sobre o que é. Liderança não significa simplesmente o presidente da empresa, ou outros membros da cúpula administrativa; tampouco significa aqueles administradores fora do comum nos cargos médios ou inferiores que deixam suas marcas em todos os setores da sua organização. A liderança não pode certamente ser definida por uma profissão, posição ou título, e nem diz respeito aos grupos proeminentes ou ao pessoal de uma organização. Diz respeito, sim, aos mercados, às indústrias e às sociedades, pois são eles que precisam de liderança.

Desse ponto de vista, acredito que a liderança possa ser melhor entendida como um modo de vida; um modo de vida que representa uma função da identidade de alguém — a identidade de um indivíduo ou de uma organização. É decisiva para a liderança, tanto em relação ao indivíduo quanto em relação ao empreendimento, a maneira pela qual a identidade atua na vida de um e de outro.

Os líderes se manifestam de muitas formas. Contribuições significativas para a vida dos outros, por exemplo, são feitas por pessoas cujo trabalho é realizado na solidão: programadores de computador e escritores. Entre esses profissionais estão cientistas, pesquisadores e outros que, em virtude de seus talentos e descobertas, muitas vezes acabam liderando outras pessoas. Daniel Yankelovich, um inovador na área de segmentação psicográfica do mercado no início da década de 1960 e fundador da Yankelovich Partners, é um exemplo importante. Como também o são Thomas Edison e Peter Drucker.

Por ser um modo de vida, liderança significa: *descubra quem você é, seja você mesmo, mostre o que você é*. Pelo fato de considerarmos os líderes como pessoas especiais, a liderança passou a representar um modelo para a aplicação de nossas capacidades especiais — a identidade de cada um. A liderança não se preocupa com a vida em seu sentido mais elevado; ela se preocupa com a vida simplesmente. No momento em que reconhecermos esse fato estaremos em posição de ver que o ponto de partida para a liderança começa com a simples atitude de assumirmos a responsabilidade de liderar os outros. A liderança deixará de ser escrita com inicial maiúscula e passará a ser escrita com inicial minúscula; trata-se de um gesto de humildade e responsabilidade que, uma vez assumido, pode ou não resultar em liderança.

A partir daí, a autenticidade terá supremacia sobre a autoridade; o que ajuda a explicar por que tantos empresários — Ted Turner, Mary Kay Ash, Michael Dell, Konosuke Matsushita — são usados como exemplos de líderes verdadeiros. O sucesso deles é conseqüência do fato de viverem de acordo com a própria identidade.

Por causa da identidade da corporação, a responsabilidade pela liderança pertence a toda a organização; não é mais domínio de uns poucos eleitos. A primeira meta dessa responsabilidade coletiva é liderar o mercado com base no potencial de criação de valor que só aquela empresa tem. A segunda meta segue quase no mesmo sentido da liderança de mercado; é a liderança social — o dom que uma empresa tem de promover uma mudança social positiva e permanente como resultado de uma administração feita por meio da identidade e, ao mesmo tempo, ganhar dinheiro com isso.

Há alguns anos, tive a oportunidade de trabalhar com a Ernst & Young, quando a empresa estava em meio a uma reestruturação de seus procedimentos gerais de auditoria. Eu pude descobrir, durante esse período, que essa empresa, aparentemente igual às demais (é comum afirmar que as Cinco Maiores empresas do ramo são todas iguais), tinha, no entanto, características claras e distintas. O que eu vi foi que a identidade da E&Y era representada pela capacidade indiscutível que essa empresa tinha de *proporcionar benefícios consideráveis* para seus clientes. Essa capacidade se traduzia em termos de benefícios financeiros, vantagens operacionais e competitivas.

Mas a contribuição prestada pela E&Y ao mercado ia muito além do relacionamento com os clientes. O papel institucional desse empreendimento — o favor prestado não só aos clientes, mas à sociedade como um todo — era também inerente a sua identidade. "Proporcionar benefícios consideráveis": essa frase serviria para liberar o potencial da E&Y no sentido de garantir maior segurança aos investidores e aos outros para confiarem na integridade e nos balanços e na saúde financeira das corporações.

Apesar dos milhões de horas e dos bilhões de dólares gastos na análise do porquê de determinadas coisas funcionarem e outras não, muitas empresas continuam atreladas a um conjunto de fatores muito limitado. Elas estudam com muito afinco elementos essenciais como a produção econômica, a demanda do mercado, as preferências do cliente e os pressupostos, a cultura e os procedimentos comerciais da organização a fim de alcançarem resultados positivos no relatório de lucros e perdas e no balanço da empresa. Novas técnicas analíticas, tais como a de valores econômicos agregados (EVA)[1], passam a ser desenvolvidas e a dar maior credibilidade às atividades de auto-avaliação.

No entanto, muitas vezes, os mistérios do sucesso e do fracasso permanecem obscuros. Por exemplo, por que a Westinghouse deixou de existir?[2] Foi um problema econômico ou administrativo? Falta de uma liderança visionária? Por que tantas empresas nascidas há décadas simplesmente desapareceram? Por que teimaram em vender produtos que as pessoas não queriam mais ou de que não mais precisavam?

Apesar da complexidade que são os negócios e a competição hoje em dia, eu acredito que o principal motivo por que essas empresas desapareceram é que seus administradores não deram atenção à identidade inerente a suas organizações; eles não foram capazes de determinar as características de criação de valor próprias de suas organizações.

Na tentativa de imaginar por que essas coisas acontecem, nós, como indivíduos e como empresas — dos diretores e gerentes até a linha de produção —, gastamos muito tempo observando fatos e mudando conceitos. Em contrapartida, preocupamo-nos muito pouco com aquilo que está por trás de tudo — por trás do conceito que formamos a respeito de nós mesmos como "pais", "maridos" ou "esposas", "chefes" e "empregados", ou, no caso das empresas, por trás das estratégias, das divisões, das funções, dos produtos e serviços e até mesmo das culturas que constituem os aspectos do empreendimento que podem ser percebidos mais facilmente e que aceitamos com mais naturalidade.

---

1. Técnica utilizada por uma empresa para avaliar quanto valor é agregado a uma atividade ou empreendimento. De acordo com ela, só existe lucro depois que todos os custos forem cobertos, inclusive o capital investido. EVA (Economic Value-Added) é marca registrada da Stern Stewart & Co. (N. do T.)

2. A Westinghouse foi adquirida em 1975 pela White Consolidate Industries formando a White-Westinghouse. Em 1986, a WCI foi incorporada à AB Electrolux e a White-Westinghouse passou a fazer parte da Global Appliance Company. (N. do T.)

Eu tinha vinte e cinco anos quando comecei a suspeitar que as coisas não "acontecem por acaso" e levei outros vinte e cinco anos para descobrir por qual meio misterioso elas acontecem. Sendo assim, venho sendo o objeto de minha própria experiência e estudando meus clientes também. Todas essas experiências e observações acabaram por me convencer de que existe uma razão pela qual a vida se revela e que conhecer essa razão é algo de valor inestimável.

Usando um exemplo pessoal, a minha decisão de entrar na Anspach Grossman Portugal em vez de ir para a Arthur D. Little quando eu tinha trinta anos foi algo que veio de dentro: tal decisão simplesmente parecia a mais correta. Eu sabia que a ADL daria prestígio à minha carreira depois de dois anos e meio na Yankelovich, Skelly & White. Mas eu me sentia instintivamente atraído pela AGP, que na época era uma empresa nova e pequena no ramo de consultoria de identidade corporativa. Percebo agora que minha atração era pelo conceito holístico da identidade e não como um campo de consultoria administrativa mais tradicional. Da mesma forma, entusiasmava-me o impacto extraordinário que a identidade poderia ter no sentido de unificar uma organização. Olhando para trás, tinha sido uma decisão que estava em perfeita harmonia com algo que mais tarde eu viria a aprender, que eram as Leis da Identidade.

Cinco anos antes, eu havia trabalhado com a Filene's, em Boston, onde permaneci por seis meses. Minha passagem pela Filene's contrariava as Leis da Identidade. Ignorei os fatos invioláveis da vida que essas leis prescrevem — na verdade, eu ainda não tinha consciência deles. Eu não percebia que meu relacionamento com os outros (nesse caso, com a Filene's) manter-se-ia firme apenas se houvesse um alinhamento natural entre minha identidade e a dos outros (as lojas da Filene's). Mais tarde eu me convenceria de que não tinha aptidão para o varejo e nem atração por ele. Não havia nada tão diferente de mim quanto o varejo.

Trabalhei com vários executivos e tivemos de lidar com uma série de desafios relativos à identidade; isso me levou a descobrir minha própria identidade e a viver de acordo com ela. Foi uma jornada com muitas surpresas, na qual descobri coisas muito interessantes sobre o meu passado; na qual tive verdadeiras revelações acerca do meu verdadeiro potencial. Talvez a surpresa mais importante de todas tenha sido o fato de ter ficado claro para mim que eu poderia contribuir com algo de valor para este mundo e ser, ao mesmo tempo, recompensado por isso.

Tanto para os meus clientes, como para mim mesmo, houve decisões certas e decisões erradas. Em alguns dos casos, o correto se tornava aparente à medida que nos aproximávamos dos cruzamentos; em outros, só o víamos pelo espelho retrovisor. Levei mais de vinte anos para entender corretamente as forças que agiam nessas situações.

Somente nos últimos anos pude entender que a identidade possui uma lógica própria. Muitos dos acontecimentos mais importantes da minha vida poderiam ser explicados em termos de *quem sou* e *quem não sou*. Os acontecimentos relativos a meus clientes poderiam ser explicados da mesma forma, dependendo de quem a empresa era e de quem ela não era. Enxergar o mundo dessa forma passou a ser uma disciplina de vida que hoje eu emprego religiosamente. As intuições contêm sua própria sabedoria — portas fechadas e sinais vermelhos, mas também oportunidades claras à espera de serem agarradas.

No verão de 1996, minha família e eu passamos uma semana no Home Ranch, em Clark, no Colorado. Foi lá, sentado sozinho, na ante-sala do nosso chalé, que eu percebi que a lógica da identidade realmente vinha de um conjunto definível de *leis* que esclareciam tanto sobre o que o trabalho faz na vida como o que ele não faz, seja para o indivíduo, seja para uma organização que possua dezenas ou até centenas de milhares de indivíduos. O que eu compreendi naquele momento foi que as pessoas e as organizações são governadas igualmente por essas Leis de Identidade — leis naturais que explicam os eventos passados e prenunciam o futuro.

Ao compreender essas leis, descobri também que elas obedecem a um certo padrão, uma seqüência distinta que amplifica sua lógica e as imbui de um significado adicional. Tomadas nessa seqüência, as leis formam uma crença — *a crença da identidade* — que diz respeito às organizações bem como aos indivíduos. Ambos são vistos pela identidade como um centro de gravidade, do qual não se pode escapar, que organiza tudo o que somos e fazemos.

No âmbito dessa crença, o pronome "Eu" é muito menos pessoal do que corporativo (*Eu*, Alcoa; *Eu*, Maytag). As oito leis da identidade e as crenças que elas revelam são as seguintes:

I. A LEI DO SER

Toda organização composta de um ou mais seres humanos tem o direito de estar viva, exibir capacidades físicas, mentais e emocionais distintas, que não apenas derivam das pessoas que a compõem ao longo do tempo como também as transcendem.

"Eu estou vivo",

II. A LEI DA INDIVIDUALIDADE

As capacidades humanas de uma organização invariavelmente se fundem numa identidade distinta que torna essa organização uma coisa única.

"sou único",

III. A LEI DA CONSTÂNCIA

A identidade é algo fixo, transcende tempo e lugar, ao passo que suas manifestações estão em constante transformação.

"e imutável, mesmo quando cresço e me desenvolvo."

IV. A LEI DA VONTADE

Toda organização é obrigada pela necessidade a criar valor de acordo com a própria identidade.

"No entanto, para de fato viver, devo me expressar por completo",

V. A LEI DA POSSIBILIDADE

A identidade prenuncia o potencial.

"e, ao fazê-lo, terei muito o que proporcionar."

VI. A LEI DO RELACIONAMENTO

As organizações são inerentemente relacionais, mas as relações estabelecidas por elas só terão força se o alinhamento natural entre as identidades das partes também o tiver.

"Mas, para tanto, preciso dos outros, e sou mais produtivo ao lado daqueles que também precisam de mim."

VII. A LEI DO ENTENDIMENTO

O valor dos talentos individuais de uma organização depende do valor observado no todo dessa mesma organização.
"Para estabelecer esses relacionamentos, devo primeiro ser reconhecido por aquilo que sou",

VIII. A LEI DO CICLO

A identidade determina o valor, o valor produz a riqueza, e a riqueza, por sua vez, preenche a identidade.
"para em seguida receber de acordo com aquilo que proporciono."

As Leis da Identidade acabaram por revogar as distinções tradicionalmente estabelecidas entre "liderança" e "administração", determinando um novo caminho a ser seguido — pelas pessoas, que simplesmente querem exercer ao máximo seus talentos individuais, e pelos administradores, que se empenham para que suas empresas façam o mesmo. Podemos chamar isso simplesmente de *administração baseada na identidade*. Pelo fato de as Leis da Identidade removerem as divisórias que existem entre "administradores" e "líderes", eu uso essas duas palavras alternadamente por todo o livro.

Nenhuma vida pode ser vivida na sua plenitude, nenhuma organização pode esperar atingir seu pleno potencial, sem antes abraçar as Leis da Identidade. As leis são totalmente interdependentes e inseparáveis. No entanto, cada uma delas tem sua própria história para contar e lições para dar — segredos, por assim dizer — sobre administração em época de mudanças, tanto para os indivíduos como para as organizações.

Ao apresentar a história da administração baseada na identidade, fiz uso da minha experiência com várias empresas, ao lado das quais lutei para promover mudanças e o crescimento. É importante também salientar que eu usei minha vida pessoal como contraponto à narrativa comercial. E o fiz por três razões:

- Primeira, porque as Leis da Identidade têm como fundamento a experiência humana e necessitam de um modelo humano de referência para que possam ser apreciadas por completo. É importante observar a ligação que as Leis estabelecem entre uma pessoa na qualidade de executivo (ou, no meu caso, na qualidade de profissional) e essa mesma pessoa na qualidade de ser humano.

- Segunda, como minha vida é a que conheço melhor, ela é o exemplo mais fidedigno para ilustrar como as Leis de Identidade afetam os indivíduos em sua vida diária.

- Terceira, porque a liderança, orientada pelas Leis da Identidade, é um estado que pode ser alcançado pelo homem comum — liderança sobre as pessoas cujas vidas ele afeta — da mesma maneira que foi alcançado pelo rico ou pelo famoso. Onde e como cada um de nós expressará sua liderança é algo que só saberemos quando acontecer. Mas é imperativo que saibamos que a liderança é uma característica inata. A identidade, juntamente com o potencial de liderança que ela traz em si, é uma função da vida simplesmente.

Meu propósito ao usar a minha vida como ponto de referência foi o de estimular os leitores a imaginar sua própria vida — sua própria identidade — nas páginas deste livro, e a considerar isso como uma etapa essencial do processo de liderar os outros e trabalhar com eles.

1 A LEI DO SER

TODA ORGANIZAÇÃO COMPOSTA DE UM OU MAIS SERES HUMANOS TEM O DIREITO DE ESTAR VIVA, EXIBIR CAPACIDADES FÍSICAS, MENTAIS E EMOCIONAIS DISTINTAS, QUE NÃO APENAS DERIVAM DAS PESSOAS QUE A COMPÕEM AO LONGO DO TEMPO COMO TAMBÉM AS TRANSCENDEM.

Eu estou vivo, sou único
    e imutável,
        mesmo quando cresço e me desenvolvo.
No entanto, para de fato viver, devo me expressar
    por completo,
        e, ao fazê-lo, terei muito o que proporcionar.
Mas, para tanto, preciso dos outros, e sou mais produtivo
    ao lado daqueles que também precisam de mim.
Para estabelecer esses relacionamentos, devo primeiro ser
    reconhecido por aquilo que sou,
        para em seguida receber
            de acordo com aquilo que proporciono.

Sempre tive certeza de que estava vivo porque, como todas as pessoas, respiro, travo relações e deixo minha marca no mundo. Somente depois dos 27 anos é que percebi que até então eu não sabia a diferença entre *viver* e *existir*.

Quando eu tinha quatro anos de idade, fui submetido a uma cirurgia no olho para corrigir um problema de estrabismo — eu era vesgo. A operação foi, tecnicamente falando, um sucesso, mas no seu decorrer, minha vida mudou para sempre. Ainda me lembro de que fui amarrado e deixado só na mesa de operações; que assisti aterrorizado à máscara de gás ser colocada no meu rosto sem que eu entendesse o que estava se passando. Eu estava, literalmente, fora de controle. Sentia que a morte era iminente. No momento crítico, parte de mim me deixou. Escapei-me por um buraco negro — um "túnel" criado por mim que me levava à liberdade e à sobrevivência.

No instante em que eu me livrei do aperto daquele homem desconhecido que estava sobre mim, com uma máscara verde no rosto, tive a impressão de estar num beco sem saída. Mas no momento em que eu perdia a consciência, em meio ao mais absoluto terror, fiz uma promessa para mim mesmo de que eu voltaria daquele estado. *Eu tinha de voltar.* Desse dia em diante, venho me empenhando — mais inconsciente do que conscientemente — em readquirir a minha integridade enquanto pessoa.

Vinte e três anos mais tarde, no dia 2 de setembro de 1977, dei entrada, a uma hora da manhã, no Hospital da Yale em New Haven, onde me prepararam para um transplante de córnea no olho direito. O cirurgião assegurou-me de que tudo correria bem e que logo de manhã eu já estaria com uma visão bem melhor do que nos últimos anos. Assim que ouvi essas palavras, percebi que haveria muito mais em jogo nas próximas horas do que a possibilidade de enxergar o mundo com olhos mais aguçados.

Acordei seis horas depois com um sentido intensamente vibrante do meu ser. O que eu via com o "novo olho", no muro de tijolos iluminado pelo sol à frente da minha janela, era a imagem de uma criança que na verdade não havia partido vinte e três anos antes: eu tinha recuperado uma parte de mim mesmo.

Naqueles primeiros momentos, ainda vagos, em que despertei depois da cirurgia, pude enxergar com mais clareza do que em qualquer momento anterior de minha vida. Tudo possuía um frescor de que eu nem sequer suspeitava um dia antes. Tudo parecia assustadoramente novo. Do ponto de vista emocional, algo novo também acontecera comigo. Senti-me livre de velhos temores: do medo de perder meu emprego, do medo da ira imprevisível de meu pai se eu fizesse algo errado. Naquele momento, eu não me sentia mais preso ao meu passado. Da mesma forma que aquela operação havia me ajudado a recuperar a visão, recuperou também meu sentido de controle e restabeleceu em mim um nível de autoconfiança que havia desaparecido anos antes.

Deitado ali, eu sentia, pela primeira vez na vida, que tinha de escolher entre viver ou simplesmente existir. Viver significava perseguir aquilo que *eu* acreditava ser importante e certo. Existir significava apenas continuar a fazer o que os outros esperavam de mim.

Quando chega aos nossos ouvidos, a Lei do Ser nos fala da necessidade de nos afastarmos de todos para que possamos entender quem somos. Eu não poderia chegar a entender a mim mesmo se tivesse contado com os outros, fosse direta ou indiretamente, para definir minhas capacidades, estabelecer meu rumo na vida, ou para me revelar minhas próprias paixões. Meus pais, porque me amavam, procuraram determinar meu caminho, criando expectativas sobre quem eu era, o que eu devia fazer e o que não podia fazer. Meus amigos, como todo amigo, eram os primeiros a me dizer sobre com que garota eu devia me encontrar, que matéria cursar na escola e que matéria não cursar. Orientadores vocacionais, alguns dos quais me apoiaram de verdade, e cujos apoios me foram valiosos, sugeriram carreiras erradas para mim, da mesma forma que meus primeiros patrões (por exemplo, os da Yankelovich, Skelly & White, que me sugeriram que eu tentasse a administração nacional de vendas).

Uma das diferenças mais óbvias entre pessoas que chamamos de líderes e as demais é que a maioria dos líderes são, ou pelo menos parecem ser, mais dinâmicos, carismáticos e *vivos*. Sejam sociáveis ou recatados, expressam suas preocupações, inspiram autoconfiança, tomam decisões cruciais e possuem o dom de atrair outras pessoas para suas idéias. Simplesmente existir — viver dia após dia e se entender com os outros — não basta. Para eles, ser tudo o que são capazes de ser — viver ao máximo — é o desafio da vida e um aspecto essencial à liderança.

É paradoxal que as mesmas relações que buscamos e de que necessitamos para tornar nossa vida mais plena também sirvam de obstáculo para ela na medida em que exigem muito de nós e exercem sobre nós pressões que podem, se não estivermos atentos para isso, mascarar aquilo que realmente somos.

A realidade para os líderes de negócios é ainda mais dramática. As empresas que eles dirigem são, em geral, tidas como desgovernadas por natureza. É verdade que elas possuem valores elevados que se definem por um conjunto de comportamentos, crenças e méritos. Mas podem também ser descritas legitimamente como comunidades orgânicas que evoluem no decorrer do tempo. Contudo, a característica mais marcante reside no fato de se acreditar que são seus líderes que estabelecem a direção a ser tomada por essas empresas. A verdade não é tão simples assim.

A Lei do Ser coloca em questão a própria natureza das empresas. Elas são planejadas e constituídas unicamente com estes propósitos: obter lucros, administrar da melhor forma suas disciplinas funcionais, seus processos comerciais, diretrizes de diretoria e cotas de vendas? Ou são as empresas tão vivas como as pessoas que nelas trabalham, assumindo características humanas que devem ser reconhecidas para que essas empresas tenham sucesso? Essa questão é filosófica apenas na aparência; na verdade, trata-se de uma questão essencialmente prática. Se assumirmos como verdade esse fato, então o desafio da liderança terá mudado completamente de sentido: em vez de o líder — seja ele um diretor administrativo ou um gerente geral — dirigir a instituição, *será a instituição a dirigir o líder*, colocando à disposição desse líder um veio inesgotável para a criação de valor fundamentado na identidade da instituição.

A HORA DA MUDANÇA

Em meados da década de 1980 atravessei um período no qual não tive descanso. Por um lado, eu estava muito satisfeito com a minha vida profissional como consultor de identidade. O período que passei na Anspach Grossman Portugal foi, para mim, como uma janela para o mundo; viajei bastante e trabalhei em tarefas fascinantes com administradores que tinham poder de decisão. Apesar disso, eu não me sentia livre. Sentia-me atrelado aos métodos tradicionais de resolução de problemas. No decorrer de um ou dois anos, comecei a perceber que a identidade empresarial, em termos teóricos e práticos, era um terreno aberto a uma exploração bem maior do que a que vinha sendo empreendida até então. Ao saber disso, fiquei transtornado. Eu precisava agir, precisava de uma plataforma para me desenvolver.

Quando chegou a primavera de 1985, completei quatro anos e meio trabalhando para a AGP, onde tinha aconselhado uma série de empresas americanas e intercontinentais a respeito de questões de identidade. Essas questões iam desde a mudança de nome até o reposicionamento da empresa, na maioria dos casos por meio de fusões, aquisições e reestruturações. Eu havia tido a oportunidade de trabalhar com a Electronic Data Systems sob a direção de Ross Perot; de ajudar a "dar à luz" o National Australia Bank, resultado de uma fusão entre dois bancos rivais; de dar assistência ao BOC Health Care, empreendimento mundial de equipamentos médicos e produtos anestésicos farmacêuticos do antigo grupo BOC; e de servir à Fidelity Investments na época em que Ned Johnson III avançava implacavelmente com sua locomotiva de serviços financeiros.

Trabalhar com a Fidelity, particularmente, serviu para me abrir os olhos para o poder oculto da identidade — especificamente, o poder que a identidade tem de moldar as fortunas de uma organização além do impacto superficial da imagem e da reputação. A partir da experiência que tive com a Fidelity, concluí que havia chegado a hora de seguir por conta própria no mundo da consultoria de identidade.

Em abril de 1985, junto com dois outros sócios, fundei a Identica. Era um risco que hoje poderíamos descrever como uma plataforma de lançamento da consultoria de identidade. Foi uma época de experiências, de desenvolvimento, testes e aprimoramento de teorias que buscaram determinar a verdadeira natureza e o verdadeiro papel da identidade corporativa.

Uma das coisas que me deixaram preocupado quando abrimos a firma era como expor a idéia de que o todo é maior do que a soma das partes. Revolvi mentalmente essa frase centenas de vezes, usando-a sempre com os clientes para descrever-lhes como a identidade comportava algo mais do que simplesmente as diversas linhas comerciais, produtos e divisões que tornavam visível o tecido da companhia. *O todo é maior do que a soma das partes.* Era uma daquelas expressões elegantes que todos podiam aceitar, mas eu precisava de mais esclarecimentos. O que, precisamente, significava "o todo"? Essa pergunta levou-me a ponderar mais uma vez se as empresas eram entidades sem rumo, formadas apenas para almejar lucros, ou eram humanas, vivas, como as pessoas que havia dentro delas.

Por mais que essas dúvidas a respeito dessa questão me incomodassem, isso se dissipou entre os anos de 1986 e 1987. Foi nesse período que eu trabalhei com a Alcoa, época em que o diretor-executivo Charles Parry e sua equipe procuravam ampliar o escopo dos negócios para além do alumínio.

ALCOA
Unidade de Cleveland, Junho de 1986

Visitei muitas fábricas ao longo dos anos e vi acres e acres de terra que haviam sido convertidos em cidades de aço, concreto e vidro. Eu ainda fico impressionado quando penso nisso e nas pessoas que vivem de noite e de dia entre os milhares de paredes dessas cidades. O que me impressiona é a coreografia disso tudo — a rara integração de pessoas e máquinas que produzem melhorias para a sociedade e lucro para as empresas.

Em junho de 1986, em pleno verão do hemisfério norte, um fato provocou uma reação de minha parte quando eu visitava a unidade siderúrgica de Cleveland. A visita ao local era muito importante para que eu passasse a conhecer a Alcoa como um dos maiores produtores mundiais de alumínio. A fábrica esteve agitada durante as duas horas que passei por lá.

No final do percurso, fui conduzido ao longo de uma esteira de arame e aço que devia ter uns quatrocentos metros de comprimento num galpão onde havia várias fornalhas gigantescas. Duas estavam em operação, vertendo alumínio derretido em moldes que ficavam a alguns metros abaixo delas. Foi uma visão inesquecível. Embora eu me encontrasse a uma certa distância da fornalha, pude sentir a pressão do calor em minha roupa apesar do avental e dos óculos de proteção. Milhares de faíscas voavam pelo ar, como se fossem fogos de artifícios saudando o alumínio. Isso era a Alcoa. O que pensava então não era nos banhos frios que se seguiam ou nos processos de extrusão ou corte. O que imaginava eram Boeings 747, fios condutores, pastilhas semicondutoras, blindagens, embalagens "longa-vida", potes, panelas e latas de refrigerante; tudo isso ganhando forma e sendo moldado e embalado na "Alcoa".

Naquele galpão, eu estava assistindo ao nascimento de uma parte do produto interno bruto do país. Não existe quase nenhum setor da economia que não seja atingido pelas toneladas de metal derretido que correm por aquela esteira para se tornar algo de valor para a sociedade.

Da mesma maneira que muitas empresas de porte considerável e de ponta, a Alcoa não estava muito familiarizada com o público em geral. Era uma daquelas companhias cuja função principal era explorar e produzir óleo e minérios, ou transformar essas matérias-primas em produtos básicos como metais, químicos e plásticos que servem para a fabricação de tudo, desde fios condutores e revestimentos de aeronaves até tubos de ensaio e fibras para vestimentas. A Alcoa é uma empresa cujo maior impacto na sociedade não é, em geral, reconhecido pela maioria das pessoas cujas vidas são profundamente afetadas por ela.

Como eu descobriria em breve, toda a energia que eu senti naquela fábrica de Cleveland naquela tarde quente de junho não era nada comparada à energia que havia dentro da própria Alcoa, um ser corporativo que estava determinado a moldar o mundo ao qual ele servia.

No outono de 1985, aproximadamente seis meses depois de a Identica abrir as portas, apareceu um artigo no caderno de negócios do *The New York Times* tratando da Alcoa e de sua busca pela diversificação; havia lá também um retrato de Charles Parry, diretor administrativo na época, com um olhar que parecia estar enxergando longe. Percebi que era um homem determinado a diversificar e — eu esperava — alguém que aproveitaria a oportunidade para entender melhor o potencial que havia na organização como um todo.

Imaginei que a melhor maneira de manter a bola em jogo era expor meu caso a ele diretamente em uma carta. Aproximadamente duas semanas depois, recebi um convite para me reunir com Dick Fischer, vice-presidente sênior e conselheiro geral da companhia. Era um momento crítico para a Identica. Tínhamos apenas alguns meses de existência, mas eu pressentia que iríamos conseguir um cliente muito importante.

Pouco depois da nossa reunião em Pittsburgh, fomos recrutados por Fischer para ajudar a gerência a preparar o terreno para a mudança. Acreditávamos que a identidade da Alcoa estivesse mudando devido à diversificação da empresa e que redefinir a "nova Alcoa" e torná-la mais participativa seria uma etapa importante na construção dos alicerces para a mudança, tanto interna quanto externa. No final, era uma tarefa que acabaria deixando claro para mim qual era a influência dominante da identidade sobre a capacidade de uma organização não apenas de mudar, mas também de liderar seu segmento de mercado e modificar a sociedade.

Foi graças à curiosidade intelectual de Dick Fischer que pudemos completar nossa tarefa, na qual ele se empenhou em nome da descoberta. Ele deixou claro para nós, de várias maneiras, que seu desejo era "conhecer a identidade da Alcoa".

Dick tinha um brilho nos olhos que nunca diminuía. Eu raramente vi num cliente um entusiasmo tão grande quanto o que ele tinha a respeito da identidade. Um dia, no começo do inverno, cheguei em Pittsburgh para entrevistá-lo. Era a primeira de uma série de reuniões com executivos que realizaríamos ao longo desse trabalho que visava descobrir a identidade de um empreendimento que estava literalmente enclausurado em sua própria glória: Tudo o que poderia ser feito de alumínio no edifício da sede da Alcoa era feito de alumínio! Lembro-me particularmente dos elevadores. Eles emitiam um brilho pálido que rodeava os ascensoristas e expressava a convicção que os funcionários da Alcoa (que em geral se referiam a si próprios como "alcoanos") tinham a respeito do potencial ilimitado do negócio do qual faziam parte.

Entrei no escritório de Dick, depois de ser levado para lá pelo seu assistente, e encontrei-o olhando pela janela. A vista ia bem além dos limites da cidade. Ele voltou-se para mim com um olhar amargo e apontou o horizonte. Perguntou-me se eu conhecia a história dos dois pedreiros que estavam diante de uma pilha de tijolos. Não esperou a resposta e continuou:

— Quando lhes perguntaram o que viam, o primeiro deles, depois de olhar para a pilha, respondeu consternado que se tratava apenas de uma pilha de tijolos. O segundo pedreiro levantou os olhos e disse, medindo as palavras, que tinha diante de si uma catedral.

Estava claro o que Fischer queria dizer: A Alcoa era um simples conjunto de bens ou havia mais no empreendimento do que viam os olhos?

No decorrer da entrevista, Dick deu a entender que via a identidade como o canal de ligação entre a instituição e o mundo exterior. Embora a tarefa que nos havia sido designada se concentrasse em ajudar a gerência a ser mais participativa para impedir mudanças decorrentes da diversificação, o que Fischer desejava, embora não o dissesse, era algo mais amplo: Ele queria saber o que havia por trás de uma cortina de alumínio, se é que havia algo; ele queria saber o que havia feito da Alcoa o que ela era.

A Hora de Expandir

A segunda metade da década de 1980 pode ser definida como um período de exploração vigorosa e de tentativa e erro para a Alcoa. Quando comecei a dar consultoria para a empresa, Charles Parry e o presidente da companhia, Fred Fetteroff, já estavam tomando medidas no sentido de se defrontar com a nova economia e com as novas pressões decorrentes da competição. Em relação ao negócio principal que era o alumínio, uma das metas era encolher, mas fortalecendo as atividades em resposta à consolidação da indústria. Por exemplo, a Alcoa estava buscando reduzir a capacidade da fundição em 25 por cento. Ao mesmo tempo, a companhia continuava procurando novos e significativos usos para o alumínio em produtos comerciais e industriais que ampliassem o potencial do mercado. Por causa dessas diretrizes, a Alcoa investiu 142 milhões de dólares naquele ano para estimular inovações tecnológicas dirigidas a aplicações de maior valor agregado. Sistemas de embalagem, nos quais o alumínio poderia ser um produto melhor em termos de custo, maleabilidade e segurança, eram um item importante na época.

Uma outra iniciativa interessante a ser tomada era a busca de aquisições e fusões planejada para ampliar os negócios da companhia para além do alumínio. Poucas regras rígidas orientavam essas iniciativas, além da necessidade de se obter determinadas taxas de retorno. Procuramos averiguar se seria vantajoso para a empresa o desenvolvimento de novos produtos de alumínio e a formação de consórcios com empresas externas. Almejávamos o desenvolvimento de novas tecnologias, produtos e mercados em áreas como cerâmica e diferenciações — produzir novos materiais a partir de outros já existentes.

Essas pequenas iniciativas foram complementadas por outras que eram enormes em escopo e ambição. Eu me lembro de uma conversa com Dick Fischer, na qual ele assinalou que a Alcoa estava pensando em adquirir uma grande empresa aeroespacial e de defesa, que as negociações caminhavam com "bastante seriedade", e que, se dessem frutos, isso basicamente reformularia a Alcoa. No final, a compra não aconteceu. Mas, aos meus olhos, aquele não era o ponto. Em 1986, negócios daquele vulto eram raros para a gerência; o simples fato de ter vislumbrado uma aquisição como essa representava, eu sentia, um procedimento característico da Alcoa — uma expressão da enorme paixão pelo alumínio e a infinidade de usos para esse produto; uma paixão que pulsava nas veias desse empreendimento de metal e manufatura aparentemente conservador.

À medida que eu ouvia Dick descrever a outra empresa, pude sentir o que ele deve ter sentido: *Seria um grande achado. Isso faria da Alcoa uma empresa mais ágil, e expandiria ainda mais sua enorme influência em termos de propriedade tecnológica e de desenvolvimento de produtos de larga escala.*

Minha tarefa, oficialmente, era desenvolver uma posição estratégica para a Alcoa; e essa tarefa começaria por articular aquelas características que haviam tornado a organização distinta das demais. De muitas maneiras, este era o procedimento padrão: Durante anos, o posicionamento corporativo tem sido uma prática aceita por clientes e consultores. Mas nunca foi um procedimento-padrão para mim. Uma tarefa como aquela representava uma oportunidade para descobertas, uma oportunidade de ir até o cerne da companhia com o objetivo de identificar as características particulares a ela, que definiam sua identidade. Esse era o caso da Alcoa.

A análise da identidade é feita por um processo de desconstrução, seguido por um processo de reconstrução. Tudo é colocado de lado para em seguida ser recolocado no lugar de uma forma que se dirija ao todo da organização. Tudo é direcionado para responder à pergunta: *Como essa organização cria valor de propriedade?*

O que deve ser analisado? Quais são as informações que os gerentes devem processar? São muitas, mas três se destacam. A primeira diz respeito às experiências, comportamentos e percepções daqueles que estão envolvidos diretamente no processo de criação de valor, entre eles os gerentes e empregados, clientes, investidores e fornecedores. Em cada caso, trata-se de uma questão de analisar a relação existente para determinar como a empresa cria valor de propriedade para aquele grupo em particular.

De muita importância, também, é a história da empresa, sobretudo para organizações que existem há décadas e às quais o tempo possibilitou aprofundarem e redefinirem suas identidades. Uma terceira fonte preciosa de informação e percepção é a literatura da empresa, os discursos de seus executivos, as pesquisas de mercado existentes e outros materiais publicados. Estes podem ser lidos nas entrelinhas, e também ser tomados ao pé da letra, sendo úteis para determinar a natureza da instituição.

Acima de tudo, discernir a identidade significa *ver através* de todas as camadas: através dos produtos e serviços que preenchem os catálogos, as prateleiras das lojas, as linhas de produtos e as transportadoras; através das unidades organizacionais (as unidades comerciais, divisões, departamentos e escritórios) que abrigam os funcionários; através das doutrinas culturais que determinam as regras de comportamento; através da formulação de hipóteses sobre "em que negócio estamos" — através de tudo isso até atingir o coração, o cérebro e a alma da empresa como se ela fosse uma entidade autônoma no sentido mais puro do termo. É aqui que reside a identidade, movimentando-se de acordo com seu próprio ritmo, sem a sobrecarga das diversas camadas que distraem a atenção dos administradores daquilo que de fato "faz a empresa se mexer". Em outros termos, é como subir ao topo de uma montanha, procurando ao redor por sinais de vida, quando a vida se encontra bem debaixo de nossos pés. Os líderes procuram a identidade por toda parte; no entanto, bastaria olhar para baixo.

O desafio que havia em descobrir a identidade da Alcoa em face da diversificação era enorme. Se eu não fosse cuidadoso, toda a atenção que estava sendo voltada para a diversificação teria me desviado do curso. E discernir acerca da identidade era ainda mais difícil porque a diversidade — construir a Alcoa — vinha acompanhada de uma tentativa por parte da administração de descentralizar a empresa — para *des*integrar a companhia. O tipo correto de diversificação, pensei, poderia fortalecer a Alcoa, presumindo-se que as metas da gerência estivessem em sincronia com a identidade da empresa. A descentralização, no entanto, se fosse longe demais, poderia representar um obstáculo para a força produtiva da Alcoa; poderia comprometer o relacionamento entre as divisões e entre as funções da empresa, e esses relacionamentos davam força à identidade da Alcoa.

O objetivo da descentralização era aprimorar o desempenho dos funcionários, estimular uma ação mais voltada para o mercado e situar a responsabilidade operacional perto do cliente por meio do cômputo de lucros e perdas diretamente no nível da unidade comercial. Para gerentes que buscavam maior autonomia, isso era o ideal. Mas, para a grande maioria dos funcionários, era uma época muito confusa, pois tudo parecia estar pronto: a composição do negócio, a maneira pela qual ele era organizado e, mesmo que implicitamente, o reconhecido valor de sua orgulhosa herança, devida sobretudo ao processo de Hall — a tecnologia pioneira do empreendimento.

O Milagre de Hall

Eu tinha descoberto que toda organização tem na sua história um evento, uma experiência, ou um momento em que a identidade se forma. No caso da Alcoa, essa experiência foi o processo de Hall. O processo de Hall não foi apenas o resultado de uma experiência científica; era um ato que desafiava as possibilidades científicas, as possibilidades financeiras e as possibilidades comerciais. Era impossível investigar a identidade da Alcoa sem estudar o processo de Hall e como ele veio a existir. Não apenas porque esse processo foi importante para tornar o alumínio viável comercialmente, mas porque muitos dos administradores com quem falei se referiam a ele como algo muito maior do que um simples acontecimento da história.

Durante uma aula de química na Faculdade Oberlin em 1883, Charles Martin Hall, ao que parece, ouvia seu professor Frank F. Jewett falar sobre alumínio e sobre a dificuldade de se encontrar uma forma de torná-lo um produto economicamente viável. Jewett teria dito: "Qualquer um que descubra um processo para a produção do alumínio em escala comercial trará uma bênção para a humanidade e uma fortuna para si próprio." Charles Hall decidiu aceitar esse desafio. Não ia ser fácil. Além de ter de chegar à fórmula certa para a produção do alumínio, ele teria de construir o equipamento adequado e misturar seus próprios produtos químicos; não havia precedentes para esse trabalho. O professor Jewett tornou-se o mentor de Hall, estimulando-o para que seguisse em frente. Ele também lhe proporcionou o laboratório, os equipamentos e o conhecimento que tinha de química.

No dia 23 de fevereiro de 1886, Charles Hall produziu glóbulos de metal do alumínio por meio da eletrólise do óxido de alumínio dissolvido em criolita fundida. Isso era, naquela época, quase um milagre da química. Hall havia superado os desafios da ciência e foi recompensado por isso.

Pouco depois dessa experiência bem-sucedida, Hall fundou a Pittsburgh Reduction Company, que precedeu a Alcoa. No entanto, ele teve antes de superar diversos problemas como a deserção de dois investidores de Boston e uma tentativa da Cowles Electric Smelting and Aluminium Company de retirá-lo do negócio comprando a sua parte. Ele ainda teve de manter-se firme diante de uma ameaça à sua patente feita por um cientista francês, Paul Heroult, que havia patenteado um processo semelhante. Charles Hall acabou vencendo. Logo, esse novo metal, o alumínio, viria a mudar o funcionamento do mundo.

Ao refletir sobre o quanto o processo de Hall afetava a identidade da Alcoa, imaginei que esse "processo" representasse mais um meio de libertação profissional e pessoal do que uma forma de libertar o alumínio de seu confinamento mineral. Hoje eu entendo o valor que o alumínio tinha como ícone da companhia, e posso entender melhor o quanto seria arriscado defender uma diversificação que contemplasse produtos sem alumínio sem advogar os benefícios econômicos que essa diversificação poderia causar.

Qual seria o centro de gravidade da Alcoa se o alumínio passasse a assumir uma posição secundária em relação a outros materiais? De que forma a Alcoa poderia continuar a contribuir para a sociedade? Esses eram os problemas mais imediatos na mente dos administradores, fossem esses problemas colocados em pauta ou não. O principal desafio para Charles Parry e sua equipe era justamente colocar esses problemas em pauta.

Numa das discussões, um administrador de médio escalão observou que a Alcoa estava se descentralizando de tal maneira que ele não ficaria surpreso se os zeladores da fábrica acabassem por ter uma unidade própria. Deixando o humor de lado, esse comentário me fez perceber o verdadeiro temor que tomava conta daquele homem: o de que a descentralização ameaçasse a integridade da empresa. Ele simplesmente não estava preparado para a desintegração de uma instituição que tinha, em suas próprias palavras, "se tornado rica" ao concentrar esforços coletivos na melhoria da produtividade dos consumidores e da sociedade ao longo de uma centena de anos.

No decorrer das entrevistas, descobri que uma das razões pelas quais a Identica tinha sido contratada era por causa de uma série de executivos que temiam que quando a poeira assentasse — depois que a companhia estivesse totalmente descentralizada — restaria muito pouco dela para ser chamado de Alcoa. A necessidade de uma identidade tinha se tornado um dos objetivos, embora não oficial, da administração.

De muitas formas, a Alcoa tinha sido uma das primeiras empresas a adotar esse elixir que nós hoje chamamos de "mudança". Mas isso se deu a um custo que exigiu, desde o início, que se buscasse a identidade da empresa. Eu passei a acreditar que a mudança e a lógica comercial inerente a ela promoviam incertezas em relação ao futuro da companhia. A ansiedade que se criou em torno da descentralização corroía os fundamentos daquilo que se acreditava ser o propósito da Alcoa: tomar o alumínio em sua forma bruta e torná-lo mais seguro e útil para as pessoas.

Internamente, a incerteza que aquela mudança alimentava havia chegado a um ponto em que qualquer consenso sobre a missão corporativa não mais existia — isso em uma companhia que vinha tendo sucesso havia mais de cem anos na missão de *ser a melhor empresa de alumínio do mundo*.

Uma coisa que se tornou clara e cristalina para mim durante o tempo em que estive envolvido com a Alcoa foi que nenhuma companhia que aspire à liderança do mercado ou da indústria no seu ramo pode esperar lograr esse intento sem uma missão que una o bem-estar da instituição ao bem-estar da sociedade de forma concreta e material. A identidade de uma empresa proporciona, ao mesmo tempo em que explica, esse laço de união.

Estabelecer e transmitir esse laço é algo que intensifica a paixão dos funcionários pelo sucesso, seja a época boa ou ruim; é algo que dá significado ao trabalho deles e que vai muito além do dinheiro. Eu percebi que, para Charles Parry conseguir enquadrar sua empresa nos termos da diversificação, era preciso que esse laço continuasse claro.

Por causa da enorme paixão que acompanhava a história da Alcoa, afirmar simplesmente que ela era "a melhor empresa de alumínio do mundo" não bastava; pois essa afirmação não conseguia articular o impacto que a Alcoa exercia sobre os consumidores e a sociedade, e deixava os funcionários sem um porto onde atracar diante daquele mar de mudanças.

A Identidade Vem à Tona

A Alcoa era mais do que um negócio, era um ser dinâmico e complexo que desafiava qualquer explicação a respeito do que o tornava especial. À medida que o meu trabalho prosseguia dentro da empresa, mais fácil ficava se perder nos meandros da diversificação, das tecnologias, das operações, das relações com os clientes, na história da empresa e na cultura, que representavam os elementos mais evidentes de sua estratégia, sua infra-estrutura e sua organização.

Uma forma de descobrir a identidade da Alcoa era deixar de lado as estatísticas comerciais e responder a esta pergunta: Se levarmos em conta o que a organização faz e vende (neste caso, o alumínio) e considerarmos os 55 mil funcionários da empresa como um único indivíduo, então para que servirá esse "indivíduo" em particular? Quais serão as qualidades, especialidades e talentos desse indivíduo que gerou uma herança centenária?

Essa pergunta foi formulada deliberadamente com o intuito de revelar quanto valor a Alcoa criou, *valor de propriedade*. Apesar de se tratar de uma questão "comercial", seu poder vinha da força com a qual nós, seres humanos, agimos.

Eu aprendi ao longo de minha experiência pessoal, e observando a dos outros, que a identidade de um indivíduo — a característica exclusiva que torna especial cada um de nós — é a fonte do valor que ele é capaz de criar; quer esse valor se expresse em termos da saúde financeira de um empreendimento, na estabilidade familiar, ou no bem-estar da comunidade. O mesmo vale para as organizações.

A identidade da companhia é a fonte do valor que ela é capaz de criar para o mundo. A criação de valor é o ponto em que o negócio e a vida convergem. É a porta de entrada do reino da identidade, o caminho para conhecermos quem de fato somos e o que de fato representamos. Por isso, passei a entender a dinâmica da criação de valor como o fundamento para a descoberta da identidade. O desafio seria descobrir padrões, recorrências, semelhanças na maneira de uma organização trabalhar, que revelassem a história da criação de valor.

Além do Alumínio

A identidade pode ser algo difícil de achar, e o processo de descobertas, sutil. Como eu já disse, certos procedimentos são rotineiros: fazer entrevistas minuciosas com grupos internos e externos, analisando o conteúdo da literatura da empresa e de seus negócios e lendo nas entrelinhas os discursos dos executivos, além de sondar as críticas e análises da história da empresa.

Descobri também que muitas vezes existe um passo que precisa ser dado, que a princípio nem sempre sabemos qual é. No caso da Alcoa, esse passo era uma análise pormenorizada de três funções que estavam no centro do processo de criação de valor da Alcoa: pesquisa e desenvolvimento, engenharia e marketing e vendas. Raciocinei que se eu pudesse esclarecer e relacionar as contribuições particulares de cada uma dessas funções, um quadro mais claro do todo se descortinaria.

Minha avaliação dessas três funções-chave foi reveladora. A contribuição do setor de pesquisa e desenvolvimento deu-se na forma de novos materiais — blocos de construção que a Alcoa poderia usar para moldar o próprio futuro. Para toda essa sofisticação, o setor de pesquisa e desenvolvimento tinha uma alquimia própria, diferente do processo de Hall original. Essa alquimia se concentrava no processo de diferenciação, o qual criava novos materiais a partir de materiais existentes. O setor de pesquisa e desenvolvimento trabalhava com cerâmica, incluindo o processamento de pós cerâmicos, carbono térmico e plasma. O desenvolvimento de novas ligas, como lítio-alumínio, lítio-magnésio e a Liga 6009, uma patente da

Alcoa, eram pesquisas prioritárias, assim como a criação de compósitos, como o Arall 1. O processo de criação de valor estava vivo e gozando de boa saúde no setor de pesquisa e desenvolvimento da Alcoa.

O resultado do trabalho da engenharia era visível. A enorme capacidade dos engenheiros da Alcoa contribuía de maneira extraordinária para o desenvolvimento e produção de produtos industriais, comerciais, bélicos e de consumo. Esses produtos eram aviões, fios condutores, automóveis, revestimento de pontes, embalagens, blindagem, microrradiadores e até mesmo corrimãos e panelas.

No entanto, a história não se resumia aos produtos. Se havia alguma magia na Alcoa — e de muitas formas havia — essa magia se encontrava na disciplina da engenharia. Ao estudar essa função vital, resolvi buscar o significado literal do termo "engenharia": eu precisava saber mais. O que descobri serviu para que eu compreendesse melhor essa função e a importância de mantê-la intacta. De acordo com o dicionário *Webster's*, engenharia é "uma ciência prática preocupada com a utilização de produtos inorgânicos da Terra, com as propriedades da matéria, os recursos naturais e as forças físicas necessárias para suprir as necessidades humanas na forma de estruturas, máquinas, produtos manufaturados, instrumentos de precisão e organização industrial. São os meios de iluminação, aquecimento, refrigeração, comunicações, transporte, saúde e segurança pública e outros trabalhos produtivos". Não *um meio*, mas *os meios*. A engenharia era o centro de gravidade da Alcoa. A definição do termo mostrou qual era a relação dessa empresa com a sociedade.

A Alcoa era também muito eficiente em marketing e vendas. Devido à preocupação crônica que a organização tinha com o valor social e econômico do alumínio, os administradores da Alcoa fizeram dos meios de educar e conquistar o consumidor uma forma de arte. A origem desse dom essencial estava nas raízes da empresa.

Parte de minha análise consistiu em ler o livro *Alcoa: An American Enterprise*. Era a história oficial da companhia e continha inúmeras linhas que mostravam que a Alcoa, desde o início, dava muita importância ao marketing no sentido mais amplo do termo, terreno no qual ela sempre se saía bem.

No começo, ninguém queria o novo metal. (...) A Alcoa tinha de desbravar novos usos.

Confeccionar tubos de maneira satisfatória e a custos razoáveis provou ser um processo longo e tedioso. A aceitação desse produto por parte do mercado tinha de ser criada concomitantemente.

A companhia teve de fabricar lâminas, cabos, fôrmas fundidas e por extrusão, fios, varas, barras, moldes, papel, pó, pasta e tornos de alumínio.

Teve de ir ainda mais longe chegando a fabricar utensílios de cozinha, tampas de garrafa e mobília de alumínio.

É algo revelador, hoje, uma época que chamamos de era do conhecimento ou era da informação, olhar para o passado e contemplar os processos dinâmicos de marketing e vendas da Alcoa. De muitas formas, os administradores e empregados da Alcoa já haviam percebido isso quando desenvolveram um sistema de apoio ao consumidor, o qual procurava fazer do conhecimento um meio de estabelecer autoridade em um determinado campo (alumínio). Eles fizeram isso desenvolvendo uma vasta biblioteca de materiais para a educação do consumidor que, como se pode notar quando se visita os escritórios dos clientes, preenche a prateleira das estantes — e, portanto, a mente — dessas pessoas tão importantes para eles.

Desvendar o segredo da identidade da Alcoa era como montar um quebra-cabeça de mil peças: todas as peças estão à mão; o problema é como elas se encaixam. Não foi senão perto do final de minha análise que as peças começaram a se juntar compondo um quadro unificado e lógico do todo.

Eu estava em meio a um grupo de estudos em Pittsburgh, voltado para o funcionário. Um gerente de produtos na divisão de embalagens batia sempre na mesma tecla: tecnologia. Com uma insistência fora do comum, ele ressaltava que a Alcoa sempre foi "boa" em tecnologia, mas naquele momento, com toda a sua atenção voltada para a mudança e objetivando descentralizar o setor de engenharia, ele receava que o talento da empresa para a tecnologia, desenvolvido sobretudo em torno do uso do alumínio, seria deixado de lado.

Suas palavras despertaram uma importante suspeita dentro de mim. *Mudança*, pensei. A mudança era encarada de forma negativa por muitas pessoas, que a viam como uma ameaça à identidade da Alcoa, uma empresa compreendida como sendo do ramo de alumínio apenas. Mas mudança, na verdade, era a melhor pista que havia para desvendarmos a identidade da corporação. Eu tornei a avaliar minhas observações a respeito das seções de pesquisa e desenvolvimento, engenharia e marketing e vendas da Alcoa, relacionando todas elas com inovações técnicas, desenvolvimento de produtos e conquista de clientes. Percebi, então, que a soma dos efeitos dessas funções continham as sementes da identidade da Alcoa.

O que tornava a Alcoa uma instituição comercial distinta — o alumínio era por acaso o metal envolvido nisso — era *sua capacidade de transformação*. Não transformação no sentido popular de mudança corporativa, mas transformação como uma ciência aplicada abrangente que continha quatro etapas, como logo vim a saber: *transformação tecnológica, transformação de produtos, transformação de mercado* e *transformação da sociedade*. O *indivíduo* Alcoa, era motivado por sua capacidade singular de administrar o processo de transformação como uma tecnologia à parte, que explicava como a companhia criava valor para seus clientes, valor para a sociedade e, em troca, riqueza para os seus acionistas (Quadro 1).

O quebra-cabeça estava montado finalmente. Como funcionavam as várias etapas da transformação e que resultados produziam era algo que estava se tornando claro. Cada exemplo, cada pequena frase, aparentemente insignificante, que pude apanhar no decurso das entrevistas ocorridas nos últimos três meses logo passaram a ter um novo significado.

- A *transformação tecnológica* era resultado das pesquisas que a Alcoa realizava com enorme vigor, as quais produziam descobertas e inovações. Uma das expressões mais aceitas de que me lembro em minhas discussões com os funcionários era que a Alcoa tinha um "gosto especial pela experimentação", uma frase que não ficava muito clara no contexto da transformação tecnológica.

- A *transformação de produto* estava relacionada com a engenharia. O significado dessa transformação era infundir vida, velocidade, propriedades cinéticas e uma maleabilidade quase ilimitada em materiais inertes. À medida que eu punha essa peça do quebra-cabeça no lugar, lembrava-me das palavras de um dos maiores clientes comerciais da Alcoa, o qual salientou certa vez ao sair do escritório: "A Alcoa gosta de transformar fogo em foguetes."

- A *transformação do mercado* era um desdobramento natural da capacidade que a Alcoa tinha de transformar produtos. O processo era uma ciência por si só. Funcionava da seguinte maneira: a Alcoa deveria prever uma nova aplicação para o alumínio, informar ao consumidor sobre os infindáveis benefícios dessa nova aplicação e persuadir esse mesmo consumidor a prová-la. Isso invariavelmente resultava na substituição do produto. Os resultados disso se manifestavam em mercados grandes e pequenos, abastados e pobres. Consideremos o avanço representado pelo revestimento de alumínio dos aviões no lugar do revestimento de tecido, pelos galpões de alumínio no lugar dos de madeira, dos recipientes de bebidas de alumínio no lugar dos de lata. Um cliente comentou certa vez, numa de minhas primeiras entrevistas, que quanto mais conhecimentos ele adquiria a respeito do alumínio, mais progredia no seu negócio. Refletindo sobre a sua relação com a Alcoa, ele disse: "A Alcoa nos *alumia*."

- A *transformação da sociedade* ocorre da seguinte maneira: Em função de se ter inventado ou dado novo uso a um determinado material, as pessoas adotam novos meios de vida ou de fazer negócios. Na maioria das vezes, as mudanças em larga escala que a Alcoa promoveu tiveram um impacto universal, estabelecendo novos padrões e abrindo novas oportunidades para praticamente todo o mundo. A evolução gradual do transporte ferroviário para o transporte aéreo é um bom exemplo disso. Os esforços da Alcoa produziram viagens mais rápidas e possibilitaram às pessoas chegarem a lugares nunca antes alcançados. A transformação da sociedade era o propósito da Alcoa; era seu objetivo final. Nas palavras de um cliente, a "Alcoa tornou o alumínio um catalisador de mudanças para o país".

O enorme impacto da Alcoa na sociedade deixou claro para mim um fato de importância vital: *o valor caminha contra a corrente*. Não importa onde a companhia esteja na corrente de valor — seja ela um fornecedor de matéria-prima, uma indústria ou uma fábrica, um distribuidor ou um prestador de serviços — sua identidade delineia sua força a partir da contribuição que ela dá à vida e ao bem-estar do consumidor final.

QUADRO 1

Caminho da criação de valor

Entender e investir no relacionamento, não importa a que distância a companhia possa ser vista pelo seu consumidor final, é a única maneira de assegurar a relevância e o crescimento contínuo do empreendimento.

Visto dessa forma, a fonte da criação de valor não fica no mesmo lugar que a fonte da matéria-prima e da produção, nem mesmo a da engenharia e da fabricação, mas sim na sociedade, a qual fica no mesmo lugar em que nascem as necessidades e o desejo humano. Apenas nadando contra a corrente e compreendendo sua contribuição única para a sociedade é que uma empresa pode vir a conhecer e capitalizar seu verdadeiro potencial de criação de valor.

Para a Alcoa, o alumínio se resumia numa matéria-prima por meio da qual a companhia projetava seu extraordinário brilho — sua capacidade genial de transformação — com o propósito de criar valor do jeito que somente ela era capaz de fazer. Toda a Alcoa — seu passado, presente e futuro e suas prioridades operacionais — poderia ser melhor compreendida à luz de sua identidade. Compreender aquela identidade colocava em relevo as capacidades de criação de valor da corporação que até então permaneciam escondidas.

O mais impressionante de tudo era que a capacidade genial de transformação que a Alcoa possuía funcionava independentemente da administração. De certa forma, era alheia até mesmo aos 55 mil funcionários que na época compunham a empresa. A identidade da Alcoa, como pude perceber, não era produto do momento, de seu então presidente, nem mesmo de seu passado recente. Ela havia se formado gerações antes, aprofundando-se e se tornando mais complexa no decorrer do tempo.

Foi a descoberta da genialidade da Alcoa para a transformação que me levou a ver a companhia como algo literalmente vivo — um ser autônomo com mente própria. A que outra conclusão poderíamos chegar, com as provas apontando para uma história centenária, junto a outros eventos atuais, que pudesse ser explicada de maneira tão completa por uma simples constatação? Nesse momento, dei-me conta, como havia sentido antes no meu trabalho com outras empresas, que nenhuma organização, nenhum *ser* corporativo, poderia exibir uma capacidade tão exclusiva e tão abrangente se *não* estivesse vivo.

Embora possa ser impossível prová-lo cientificamente, eu achava que todas as organizações continham uma energia vital palpável que nascia dos funcionários, que ao longo do tempo faziam parte dela, embora fosse separada deles. Indiretamente, o psicanalista Carl Jung aludiu a essa "energia vital" como o inconsciente coletivo. Jung descrevia o inconsciente coletivo como "um eco da soma da experiência acessível a todos os seres humanos, experiência essa que se manifesta por meio de arquétipos ou padrões de expressão, que adquirem força graças à repetição". *Força graças à repetição.* Nos círculos dos negócios, essa energia vital e a força que ela contém rotineiramente são aplicadas em referência ao conhecimento institucional e à memória institucional.

O fato de as organizações terem vida e autodeterminação é um fenômeno que comporta uma lógica própria e sensata: se juntarmos dois ou mais seres humanos com o propósito de descobrir um objetivo comum (a formação de um empreendimento comercial, ganhar dinheiro, resolver um problema) necessariamente resultaria em algo maior em termos de mente e espírito do que uma simples coleção de indivíduos. Por exemplo, William Hewlett e David Packard deram origem à Hewlett-Packard, uma instituição cuja identidade tem um sentido próprio que é, ao mesmo tempo, a projeção da sombra de seus fundadores e algo de natureza singular.

As capacidades particulares que definem a identidade de diferentes pessoas se misturam, se fundem e se aprofundam ao longo do tempo para determinar uma identidade toda própria, a identidade da organização. Como os seres humanos cujas necessidades pessoais, impulsos e talentos, preenchem a empresa num primeiro instante, a organização — o *ser corporativo* — procura seguir seu próprio caminho com o propósito de liberar seu potencial inato. A dinâmica do ser humano e a dinâmica de uma organização são a mesma coisa. As capacidades físicas, emocionais e mentais definem a individualidade tanto do indivíduo quanto da organização.

Mas, qual é o significado disso em relação às características únicas e exclusivas das pessoas que fazem parte da companhia? A individualidade delas simplesmente desaparece à sombra do empreendimento? Pelo contrário. A identidade de uma corporação *ressalta* essas características pessoais de todos os seres humanos que fazem, já fizeram ou farão parte, do tecido da organização. Como isso se dá? Organizações são seres auto-seletivos que aceitam determinadas pessoas e rejeitam outras. A organização "seleciona" pessoas cujas características individuais lhe sejam relevantes. A identidade individual é bem recebida pela identidade corporativa. Quando as pessoas estão na organização certa estão livres para ser quem naturalmente são.

Ao conceber a Alcoa como um indivíduo, eu poderia "ler" a organização em termos de suas capacidades físicas, mentais e emocionais. Sua composição física, por exemplo, mostrada pelas operações de mineração, fundição e refinamento, assim como em muitos outros meios e na infra-estrutura geral. Seu vigor mental ou cognitivo manifestava-se na criatividade intelectual de seus administradores, os quais semeavam idéias e iniciativas que orientavam a diversificação. O processo de Hall e a renomada competência do setor de engenharia da Alcoa eram exemplos das forças cognitivas da companhia. O motor emocional da Alcoa era visível em vários níveis: uma paixão pelo alumínio que os funcionários defenderam com um fervor religioso quando se depararam com a possibilidade de diversificação para além do alumínio, e o orgulho dos empregados pela contribuição que a companhia vinha prestando não apenas para seus consumidores, mas também, e por meio deles, para a sociedade em geral.

Quase no final do período em que estive com a Alcoa, Paul O'Neill substituiu Charles Parry na presidência da empresa. Seu primeiro ato foi restabelecer o comprometimento da companhia com o alumínio. A diversificação, somada à descentralização, vinha impondo uma pressão exagerada sobre o empreendimento, tanto moral quanto financeiramente. Do meu ponto de vista, esses dois caminhos interferiam na manutenção da capacidade de liderança que a empresa vinha apresentando nos últimos cem anos.

Fazendo uma retrospectiva, estava claro para mim que o direcionamento de Parry para a diversificação prometia muito, pois tinha o potencial de abrir novos caminhos para o crescimento por meio da ciência dos materiais que era uma extensão orgânica da capacidade inata de transformação que a companhia tinha; uma capacidade para transformar qualquer material que fosse, e não apenas o alumínio. A identidade da Alcoa era capaz de indicar para a liderança da empresa um caminho para a diversificação. *A Alcoa é uma entidade viva. Quais são as características próprias que determinam sua identidade? Qual o potencial de criação de valor inerente a essa identidade? Que possibilidades há para concretizar esse potencial — ou seja, de viver de acordo com a identidade?* De certa forma, a decisão de Paul O'Neill de voltar a empresa novamente para o alumínio era o reconhecimento da identidade da Alcoa, mas em termos bastante diferentes: essa decisão levava em conta as raízes a partir das quais a identidade havia nascido.

Desde 1987, a Alcoa vem se saindo bem. As vendas praticamente dobraram: de US$7,7 bilhões para US$13,3 bilhões, dez anos depois. A renda líquida quadruplicou no mesmo período, crescendo de duzentos milhões de dólares para mais de oitocentos. Eu continuo convencido, no entanto, de que esses resultados poderiam ter sido ainda maiores, não simplesmente em termos financeiros, mas também em termos da capacidade da Alcoa para criar valores ainda maiores para a sociedade e, em conseqüência disso, aumentar seus lucros.

UM PANORAMA PARA A LIDERANÇA

Minha missão na Alcoa foi um marco que serviu para confirmar para mim a existência da identidade e seu efeito profundo na vida e no bem-estar das organizações. Eu tinha começado a sentir que determinadas características marcavam empresas como a Alcoa — empresas que eu instintivamente considerava líderes. Eu precisava saber exatamente quais eram essas características. Se eu fosse capaz de descobri-las, elas poderiam, eu acreditava, fornecer pistas importantes a respeito da natureza da liderança.

À medida que eu entrava no processo de articular essas características, tornei a analisar as vinte maiores corporações com as quais eu havia trabalhado nos últimos anos, procurando descobrir o que elas tinham em comum, se é que tinham. Era um processo de no mínimo seis meses. Finalmente, eu me voltei para três áreas que me pareciam bons exemplos daquilo que eu havia observado. A primeira se relacionava com a capacidade de sincronia das empresas. A segunda área, com o grau de afinidade que a empresa tinha com seus negócios principais ou básicos e como suas partes contribuíam para o todo. A terceira área envolvia a longevidade e a maturidade: se a companhia havia sobrevivido intacta às crises ou se tornado mais forte em virtude delas. Pouco depois de haver identificado essas três áreas gerais, eu depurei cada uma delas separando aquilo que eu via como características; características das quais eu apenas suspeitava meses antes.

As características que eu identifiquei foram estas: Primeira, havia uma coisa que eu denominei *grande eficiência*. Não eficiência em operações apenas, mas a eficiência que ocorre quando todas as partes do empreendimento trabalham em sincronia. A segunda característica era a *integridade*, no sentido de totalidade ou completude, que levava em consideração a diversidade do negócio ao mesmo tempo em que reforçava o valor econômico e social da instituição. A terceira característica que eu discerni entre essas organizações líderes era a *resistência*. Ao me debater ao longo dos anos com o problema da identidade, pude reconhecer que uma das principais tarefas dos administradores era ajudar no desempenho de suas empresas e, ao mesmo tempo, aumentar a capacidade de resistência dessas empresas. Esse fato levou-me a perceber um desafio sem igual — mais do que isso, uma oportunidade sem igual — que as empresas tinham: diferentemente de pessoas, as organizações se deparam com a perspectiva real de resistir para se perpetuarem.

Como essas três características — grande eficiência, integridade e resistência — coincidem com organizações como a Alcoa era algo que me inquietava, e levou-me a lembrar uma das primeiras conversas que tive com Dick Fischer. Nela, discutimos as várias ramificações da identidade da Alcoa: Dick se perguntava, por exemplo, se essa identidade constituía uma "autêntica" plataforma para a direção da empresa, ou, talvez, uma forma de vender aos funcionários a idéia da mudança amenizando a visível ameaça à herança da Alcoa. Dick comentou de passagem que o todo da Alcoa era certamente maior do que a soma de suas partes. É claro que eu me lembrei da enorme curiosidade que eu tinha tido a respeito daquela expressão, quando a Identica abrira as portas um ano e meio antes. Ficou claro, então, o que significava aquele "todo".

Um dos conceitos comerciais mais marcantes hoje em dia é o conceito de sistema como um todo. Ou seja, ver a organização de forma abrangente; considerá-la e, sobretudo, administrá-la de forma integrada. Seu pessoal, sua infra-estrutura, seus recursos financeiros, suas unidades comerciais e até mesmo o patrimônio intelectual que a permeia: tudo isso faz parte da empresa.

Sendo esse conceito uma forma útil de se tratar a administração, convenci-me de que o entenderíamos melhor se pensássemos nele não como um sistema, mas como um ser: considerar a organização como um indivíduo vivo. Essa distinção amplia o panorama para que se possa entender melhor as corporações e, assim, prescrever um curso de ação que eleve ao máximo o potencial de liderança dessas organizações.

Um primeiro passo nesse sentido seria os administradores reconhecerem que a vida de suas instituições, expressa pela identidade delas, é uma força independente. Deparei-me até hoje com inúmeras pessoas — desde executivos de alto escalão até funcionários de fábrica — que aceitavam essa máxima da Primeira Lei da Identidade. Ao aceitá-la, eles estavam descobrindo uma nova maneira de lidar com a função de gerente geral.

Por exemplo, a Lei do Ser sugere que as coisas que a empresa faz no seu dia-a-dia — desde decisões sobre investimento até a realização de atividades rotineiras como ligações para clientes, relatório da equipe de vendas, treinamento e desenvolvimento — são de fato, ou *deveriam* ser, as manifestações operacionais de *quem* a companhia é, de acordo com a sua identidade.

Outro corolário da Lei do Ser é que as tentativas de se mudar uma determinada cultura — para, por exemplo, assegurar o sucesso das fusões e aquisições — já estabelecida nem sempre são a resposta para os desafios do negócio. Por que não? Porque, quando se trata de uma mudança fundamental ou da impossibilidade de mudar, pelo fato de a cultura ser dirigida pela identidade, não se poderá alterar o efeito antes de se conhecer a causa.

Em 1987, a cultura da Alcoa manifestou-se no comportamento que os funcionários tiveram quando se viram diante da perspectiva de se trocar o alumínio por algum outro material "estranho", como cerâmica ou polímeros. Eles resistiram com firmeza e muitos não confiavam na diversificação. Suas reações mostravam muito bem que eles davam valor ao alumínio por este ter sido um metal que havia mudado o mundo e, ao mesmo tempo, enriquecido seus investidores. Estava claro que os alcoanos davam muito valor para coisas como inovação e invenção, relacionamento com os consumidores e contribuição social. Eu havia observado, no entanto, que eles valorizavam demais a tradição, muitas vezes sem motivo, e de uma maneira tão metódica e sistemática que às vezes parecia neutralizar a tomada de decisões.

Embora fosse admirável a atitude dos funcionários, eu acreditava que a maneira como se apegavam à tradição deveria ser mudada, porque isso limitava não apenas os horizontes da companhia como também a capacidade que ela tinha de reagir com rapidez diante das circunstâncias. Quando o problema é formulado corretamente, quando são dados os incentivos adequados e o tempo necessário, qualquer um dos valores que caracterizam a cultura de uma determinada empresa pode ser "mudado". Aperfeiçoar e melhorar a cultura da Alcoa não alteraria a identidade da corporação, pois tinha sido essa mesma identidade que promovera essa cultura em primeiro lugar.

A resposta para conhecer os desafios dos negócios como fusões e aquisições não está automaticamente na mudança da cultura da corporação. Muitas vezes, a chave do problema é entender as identidades fundamentais das partes envolvidas e ter acesso à compatibilidade natural das identidades desses dois seres corporativos *antes* de se promover uma mudança na atitude e no comportamento dos funcionários, os quais são um subproduto da identidade.

Ao esclarecer que todas as companhias são entidades vivas, a Lei do Ser implica que essa vida pode projetar seu valor em vários níveis, os quais, tomados em conjunto, passariam a sugerir um quadro para a liderança:

- Seu *valor humano,* no sentido de que essa vida deriva dos milhares de pessoas que constroem a organização ao longo do tempo e, dessa forma, é um reflexo das capacidades e dos talentos sem iguais da organização. Por exemplo, se a mudança estiver em consonância com a identidade, a identidade poderá ser usada para desviar o medo que os funcionários têm da mudança, e lançá-lo "de forma legítima" no contexto dessa mesma identidade. No caso da Alcoa, Charles Parry devia ter explicado a diversificação da seguinte maneira: "Nosso gênio de transformação torna esta companhia diferente, e assim o tem feito ao longo de um século. Essa é a natureza desta instituição; nosso propósito é transformar as coisas: produtos, mercados, sociedade. O alumínio representa a origem do nosso grande talento, mas não é só o alumínio que nos torna grandes. Nosso gênio de transformação transcende o metal — e a decisão de diversificar será tomada em vista dessa realidade. Os caminhos que perseguimos será, eu lhes asseguro, o de conservar a nossa identidade."

- Seu *valor comercial*, em termos da contribuição que a companhia dá ao mercado de forma exclusiva, tal como os produtos e serviços que fluem de sua identidade e a reforçam, ou de *joint ventures* que são construídos segundo as características próprias de criação de valores dos parceiros.

- Seu *valor social*, em relação ao modo como essa energia viva promove o aperfeiçoamento da sociedade, tal como o impacto causado pela Alcoa nos meios de transporte, de distribuição de energia e de conservação de alimentos.

- Seu *valor econômico*, em termos de como os efeitos combinados dessa entidade viva se refletem no seu valor financeiro básico, incluindo o desempenho das ações ao longo do tempo e as mudanças na carteira de negócios.

Para os administradores, deixar de seguir a primeira Lei da Identidade, a Lei do Ser, é limitar os melhores esforços de suas empresas para a criação de valor, pois ao fazê-lo, ignoram as potencialidades inatas da instituição e o caminho que elas indicam. O líder designado — o presidente, o chefe de seção — pode estabelecer uma direção ao acaso? É claro que ele pode tentar. Se esses líderes tiverem sucesso, o curso estabelecido por eles será consistente com a identidade do empreendimento. Mas se não, as oportunidades de sucesso serão exíguas. A instituição procura liderar a si própria. A identidade da organização é uma força muito maior do que a de qualquer indivíduo. Conhece seu próprio potencial.

Todos nós temos também a capacidade de conhecer nosso próprio potencial — *viver* em vez de simplesmente existir. É impossível para mim hoje levar em consideração esses quatro níveis de valor sem levar em consideração minha própria vida dentro do contexto proporcionado por ela. Essa primeira Lei da Identidade, e a "vida" a que ela se refere, pertence a mim e a todos os indivíduos, da mesma maneira que pertence às organizações comerciais. Dentro do quadro da Lei do Ser, o valor humano de minha vida é medido ao mesmo tempo pela minha linhagem familiar e pelas capacidades únicas que tenho na condição de indivíduo.

O que eu *faço* com essas capacidades especiais fica evidente no valor comercial que eu crio para meus clientes e no valor social que eu produzo no papel de membro de uma comunidade.

O valor econômico da minha vida proporciona uma maneira útil de medir a recompensa financeira que adviria da forma com que eu aplico essas minhas habilidades únicas. Isso também vale para as empresas. Às vezes, sinto-me bastante recompensado por aquilo que faço. Outras vezes, sinto-me depreciado financeiramente. No entanto, em vez de pensar que estou sendo perseguido, tenho tomado esses sentimentos como um sinal de que não tenho sido tudo o que posso ser; num sentido econômico, assim como em qualquer outro sentido, o meu "sucesso" é responsabilidade minha apenas.

A Lei do Ser exige que os administradores pratiquem a arte e a ciência da criação de valor em todos estes níveis: humano, comercial, social e econômico. Dessa forma, ela exige líderes que *liberem* sua identidade, cuidem dela e dêem-lhe espaço para se desenvolver. A primeira tarefa de qualquer administrador, então, seria entender a identidade de sua organização, pois essa identidade contém as respostas às perguntas que dizem respeito à criação de valor que são impossíveis de serem encontradas pela análise de fatores convencionais, como crescimento de mercado, comportamento do consumidor, forças operacionais e mudanças tecnológicas. Uma vez que tal identidade esteja clara, a tarefa de todos será explorar esses fatores de modo que eles *sirvam* à identidade e, assim, eles se tornarão aliados naturais no processo contínuo de aumento de lucros por meio do êxito institucional.

2 A LEI DA INDIVIDUALIDADE

As capacidades humanas de uma organização invariavelmente se fundem numa identidade distinta que torna única essa organização.

Eu estou vivo, **sou único**
    e imutável,
        mesmo quando cresço e me desenvolvo.
No entanto, para de fato viver, devo me expressar
    por completo,
        e, ao fazê-lo, terei muito o que proporcionar.
Mas, para tanto, preciso dos outros, e sou mais produtivo
    ao lado daqueles que também precisam de mim.
Para estabelecer esses relacionamentos, devo primeiro
    ser reconhecido por aquilo que sou,
        para em seguida receber
            de acordo com aquilo que proporciono.

Uma coisa é saber que estamos vivos. Outra, é viver inteiramente de acordo com aquilo que somos. Os líderes — aqueles que parecem nos atrair para si sem o mínimo esforço — fazem isso. Stanley Gault, que ajudou a revitalizar a Rubbermaid, e Ross Perot, que fundou a Electronic Data Systems, são dois exemplos contemporâneos. A autenticidade deles como indivíduos é evidente.

Líderes autênticos exibem essa qualidade o tempo todo, não só durante as horas de trabalho. Eles tendem a "liderar" vinte e quatro horas por dia. Para eles, a liderança é um meio de vida forjado pelos vários negócios, eventos e pelas circunstâncias não relacionadas com os negócios. Entre as muitas coisas que fazia, Ross Perot treinou cavalos na sua juventude. Isso fez dele um líder? Não. Mas, se somarmos as experiências que contribuíram para a sua formação, algumas agradáveis, outras não, poderemos afirmar que Perot conduziu sua vida — e seus negócios — de acordo com quem ele verdadeiramente era. Não se trata de uma alquimia tão misteriosa para ser realizada.

Na realidade, eu vejo minha própria vida como um labirinto que me levou a inúmeros caminhos falsos. Ou mais precisamente, um quebra-cabeça com milhares de peças, muitas das quais forneceram indícios atraentes, mas incompletos, sobre a minha identidade. Foi por volta dos quarenta anos que começaram a ficar claras as coisas que faziam de mim o que eu era.

Quando criança, eu adorava a arte — ou qualquer tipo de atividade criativa — e logo cedo comecei a escrever. Eu pintava, gostava de escrever poesias, e aos oito anos aprendi violão — clássico, jazz e flamenco — que eu estudei e toquei até entrar na faculdade.

Quando chegou a hora de arrumar o primeiro emprego em período integral, senti-me atraído pelo mundo dos negócios, em parte porque eu sabia que não conseguiria ganhar a vida com as artes e em parte porque acreditava que uma carreira nos negócios seria mais aceitável para o meu pai. Ele era um empreendedor clássico — dirigiu três pequenos negócios — e tinha uma grande paixão pela música espanhola. Essa paixão nos manteve unidos por anos, mas estava chegando a hora de eu assumir responsabilidades na vida. Apesar disso, eu ainda precisava da aprovação dele e teria de escolher um curso que pudesse me dar uma certa estabilidade financeira.

Meu primeiro trabalho depois de formado foi como relações públicas na AMAX, em Nova York. Uma função sem atrativos intelectuais, que durou seis meses. Voltei para Boston para ficar com aquela que seria a minha futura esposa. Andei às voltas com a consultoria, primeiro sozinho com a empresa Market Development Group, depois com a Yankelovich, Skelly & White e com a Anspach Grossman Portugal.

Acima de tudo, eu sou e sempre serei um "consultor de identidade". Nesse ramo, consegui me descobrir tanto como um estrategista quanto como um humanista, ou, da maneira que eu vejo as coisas, como um "arquiteto" e um "rabino" dedicado ao processo da descoberta e da criação.

Não se trata apenas de uma carreira. Em vez disso, eu acho que a identidade seja uma estrutura para a vida e para o viver — para compreender como e por que as coisas funcionam. Uma estrutura que está presente nas relações familiares e nas amizades, no ardor religioso, nas ideologias políticas e, é claro, na dinâmica das organizações e no papel que elas cumprem na sociedade.

A segunda Lei da Identidade, a Lei da Individualidade, proporciona um teste importante para a liderança. Chamemos esse teste de autoconhecimento. Quando tudo tiver sido dito e feito, esse teste poderá ser o mais complexo, o mais estranho e, mesmo assim, o mais seguro. Nele, não existem pistas, nem indicações de "certo" e "errado" para nos ajudar no caminho da descoberta, exceto aquelas que nós mesmos escolhemos. No entanto, em alguns momentos, quando nos sentirmos perdidos ou cheios de dúvidas, será preciso saber que a resposta se encontra no próprio caminho — que todos nós temos capacidades únicas que se desenvolvem com a identidade que nos distingue dos outros e que nos torna especiais. Ela é nosso amparo interior. Discernir o que é essa identidade e como ela influencia os outros é o teste pelo qual todo líder verdadeiro deve passar.

A identidade é também a base de qualquer instituição comercial, um leme para navegar num mar repleto de mudanças. Esse fato me ocorreu no outono de 1984, quando comecei a trabalhar com a Fidelity Investments. A história da Fidelity revela como a Lei da Individualidade afeta os talentos de uma organização para que ela se torne líder em sua área. Essa história é um panorama da anatomia da diferenciação.

FIDELITY INVESTMENTS
A Sala dos Gráficos

Apesar de todo o dinheiro gasto para mobiliar o escritório do diretor-executivo Ned Johnson III, talvez não exista uma sala na matriz da Fidelity em Boston que melhor capte a alma do negócio do que uma modesta sala de gráficos. Ela era pequena, com aproximadamente dois metros quadrados, coberta de alto a baixo por longas tiras de papel. Cada gráfico contava sua própria história da análise técnica dos investimentos.

Com certo cuidado, podia-se prever o futuro ao analisar como os índices da S&P, da Dow Jones, da Russell 2000 ou outros indicadores menos conhecidos da vida financeira tinham-se comportado nos últimos meses. Individualmente, cada um desses gráficos era um universo à parte, e cada um deles encerrava uma história e uma lição. Mas, juntos, pareciam uma provocação, que nos desafiava a querer descobrir o que significava tudo aquilo.

Depois de me familiarizar com a sala e ver que os gráficos diários eram substituídos por outros de uma safra mais recente, parei perto da porta para vê-los todos ao mesmo tempo. À medida que eu me afastava, tornava-se mais difícil identificar um gráfico de outro, e a sala passava a transmitir uma sensação diferente. As dimensões de um gráfico penetravam no seguinte. As minúsculas e quase imperceptíveis linhas verticais de volume/preço, que eram os hieróglifos dos grandes investimentos, transformavam-se no idioma das paredes, uma onda suave que lavava em câmara lenta aquele aposento.

Apesar de toda a avaliação técnica que existia naquela sala, apesar de todas as incontáveis horas gastas por inúmeros analistas e gerentes de patrimônio, para mim, parecia que havia um motivo maior para aquele espaço além das mensagens estatísticas que eram enviadas como um equivalente financeiro do código Morse. Aquela sala continha sua própria energia, ela era ao mesmo tempo pálida e brilhante. Simples, até mesmo deselegante, adornada com o preto e branco dos papéis impressos nas paredes e com as bordas amareladas dos gráficos que já estavam para ser substituídos. A sala dos gráficos da Fidelity era o centro nervoso e, para aqueles que entendiam seus códigos, um mensageiro das mudanças possíveis que afetariam a todos nós. De várias formas, a sala destacava um aspecto vital da própria Fidelity — apaixonadamente numérico, preocupado com tendências e estritamente racional.

A natureza clínica da sala de gráficos apresentava um enorme contraste com a sala de Ned Johnson. Em minha primeira entrevista com Johnson, nós falamos sobre o futuro dos investimentos, sobre a glória da tecnologia e sobre os desafios e oportunidades apresentados à Fidelity. Eu ainda me lembro das palavras de Johnson, e da incrível beleza e riqueza de seu escritório. Era aristocrático e conservador. Nele, clássicos tapetes orientais, com tons de vermelho e azul, se misturavam aos móveis dos séculos XVIII e XIX.

O verdadeiro poder das grandes empresas de investimentos desponta em vários locais. Eu acredito que, no caso da Fidelity, a grandiosidade da empresa ficava em uma corda bamba esticada no alto entre a sala de gráficos e a sala do executivo. Uma respeitando a outra. Uma reconhecendo o poder da outra e fazendo uso dele enquanto o mundo dos investimentos se aquecia e a Fidelity abria seu espaço rumo ao topo de sua área.

Eu passava os dias entrevistando os executivos da Fidelity e andando pelos corredores do número 191 da rua Devonshire, em Boston; eu procurava descobrir qual era a principal diferença entre a sala de gráficos e a de Johnson. Ambas proporcionavam pistas para a identidade da instituição. A primeira era modesta e fácil de ser ignorada se não se soubesse o que havia lá: uma paisagem aparentemente amena de estatísticas em constante mudança. A segunda chamava mais a atenção, era bem decorada e, de forma elegante, mostrava os vários matizes de uma prosperidade marcante: era, aparentemente, o trono do poder. O contraste entre esses dois espaços era visível e nele havia uma tensão palpável. E essa tensão nos daria uma pista muito importante para que descobríssemos o que fez da Fidelity aquilo que ela era.

O Desafio

Quando comecei a trabalhar na Fidelity, o crescimento da empresa já era lendário, então, o crescimento em si não era certamente o desafio que Ned Johnson e sua equipe administrativa enfrentavam. O desafio, conforme eu viria a saber, era ajudar a administração a ficar à frente da organização em face de um sucesso descontrolado. A tarefa era crescer com disciplina e não deixar que a instituição saísse do controle enquanto seus fundos mútuos proliferavam.

Um dos pontos mais importantes dessa tarefa era garantir que tanto os novos investidores quanto os atuais soubessem valorizar o fato de negociar com a "Fidelity", e não apenas com os incontáveis fundos administrados por ela. Para isso era preciso deixar claro o que tinha feito da Fidelity aquilo que ela era — além do tamanho, além do índice de crescimento, além do desempenho do fundo, além do seu uso de tecnologia de ponta. No momento em que assumimos esse compromisso, esses desafios não estavam muito claros para nós. Eles só foram se tornando claros na medida em que a tarefa ia se desenrolando.

A Tarefa

A razão expressa pela qual fomos chamados para trabalhar com a Fidelity era ajudar a interromper a debandada do capital investidor para os grupos de fundos mútuos das concorrentes. Os investidores que procuravam a Fidelity apresentavam em primeiro lugar uma lista de fundos de crescimento de ganho rápido; quando queriam algo mais (fundos de obrigações ou de ações mais conservadores), eles procuravam outras companhias. Concorrentes como a T. Rowe Price e a Vanguard eram os maiores beneficiários. Parece que os clientes da Fidelity não percebiam que a Fidelity também oferecia aqueles tipos de fundos.

Ned Johnson e o então presidente da Fidelity, Sam Bodman, estavam preocupados com a perda de capital para outras instituições. Eles precisavam criar uma forma de manter os investidores que haviam conquistado com tanta dificuldade e, ao mesmo tempo, conquistar novos clientes. A primeira atitude que tomaram foi fixar uma nova meta para a organização: *Garantir uma maior lealdade do cliente para com a Fidelity, a instituição, como forma de aumentar o vínculo (ou seja, o número de produtos e serviços utilizados pelo cliente) e a duração do relacionamento com o cliente.*

A administração da Fidelity acreditava que o grande problema da empresa fosse o persistente fluxo do capital dos clientes para outras empresas de investimento; mas eu suspeitava que o problema fosse maior e mais profundo e estivesse relacionado com a *identidade*. Eu não demorei muito para perceber que os gerentes pareciam estar desatentos, às vezes bastante indiferentes à instituição em si. Eles, na verdade, voltavam suas atenções quase que exclusivamente para os diversos fundos administrados pela Fidelity, e atribuíam a eles toda a glória da empresa. O "todo" da Fidelity estava se perdendo em suas partes. Cada fundo, sob a direção de um administrador empresarial dinâmico, tinha desenvolvido uma identidade própria. Tinham um brilho e uma glória pessoal como se fossem totalmente independentes da instituição. Isso acabava enfraquecendo não apenas o verdadeiro valor da empresa, mas também o seu valor aparente, sobretudo aos olhos daqueles clientes que negociavam com a concorrência. Ironicamente, enquanto os fundos — os ovos de ouro — proliferavam, eles matavam lentamente a galinha que os botava.

É claro que ninguém havia parado para pensar o que a Fidelity poderia ser além de uma coleção de fundos mútuos de alto desempenho. A situação constituía um espaço vazio que, se não fosse ocupado, tornaria a tarefa da cúpula administrativa extremamente difícil. Controlar a Fidelity com seus administradores de fundos empresariais e executivos de marketing já era difícil o bastante. Mas permitir que a organização continuasse crescendo daquela maneira, sem qualquer senso de vínculo institucional para aglutinar o todo, poderia acabar rompendo a estrutura do empreendimento.

Alguns administradores com quem conversei resistiam duramente à noção de uma entidade corporativa maior do que a soma de suas partes. Por vezes a resistência deles era tão intensa e tão cheia de argumentos que parecia algo planejado. Pensando nos objetivos propostos por Johnson e por Bodman, ocorreu-me que o desafio que havia por trás de criar uma lealdade à instituição estava contido na pergunta: *Lealdade a quê?* Eu sabia, desde o início, que para a administração ser bem-sucedida não bastava declarar sua posição de maneira convincente, para depois traduzir essa declaração para um programa de marketing e de comunicação. O "quê" da Fidelity não poderia ser fabricado. Ele tinha de ser descoberto.

A Descoberta do Código

Minha investigação na Fidelity levou-me a muitos lugares dentro e fora da empresa. Ela me levou novamente à sala de gráficos cujas folhas de análises técnicas sempre mudavam; levou-me também às salas bem decoradas de Ned Johnson, Sam Bodman e de outros executivos da Fidelity; levou-me a analisar cuidadosamente os discursos dos executivos a respeito do "futuro"; a observar o projeto arquitetônico do imóvel da Fidelity e a psicologia que determinava a posição do escritório. Tudo isso fez com que eu chegasse até a história escrita da empresa em vários artigos redigidos por jornalistas. Mas, a investigação acabou me levando, por fim, até a cabeça e o coração de dezenas de administradores, empregados, clientes e empresas consorciadas. Todos tinham um interesse vital pela identidade da instituição — estivessem cientes disso ou não.

No início da pesquisa, eu estava ansioso para entrevistar e observar todas as fontes de conhecimento que aludissem à identidade. A cada momento eu encontrava uma pista. Nenhuma pergunta era supérflua nem feita por acaso. Mas, mesmo assim, eu sabia que nenhuma das pessoas com quem eu falava teria a resposta sobre a identidade da Fidelity. Elas eram parte do problema. De certa forma, cada uma delas era como um único gene no vasto código genético do empreendimento.

Iniciei o processo de desconstrução da Fidelity a partir de sua cultura. Era uma questão de observar o comportamento de seus executivos, empregados e até dos clientes, que tanto contribuíram para moldar a empresa em termos de atuação.

A cultura da Fidelity foi definida por quatro pilares ou, mais precisamente, quatro aspirações, algumas mais visíveis do que outras:

- A primeira delas era o comprometimento com a idéia de propriedade privada. Para Ned Johnson, Sam Bodman e para a maioria dos administradores do dinheiro, a propriedade privada era como um passaporte para a liberdade. Era o ponto de partida para se atingir a independência e manter a total flexibilidade de um líder no mundo das finanças.

- A segunda girava em torno da inovação, ou, mais objetivamente, da invenção. Por meio dela, a empresa criava novos e oportunos produtos de investimentos para suprir a necessidade do cliente (e para criar essa necessidade caso ela ainda não existisse). A Fidelity, a líder, estava inventando o próprio futuro.

- A terceira aspiração era o fato de a Fidelity acreditar firmemente que as capacidades e decisões individuais formassem os alicerces da empresa e servissem para orientar seu crescimento. Isso significava, em última instância, que os administradores de fundos poderiam fazer suas próprias apostas. Peter Lynch, o lendário administrador do Fundo Magellan da Fidelity, é o exemplo mais agudo dessa filosofia, por ter apostado alto nas ações da Chrysler quando essa indústria automobilística estava em dificuldades no final da década de 1980. Delegar poderes já era um procedimento administrativo que vinha sendo utilizado pela Fidelity, mesmo antes de se tornar moda no início da década de 1990.

- O quarto pilar era uma estrutura orgânica e celular que desafiava os modelos organizacionais mais comuns. É claro que havia funções como marketing, finanças e atendimento ao cliente. É claro que o departamento dos fundos de controle de receitas e despesas referentes a obrigações era visto como uma unidade independente, assim como a administração de fundos de ações.

Mas o que eu via era um sistema em constante aprimoramento. Quando um novo fundo era aberto, todos se empenhavam em ajudar nas vendas, administrar ou trabalhar para esse fundo. Os executivos de marketing procuravam imaginar uma forma nova e melhor para que o processo se completasse e a organização proporcionava os "recursos" para esse processo quase imediatamente. Era algo incrível. A estrutura da Fidelity era biológica por natureza, e era tanto cerebral quanto física. Suas células geravam outras células. Enquanto umas morriam ou goravam, outras nasciam para tomar seus lugares, preenchendo as lacunas — às vezes reforçando, às vezes alterando, mas sempre mantendo o panorama genético.

Dirigir a Fidelity era como reger uma sinfonia composta de milhares de partes. Para capitalizar a estrutura celular da Fidelity era preciso que a administração equilibrasse esse sistema genético que se movimentava por vontade própria e que governava a si mesmo com energia suficiente para evitar a anarquia e a anomalia no funcionamento de qualquer elemento do todo.

Para mim, também era muito importante examinar a cultura da empresa, mas essa tarefa tinha suas limitações. Durante esse período, o entendimento que eu tinha a respeito da natureza da identidade da corporação estava mudando rapidamente. O quadro de referência para a singularidade — minha ou do cliente — ainda estava sendo feito. Naquela época, eu estava profundamente influenciado pelas idéias de Erik Erikson, um importante psicólogo behaviorista cuja principal contribuição foi preencher as lacunas que havia entre o desenvolvimento humano, que se concentram nos desafios pessoais, e os fatores externos, socioeconômicos e culturais que afetam a todos nós.

Enquanto eu levantava as características da Fidelity, lembrei-me da afirmação de Erikson de que as pessoas crescem ao negociar com sucesso as crises de desenvolvimento. Em várias etapas da vida, elas devem confiar em si mesmas e nos outros, ter autonomia, iniciativa, competência, produtividade e aquilo que Erikson chama de "generatividade", ou seja, devem moldar sua própria *identidade*. Integridade e aceitação são decorrência disso. A lógica simples da idéia de Erikson foi relevante para eu compreender o que tornava a Fidelity única.

Naquele momento eu comecei a entender que a Fidelity, a instituição, estava *literalmente viva*. Ela estava envolvida em uma série de relacionamentos dinâmicos; criava e enfrentava os próprios desafios; lidava com as crises e continuava crescendo e amadurecendo inexoravelmente; e, além disso, desbravava o próprio caminho pelo mundo. Existia nela uma grande empresa cuja administração, segundo o que percebi, não estava totalmente ciente das várias características que tinham tornado grande o empreendimento acima de tudo. A Fidelity não compreendia o fato de sua própria existência. E com isso, Johnson, Bodman e sua equipe não estavam capitalizando a química singular que explicava e prenunciava o sucesso da empresa. Passei a ponderar sobre o que fazer para que esses administradores soubessem não só que a Fidelity estava viva — um ser vivo com um cérebro próprio — mas também que este ser tinha uma identidade rica, vital e autônoma como qualquer um de seus empregados.

A força contida nesse ser corporativo era extraordinária e poderia ser detectada em diversos níveis: na importância da organização, comprovada por um aumento rápido nos ativos (de 9,5 bilhões de dólares em 1980 para 27 bilhões em 1984); por meio de seu intelecto expansivo, que podia ser visto claramente no rápido desenvolvimento de uma população de empregados cuidadosamente selecionada (de oitocentos em 1979 para mais de dois mil, quatro anos depois); em termos de uma paixão sem freios pela condição de exercer uma influência sobre o mercado, paixão essa que podia ser sentida em quase todo o escritório (expressa pela maneira agressiva com que a Fidelity adentrava o terreno do desconto de comissões, das vendas no atacado e dos planos de aposentadoria de grupo). O desenvolvimento incansável de todas essas capacidades físicas, mentais e emocionais impulsionava o crescimento da Fidelity. Essas capacidades eram o verdadeiro ativo da liderança. Mas eu sabia que para tirar o máximo delas era preciso conhecer a identidade da organização que as havia feito crescer. A ausência desse conhecimento era notável.

Eu estava determinado a sanar essa deficiência e, com isso, ajudar a elaborar uma estratégia de vendas para a Fidelity que de fato fizesse sentido. Eu sentia que quando os administradores estivessem armados desse conhecimento, eles estariam mais capacitados para alinhar organização, cultura e operações de forma a explorar ao máximo a eficiência natural do empreendimento.

A individualidade da Fidelity não era definida pelos constituintes do corpo da organização: os fundos que administrava, os produtos e serviços que oferecia e a tecnologia que dominava. Esses fatores, assim como a cultura da organização, eram na verdade manifestações da identidade da Fidelity. Eu havia passado várias semanas atrás de pistas que me ajudassem a descobrir o que motivava este ser corporativo a agir daquela forma.

A dinâmica da administração dos fundos seria uma pista óbvia devido ao papel central representado pelos fundos no processo de criação de valor. Eu havia descoberto que muitas das peculiaridades que definiam a maneira pela qual Johnson e Bodman conduziam a organização — a afinidade pelas ações independentes, a confiança nas capacidades e julgamentos pessoais, o gosto pela invenção — estavam claras naquele manancial de atividades.

A administração dos fundos tinha muita confiança nas capacidades individuais, na intuição e nas ações dos administradores financeiros. Era importante para o sucesso da empresa que o estilo e o procedimento dos administradores das carteiras de negócios da Fidelity mudassem drasticamente, não só na relação entre os administradores dos fundos de ações e os de obrigações, mas também entre os próprios gerentes dos fundos de ações. Autonomia na escolha das ações e o tempo certo para tal escolha eram as regras. O que era bom para o impetuoso gerente de crescimento era "totalmente errado" para o gerente de entrada de capital. Aquilo que fazia sentido para Magellan era estranho para os administradores da Discoverer, da Contrafund, da Mercury e da Freedom Fund. Cada fundo parecia ter sua própria filosofia de investimento e sua própria vida. A autonomia, nesse caso, tinha, ao mesmo tempo, o rigor da ciência e o sublime da arte.

Outra pista importante me foi dada pelo setor de desenvolvimento de produto. Os produtos desenvolvidos pela empresa dependiam de uma habilidade de muito prestígio estimulada pela iniciativa pessoal que se articulava em três capacidades interdependentes:

- Criatividade, uma habilidade inerente para desafiar suposições e convenções e para identificar *padrões de comportamento do investidor* que pudessem ser explorados.
- Uma grande disposição para assumir os riscos era um fator fundamental para o setor de Pesquisa e Desenvolvimento.
- Observações feitas por meio de pesquisa de mercado, observações pessoais, observações pormenorizadas feitas por gerentes e empregados sobre o que os clientes realmente queriam e precisavam levaram a um tipo curioso de "intimidade" com eles. Essa intimidade era um fator importante na maneira de expressar da empresa.

A maneira pela qual os gerentes de marketing da Fidelity tratavam e segmentavam a clientela era uma outra fonte útil de informação para se saber o que fazia da empresa aquilo que ela era. Ao selecionar um cliente, os executivos da Fidelity eram cuidadosos e procuravam os investidores mais experientes e sofisticados. Esses investidores representavam, obviamente e sem nenhuma surpresa, as melhores esperanças para a Fidelity. Eles tinham o dinheiro e o apetite. Entretanto, havia mais do que isso. Minhas análises da segmentação da clientela me levaram a concluir que a Fidelity tinha um respeito extremo pelo conhecimento e pela autonomia do cliente — pela inteligência e pela privacidade do investidor, um respeito que era o reflexo do respeito que a empresa tinha por si própria.

Essa dinâmica era ainda mais evidente em relação aos clientes corporativos. Os administradores da Fidelity procuravam se relacionar com empresas bem estabelecidas que fossem dirigidas por pessoas tão espertas quanto os executivos da Fidelity. Havia poucas dúvidas de que a inteligência e a segurança para tomar decisões eram atributos valiosos do cliente. Isso se traduzia em uma habilidade mútua para discutir idéias e opções de investimentos que reforçavam a capacidade intelectual de ambos os lados do relacionamento. Pessoas espertas queriam lidar com pessoas espertas.

Uma das pistas mais significativas para se chegar até a identidade da Fidelity foi como o empreendimento via a produtividade de seus empregados. No decorrer das entrevistas, logo ficou claro para mim que a Fidelity estava abaixo daqueles padrões de produtividade que simplesmente avaliavam a quantidade de produtos ou serviços. A Fidelity estava muito mais interessada — se não obcecada — com a realização humana. O entusiasmo e o envolvimento dos empregados em novos projetos, tais como fundos de desenvolvimento e aprimoramento do serviço ao cliente (por exemplo, treinamento por telefone com o objetivo de transformar transações em relacionamentos) eram os verdadeiros medidores dessa realização. Estimular as pessoas a fazer aquilo que melhor sabiam era um terreno muito maior para a criação de valor. Até mesmo a diversão era um objetivo muito valorizado. Todo mundo via que os empregados "malhavam" e "davam duro", usando seus talentos naturais a todo vapor.

Apesar de eu estar investigando como a empresa funcionava, também estava interessado em voltar aos arquivos da empresa, pois eu tinha certeza de que a história da instituição me proporcionaria algo de especial. Nas histórias da família Johnson, fundadora da Fidelity, obtive duas informações muito interessantes. A primeira delas tratava de como um dos membros da família compreendia o papel do próprio mercado de ações. Na década de 1940, Edward Johnson II via o mercado como o árbitro supremo da iniciativa e da capacidade pessoal. Eu fiquei atônito com a grandeza presente nessa percepção. Não se tratava apenas de ganhar dinheiro: a definição de Johnson atribuía capacidades humanas ao próprio mercado. Ele concebia o mercado como o juiz e o júri do potencial econômico que havia nos instintos empresariais básicos das pessoas combinados com os talentos proporcionados a elas por Deus.

A segunda descoberta importante envolvia um fato mais recente. Na década de 70, Edward Johnson III fez da Fidelity uma das primeiras grandes empresas de fundos mútuos a chegar até o cliente por meio do *marketing* de resposta direta. Na época, isso foi um ato de populismo inovador e arrojado. Os dirigentes da Fidelity estavam querendo dizer com esse ato que os investimentos não eram apenas para grupos seletos; os investimentos eram para todos. A atitude de Johnson provocou uma reformulação de toda a indústria de fundos mútuos e, por extensão, do mundo dos investimentos.

Minha busca acabou por me fazer lembrar daquela pequena sala de gráficos e do escritório elegante de Ned Johnson. Eu pensava: "Como esta organização poderia abraçar de uma forma simples esses dois espaços tão importantes e tão diferentes?" O que chamava a minha atenção não era apenas o contraste físico; eu estava intrigado com a interdependência aparente entre aqueles dois ambientes distintos.

A Junção das Peças

Todas as peças daquele quebra-cabeça chamado Fidelity estavam à mão. Faltava apenas juntar as provas. Era hora de olhar para a Fidelity como eu olharia para qualquer pessoa — qualquer líder — na tentativa de identificar e articular aquilo que havia feito dela algo sem igual.

Estava claro para mim que eu não visava um posicionamento no sentido convencional do termo. Eu queria mostrar o *ser vivo* denominado Fidelity para os executivos responsáveis pela direção da empresa e mostrá-lo também para a própria empresa — com todas as implicações existentes na estratégia, organização, desenvolvimento de produtos e serviços, recompensas e méritos.

A "prova" de que eu havia descoberto a singularidade da Fidelity só teria valor se a minha definição da identidade da Fidelity se enquadrasse na formulação de Erik Erikson. Se eu estivesse certo, Johnson e Bodman poderiam visar uma plataforma mais alta — uma plataforma apoiada nos três pilares da identidade: eficiência, integridade e persistência.

Para a Fidelity — seus administradores e outros funcionários — conhecer a própria identidade significaria confiar mais em si mesma e em suas ações do que antes? O conhecimento da identidade reforçaria de maneira adequada a autonomia da Fidelity como indivíduo? Essa identidade iluminaria a fonte do fenomenal senso de iniciativa da Fidelity? Conhecer a identidade da empresa revelaria uma competência central que abrangeria todas as outras? Essa identidade bastava para mostrar que a empresa estava concentrada na realização humana e não na simples produtividade? E, por fim, a identidade — uma vez conhecida e assumida — promoveria uma aceitação mais pungente daquilo "que a Fidelity era de fato", interna e externamente?

Um outro tipo de pressão surgiu uma noite após uma conversa com Rab Bertelsen, um dos executivos de marketing da Fidelity. Rab estava convencido de que a Fidelity era realmente única. Ele sabia, além disso, que qualquer estratégia institucional deveria ser construída levando-se em conta esse fato para ser bem-sucedida. Mas ele estava preocupado com a dificuldade de se colocar a identidade da Fidelity em palavras. Eu garanti a ele duas coisas. Primeiro, ressaltei que a Fidelity, como todas as organizações e os indivíduos, contém sua própria identidade — isso é simplesmente um fato da vida. Segundo, eu o lembrei de que o processo que estávamos desenvolvendo juntos dizia respeito mais à reconstrução — síntese — do que ao processo analítico da desconstrução. No final, as palavras de que precisávamos para esclarecer a identidade da Fidelity apareceriam.

Voltando ao hotel, refiz os passos do meu diagnóstico, tentando responder às perguntas para as quais eu não tinha uma resposta pronta. Na superfície, a Fidelity parecia ser uma confederação livre de empreendedores altamente bem-sucedidos, cada um seguindo sua própria agenda. Mas qual era o motivo dessa clara obsessão pela independência operacional e por ser chefe de si próprio? Por que muitos administradores se irritavam com a idéia de uma autoridade que fugisse ao domínio deles? Por que negar com tanto vigor a possibilidade de uma instituição que não seguisse o modelo de funções administrativas consagradas e diversificadas, tais como o departamento jurídico e o de recursos humanos? Essa autonomia tinha assumido proporções ritualísticas e eu precisava saber de onde isso vinha.

Quando entrei no meu quarto no hotel, a imagem daquele desenho de Da Vinci com uma figura humana dentro de um círculo representando as rotações do corpo me veio à memória. Da Vinci isolou o indivíduo, destacando de uma só vez a singularidade e complexidade desse indivíduo. Enquanto eu pensava naquele desenho, percebi que ele representava a metáfora perfeita para explicar a verdadeira identidade da Fidelity: *Este ser chamado Fidelity era dirigido pela necessidade de priorizar o individualismo.*

A forte independência da empresa e o grande respeito pela autogestão — entre seus administradores e empregados, e também entre os clientes da Fidelity — eram as principais características que fortaleciam a necessidade que a empresa tinha de dar prioridade ao individualismo. A idéia bastante difundida de que as operações autônomas representavam o começo e o fim da criação de valor era falsa. A autonomia operacional era o efeito, não a causa. Uma força maior no trabalho — uma força de vida — determinava os caminhos mais importantes pelos quais o empreendimento era conduzido. Eu percebi que cada pessoa, fundo, departamento e divisão era na verdade uma manifestação de uma identidade corporativa que tantas pessoas negavam. A administração precisava saber disso. Johnson e Bodman precisavam compreender que apesar de a autonomia ser uma filosofia vital de operação, ela tinha seus limites e fazia parte de um quadro muito maior. Os dirigentes da Fidelity precisavam garantir que a autonomia de operação se voltasse por fim para intensificar a lealdade à instituição, não apenas aos diversos fundos que ela administrava.

Uma direção totalmente voltada para dar primazia ao individualismo era o cerne da organização. A química que dava vida a esse ser corporativo poderia ser explicada em termos de um princípio central: *Os interesses do indivíduo estão acima de tudo; todos os valores, direitos e obrigações têm origem nos indivíduos; a independência política e econômica é sagrada; uma iniciativa, uma ação e os interesses individuais representam a fonte da criação do valor.*

Essa intuição a respeito da Fidelity levou-me rapidamente a formular e a responder às perguntas da definição de identidade de Erikson. *Sim*, eu pensei, a Fidelity poderia confiar em si própria, em suas ações, em suas motivações; tudo isso como resultado de sua paixão pelo individualismo. *Sim*, a autonomia da Fidelity no mundo que a cercava estava assegurada por esse direcionamento. *Sim*, sem sombra de dúvida, a iniciativa da organização e a ambição crescente poderiam ser entendidas pela necessidade de a empresa dar primazia ao individualismo. *Sim*, essa paixão era o centro de gravidade da Fidelity em relação à sua competência. *Sim*, a necessidade de dar primazia ao individualismo explicava claramente por que a realização humana, e não simplesmente a produtividade, era o aspecto central da organização.

Eu finalmente entendi que compreender a identidade da Fidelity era compreender como o empreendimento criava valor em seu sentido mais profundo. Se essa identidade pudesse vir ao encontro de todos esses critérios, então seria praticamente impossível a Fidelity *deixar* de criar valor. Não me surpreendia o fato de que a Fidelity tinha alcançado a liderança no mundo cada vez maior dos fundos mútuos.

Daquele momento em diante, eu passei a enxergar a verdade essencial sobre como as coisas nos negócios realmente funcionavam. Era como se um mistério eterno tivesse acabado de ser resolvido, abrindo uma porta para eu passar. Eu estava impressionado pelo poder que a identidade tinha de influenciar o sucesso e o fracasso; mas, acima de tudo, fui tomado pelas enormes semelhanças que passei a enxergar entre os seres humanos e as organizações.

Enquanto eu refletia sobre a Fidelity, o desenho de Da Vinci da forma humana se fundia em minha mente com a própria organização. Eu podia perceber mais claramente que as dinâmicas da Fidelity e as dinâmicas do ser humano eram uma a imagem especular da outra. As capacidades físicas, mentais e emocionais que definiam a individualidade em alguém também a definiam em outra pessoa. A Fidelity foi um dos primeiros exemplos disso, inesquecível para mim. Eu passaria a próxima década testando, revisando e refazendo essa descoberta e suas implicações para a liderança.

DA INDIVIDUALIDADE À DIFERENCIAÇÃO

Eu pediria em seguida à administração da Fidelity para reavaliar, aprimorar e reordenar a empresa de acordo com a identidade, em relação a cada faceta de como o empreendimento se comportava em relação ao mundo a seu redor. Isso significava que Johnson, Bodman e outros deveriam deixar de lado as concepções que tinham sobre a capacidade de controle da administração para simplesmente dirigirem a organização. Isso significava que esses executivos de sucesso deveriam avaliar a identidade de sua empresa, firmá-la e enriquecê-la em nome da criação de valor.

Para mim, a lógica desse procedimento estava muito clara. Como qualquer ser humano, a entidade corporativa da Fidelity, que era única, tinha seu próprio modo de ver as coisas e de se comportar em relação aos outros. Essa identidade era um giroscópio plenamente capaz de colocar a organização em um curso produtivo no meio em que atuava. A função da administração era realizar isso.

É claro que a identidade da empresa já havia se formado há muito tempo. A identidade está sempre presente. A necessidade que a Fidelity tinha de dar prioridade ao individualismo era parte do empreendimento desde o início de sua existência. O problema, até onde posso ver, estava no fato de que ninguém dentro da Fidelity tinha consciência de que essa identidade existia, e não se incomodava com ela. Dessa forma, os executivos não estavam em posição de dirigir a empresa de forma a capitalizar todo o potencial de criação de valor que havia nela.

Enquanto eu considerava as possíveis mudanças que a administração enfrentaria, lembrei-me da minha tarefa original. Eu estava empenhado em desenvolver a lealdade do cliente para com a instituição, o que exigia a resposta a uma pergunta básica: *Lealdade a quê?* A resposta estava clara: *Lealdade a uma instituição que era única no processo de privilegiar a individualidade.*

Entretanto, só depois de acreditar que tinha desvendado o código, foi que a forma de estabelecer a meta firmada por Johnson — fazer com que o cliente fosse mais fiel à instituição — tornou-se aparente para mim: Fazer todo o possível para colocar a identidade de acordo com o que o mercado desejava. Por causa da crescente demanda pelo serviço personalizado ao cliente, os executivos da Fidelity, em todos os níveis, precisariam descobrir como "vender" a identidade da Fidelity, como se ela fosse um produto. Para colocar em termos mais simples, tratava-se de privilegiar de todas as formas possíveis a individualidade do cliente. Aproveitar essa oportunidade já existente para a administração capitalizar o direito de primogenitura da instituição.

Estávamos em março de 1985. Eu já estava trabalhando no caso há cerca de quatro meses, e programei minha apresentação inicial para um grupo de gerentes em abril. A primeira apresentação foi feita para Rab Bertelsen e alguns executivos de marketing que tinham patrocinado o estudo. Aquela reunião representou um divisor de águas na minha vida profissional. Foi um momento de que eu não esqueceria tão cedo. Eu ia apresentar idéias sobre a Fidelity que poderiam me colocar em uma posição potencialmente arriscada em relação a Rab, porque eu não tinha certeza de como ele e seus colegas reagiriam a elas.

Tudo em meu relatório baseava-se em: "Esclarecer o que a Fidelity tinha de diferente para conquistar uma vantagem competitiva"; esse era o título da primeira parte do documento. Superficialmente, era algo "apresentável". Foi nessa parte, no entanto, que eu apresentei duas idéias que, juntas, eram bastante radicais: a Fidelity estava *viva*, era um ser que podia administrar a si próprio; e esse indivíduo único chamado Fidelity poderia ser conhecido por meio de sua *identidade*, a qual se formou a partir da convergência das capacidades mentais, físicas e emocionais desse próprio indivíduo.

O que naquele momento parecia tão lógico e tão claro — até mesmo simples — era algo totalmente obscuro apenas quatro meses antes. Eu tinha colocado a descoberto as capacidades humanas da organização a fim de compreender a química estrutural que a impulsionava para uma posição de liderança no mundo dos serviços financeiros.

A minha conclusão central — de que a Fidelity era dirigida pela necessidade de privilegiar o individualismo — valeu alguns olhares fixos de Rab e de seus associados. Eu prossegui, apresentando provas e estabelecendo todas as relações necessárias a respeito de como a Fidelity deveria se "posicionar" para conquistar a fidelidade do cliente. Os membros do grupo começaram a fazer perguntas especulativas sobre a identidade e o que ela significava em relação ao modo como a Fidelity se comportava tanto interna como externamente. As idéias começavam a fazer sentido para eles e eles passaram a fazer ligações entre a identidade da Fidelity e como a organização atuava no sentido de obter clientes e ganhar dinheiro.

Naquela noite, quando Rab e eu íamos jantar, ele se lembrou de sua preocupação inicial: a de que eu voltaria com as mãos vazias ou simplesmente reafirmaria o óbvio desempenho superior nos serviços financeiros da Fidelity, usando talvez palavras novas para isso. Enquanto eu ouvia, tive o prazer de ver que Rab havia entendido tudo. Ele estava claramente envolvido com a minha conclusão sobre a identidade da Fidelity. Ela parecia música para ele, e seu entusiasmo era aparente.

Eu vi em Rab naquele momento um homem que há muito tempo queria acreditar que sua empresa estava viva e que era única, mas que, até aquele dia, ou tinha estado inseguro sobre isso, ou não queria admiti-lo. Eu acredito que os resultados do estudo representaram um alívio para Rab, confirmando a crença implícita que ele tinha na vida do empreendimento.

Entre todos os gerentes, devo reconhecer que Rab se sobressaiu. Com o novo conhecimento que ele tinha acabado de adquirir, sua capacidade de liderança cresceu enormemente; ele pôde compreender que direção a Fidelity estava tomando. Rab possuía uma combinação rara de intuição com pragmatismo para os negócios, e ele assumiu a defesa do poder da identidade. Durante as semanas que se seguiram, ele esboçou um plano geral para ser implementado, que parecia um tanto fácil. Baseando-se em seu conhecimento, agora explícito, sobre a identidade da Fidelity, Rab sabia instintivamente como proceder.

A maioria das mudanças propostas por ele tinha como meta o fortalecimento da linha de frente das relações com os clientes. Para tornar a identidade operacional, ele concentrou todos os seus esforços no sentido de promover as mudanças que estabeleceriam uma relação mútua entre a organização e o cliente:

- Desenvolver um programa de treinamento de funcionários com o objetivo de ressaltar o individualismo característico da Fidelity, para que todos os empregados compreendessem o significado da empresa e percebessem que trabalhavam essencialmente para reforçar esse princípio da organização.

- Reajustar todos os critérios de contratação para o serviço de atendimento ao cliente a fim de identificar e recrutar pessoas que compreendessem as metas do individualismo e as aplicassem em todos os aspectos dos relacionamentos com os clientes.

- Instituir prêmios de desempenho na relação com o cliente para os representantes de vendas que se destacassem no serviço e cujas ações demonstrassem claramente o compromisso da Fidelity com o individual.

- Transformar os centros de investimento da Fidelity em um centro de serviços, uma espécie de vitrine das operações de investimentos, com funcionários treinados, computadores, programas de instrução para os investidores novatos e os experientes. Isso faria com que a empresa se tornasse mais acessível às pessoas. (Para a Fidelity, o varejo era um ambiente natural para ela expressar sua identidade; a estratégia estava em total acordo com "aquilo que a Fidelity era".)

- Promover uma pesquisa para descobrir quantos clientes possuem computadores pessoais ligados na rede e, dessa maneira, desenvolver um banco que forneça ao cliente a posição em tempo real de um fundo N.A.V. (valor do ativo líquido), ou de outros fundos, para fortalecer o vínculo entre o investidor e a instituição.

Dessa forma, Rab elaborou um plano de ação que atingia todo o setor de marketing da Fidelity e mais alguma coisa. Dezessete operações diferentes foram empregadas, abrangendo o serviço telefônico, a sala de comunicações, o departamento de correspondência, o setor de varejo, atacado, pensão, marketing institucional e as funções dos recursos humanos e do jurídico. Ele havia traçado a rota para que a Fidelity se tornasse uma empresa única, e, assim, ela estaria ligada aos investidores de uma forma que ressaltasse o talento sem igual que a Fidelity tinha para lidar com os clientes "de indivíduo para indivíduo".

Eu tinha fornecido à administração a base necessária para que ela elaborasse o plano de fidelidade do cliente para com a empresa. Os clientes, funcionários e todas as pessoas, cujas vidas e sustento eram afetados pela Fidelity, se beneficiariam ao se alinharem com a organização, a qual, acima de tudo, precisava dar primazia à individualidade de todas as formas possíveis. Muitas das ações propostas por Rab afetavam as operações cotidianas. As iniciativas colocadas em prática por ele logo começaram a indicar que a aspiração da Fidelity ao individualismo se tornaria uma ponte entre a instituição e seus clientes.

Se a administração, assim como o resto da empresa, reconhecesse a instituição como uma entidade única, assim ela seria entendida por outros e nenhum concorrente poderia contrariar esse fato. Para Johnson e Bodman, a identidade da Fidelity era a fonte mais importante de diferenciação. Outros podem dizer que têm um compromisso parecido, que estão atentos às "necessidades individuais", mas nenhuma outra empresa tem isso no sangue. Nenhuma outra empresa fazia disso uma máxima. Nenhum concorrente, mesmo que grande, forte ou agressivo, poderia excluir a Fidelity da Fidelity. O intenso compromisso da empresa com o individualismo era, e continua sendo, a explicação básica para o fato de essa empresa ser líder de mercado — uma defesa sólida, na qual a concorrência não podia penetrar.

A Lei da Individualidade contém a resposta para uma das questões mais importantes e que mais atormenta as empresas: *Em que negócio nós estamos?* No caso da Fidelity, a empresa está no negócio de fundos mútuos? No negócio de serviços financeiros? A resposta é: nos dois e em nenhum deles. Sem dúvida, os negócios da Fidelity se baseiam na profunda experiência da empresa em serviços financeiros, de uma forma geral, e em sua capacidade extraordinária para o desenvolvimento, para vendas, e para a administração de fundos mútuos, especificamente. Mas todas essas qualidades, produtos e serviços são na verdade veículos por meio dos quais a Fidelity como um todo conquista seus clientes. *A Fidelity Investments está no negócio de privilegiar o individualismo.* É assim que a instituição cria valor. Todo o resto — os fundos, o serviço de desconto de corretagem, as pensões, o marketing institucional, os centros de investimento, *tudo* — é apenas um dente da engrenagem da criação do valor.

Apesar de a Lei da Individualidade ajudar os dirigentes a descobrirem o que torna suas empresas diferentes, essa lei depara-se sempre com um *paradoxo de diferenciação* que segue o caminho de viver sob esta lei. Quanto mais os administradores desejam que suas organizações sejam diferentes aos olhos dos clientes, empregados, investidores e outros públicos, mais hesitam em chegar ao coração da verdadeira identidade de suas empresas, que é onde reside a diferença.

O "desarranjo" entre o que os administradores querem e o que eles têm vontade de fazer para lográ-lo é resultado de dois mitos que foram incorporados ao mundo dos negócios. O primeiro deles é que a maneira pela qual as empresas e as pessoas operam são diametralmente diferentes. Nada poderia estar mais longe da verdade. As empresas são, de fato, uma extrapolação organizacional de um ser humano quase perfeita, exibindo (como eu já havia notado) característica físicas, cognitivas e emocionais distintas. Em vez de aceitarem esse mito, os administradores devem compreender que suas organizações estão vivas e têm características próprias e exclusivas.

O segundo mito em que muitos administradores acreditam é que suas organizações já se tornaram presas da homogeneização — resultado de um critério, ou a falta dele, muito seletivo e interminável no recrutamento, na contratação e na demissão. Mas o oposto também é verdadeiro. O que realmente acontece no processo de classificação é uma profunda individualização. O processo de seleção implacavelmente *depura* e *aprofunda* a identidade única da organização ao atrair e agrupar pessoas que estão inerentemente em sincronismo com ela.

O que de fato ocorre em nome da diferenciação é, geralmente, uma destas duas coisas. A primeira é que os administradores tendem a diferenciar sua empresa baseando-se em produtos e serviços, cultura e economia. Não é surpresa que isso aconteça. Os produtos e serviços são bastante evidentes e conhecidos: "As lavadoras e secadoras mais confiáveis", ou "O fornecedor completo de serviços financeiros pessoais". Os valores culturais podem ser definidos e articulados por meio de *comportamentos* que sejam razoavelmente simples de serem documentados. "Nós somos líderes de qualidade." "Serviço é conosco mesmo." As exigências econômicas são agudas e, por causa do seu efeito direto sobre o desempenho dos negócios, elas proporcionam um terreno propício para a diferenciação (fornecedor que cobra pouco é igual a preços baixos todos os dias).

A segunda coisa que ocorre em nome da diferenciação é que as empresas, por meio de seus próprios esforços ou em colaboração com agências de publicidade e outras empresas que prestam serviços de marketing, *fabricam* identidades que têm uma certa base na realidade ou para mudar uma identidade quando as pessoas — clientes, investidores, funcionários recrutados e outros — não respondem como elas esperavam. Administradores bem-intencionados muitas vezes sabem que estão se enganando (e, conseqüentemente, enganando os outros); outras vezes acreditam que a diferenciação verdadeira não é possível para sua empresa.

Entretanto, é um fato incontestável que uma diferenciação que não se baseie na identidade não se sustenta. Isso ocorre porque lhe faltam raízes e sem as raízes ela está condenada a ruir por causa da pressão — a pressão das novidades tecnológicas, a pressão dos fornecedores com baixo custo, a pressão dos concorrentes que desenvolvem novos produtos de sucesso, e assim por diante. Por outro lado, é a própria identidade que fornece essas raízes. Ela afirma a individualidade das organizações, fazendo com que essa individualidade seja uma estrutura que dê firmeza às ações. É no vigor da identidade que a diferenciação se torna íntegra e segura.

Concordar com a Lei de Individualidade é compreender a verdadeira natureza e o propósito do empreendimento. Munidos desse conhecimento, os dirigentes estarão em uma posição mais vantajosa para liderar. A estratégia e a mudança de iniciativas, explicadas no contexto da identidade, tornam-se compreensíveis — e muito mais agradáveis — para todos os envolvidos. Por quê? Porque o caminho dos líderes não é o produto de um comitê de administração. Em vez disso, esse caminho se projeta a partir das capacidades sem igual de todo o empreendimento. Todos são parte desse caminho. Todos podem se encontrar dentro dele. Isso aprofunda a credibilidade. Desenvolve as raízes.

Uma das formas mais patentes pela qual o conhecimento, a afirmação e a ativação da identidade beneficiam a liderança é que ela estimula o talento da empresa para criar valor em todos os níveis. Ela faz isso ao colocar todos "a serviço" da identidade do empreendimento e, ao mesmo tempo, descreve as habilidades, a criatividade e a energia das pessoas envolvidas. Conseqüentemente, a organização se torna afinada para perseguir as três características básicas da identidade: a grande eficiência, a integridade e a paciência. Pelo fato de elas terem sido orientadas pela concepção que Rab Bertelsen tinha da identidade da organização, as ações de Rab na Fidelity continham uma eficiência e uma integridade naturais. Essas duas importantíssimas qualidades, por sua vez, aumentavam sobremaneira a possibilidade de a Fidelity se manter firme ao longo do tempo.

Não há dúvida, é preciso ter sistemas para organizar as atividades, dar prioridade a isso e controlar os progressos. Mas o "avanço" da identidade cria seu próprio sistema de verificação e de equilíbrio que as pessoas podem aplicar nos negócios, levando-se em conta que elas estejam cientes de que a identidade da empresa está em primeiro lugar. Desse ponto de vista, desvendar o código da identidade significa desvendar o segredo da liderança.

Tanto para os indivíduos como para as empresas, a força gerada quando a identidade se torna conhecida proporciona muitos benefícios, entre eles uma armadura impenetrável contra aqueles que menosprezam essa identidade. Tanto para os indivíduos como para as empresas, o poder que reside no fato de se compreender a identidade também age como um ímã para atrair amigos, parceiros e (no caso dos negócios) clientes, empregados e investidores.

A identidade é o fundamento da diferenciação. Para as pessoas que querem liderar as outras, a identidade é um manancial para o desenvolvimento e crescimento pessoal — um importante pré-requisito para a liderança. Para os líderes corporativos empenhados na criação de valor, a identidade é a fonte — a única fonte concebível — que pode lhes proporcionar uma vantagem competitiva.

Ninguém pode nos privar do direito de primogenitura.

3 A LEI DA CONSTÂNCIA

A IDENTIDADE É ALGO FIXO, TRANSCENDE TEMPO E LUGAR, AO PASSO QUE SUAS MANIFESTAÇÕES ESTÃO EM CONSTANTE TRANSFORMAÇÃO.

Eu estou vivo, sou único
    e imutável,
        mesmo quando cresço e me desenvolvo.
No entanto, para de fato viver, devo me expressar
    por completo,
        e, ao fazê-lo, terei muito o que proporcionar.
Mas, para tanto, preciso dos outros, e sou mais produtivo
    ao lado daqueles que também precisam de mim.
Para estabelecer esses relacionamentos, devo primeiro ser
    reconhecido por aquilo que sou,
        para em seguida receber
            de acordo com aquilo que proporciono.

Na década passada, nenhum assunto ocupou mais os dirigentes de negócios do que a mudança — especificamente, a necessidade de mudança e os meios para isso. Dirigentes como Jack Welch da General Electric e Percy Barnevik da Asea Brown Boveri são vistos como os mestres das mudanças. Eles fizeram da mudança parte do dia-a-dia das organizações dirigidas por eles. E entre todas as mudanças que inspiraram, esses dirigentes procuraram manter uma constância a respeito do que é a organização e para que ela serve. Depois de todas as mudanças que ocorreram na GE, a empresa continua "proporcionando coisas boas para a vida" — uma expressão popular de sua identidade fundamental.

Uma das histórias de sucesso sobre mudança mais conhecidas dos últimos anos é a da Xerox, sob o comando do diretor-executivo Paul Allaire. A história da mudança na Xerox é sobre a transformação de uma empresa de copiadoras em uma empresa de "documentos", e essa importante mudança resultou em aumento dos ativos, do valor de suas ações e na elevação do estado de espírito do empregado. A característica da Xerox não era o equipamento para cópias, mas tudo o que passava por esse equipamento.

Apesar de uma série de mudanças que estavam sendo orquestradas por Allaire na prioridade de investimentos, no pessoal e na cultura da empresa, mudar significava, em muitos aspectos, não mudar absolutamente nada. A Xerox havia nascido para ser uma empresa de documentos. Era esse o seu direito de primogenitura. A genialidade de Paul Allaire soube reconhecer esse fato — e deixar que a Xerox fosse a Xerox. É da natureza da constância que algumas coisas não mudem, apesar de parecerem diferentes no decorrer do tempo.

As mudanças que eu observei e continuo observando ao longo do meu desenvolvimento, agora eu sei que são tanto ilusórias quanto reais. Minha vida parece ter mudado de maneira dinâmica diversas vezes: tive uma infância em que eu dependia da arte e da música para o reconhecimento dos outros; uma adolescência dedicada a esportes individuais como o tae-kwon-do e a natação; procurei também no início de minha vida profissional uma série de carreiras, até deparar-me com a felicidade de ter fundado a Anspach Grossman Portugal.

No curso desses anos, eu havia abraçado, aparentemente abandonado e por fim reafirmado meu amor pelas coisas criativas — pela criatividade em si. As esculturas primitivas de ursos que eu fiz quando tinha oito anos, as naturezas-mortas que pintei aos 14 anos, as composições que produzi aos vinte, a pesquisa de mercado que realizei aos 24, as descobertas que fiz sobre a identidade da Fidelity quando eu tinha 34 anos estão todas perfeitamente consistentes com quem eu sou hoje, aos 49, e com quem eu serei pelo resto da vida.

É reconfortante saber que mudar não significa necessariamente abandonar todas as coisas. E, às vezes, o que vemos na mudança é que não mudamos tudo, é apenas uma nova forma de expressar quem somos. A Lei da Constância, a terceira Lei da Identidade, destaca os limites da mudança, impondo uma disciplina a todos nós: *Não perca de vista o que não pode ser mudado, as características únicas que nos permitem criar o valor em nosso mundo.* Ao nos lembrar de que a identidade é "fixa", e que despreza o tempo e o espaço, essa lei nos leva a considerar se estamos nos saindo bem ao expressar e aplicar nossa identidade em um dado momento.

Como a firme paixão que tenho pelas coisas criativas está sendo exercitada? O "rabino" dentro de mim é capaz de conceder aos clientes as coisas que realmente importam para sua organização e sua vida? O "arquiteto" que há dentro de mim está testando sua capacidade de forjar uma imagem da corporação — veja a Fidelity — de acordo com o que ela deveria ser para se organizar e operar de acordo com suas necessidades de privilegiar o individualismo? A disciplina imposta pela Lei da Constância é o que permite o exercício da interpretação nessa época de mudanças pelas quais passamos.

Poucos administradores dirigem seus negócios segundo a Lei da Constância, porque eles simplesmente não percebem que ela existe, como ocorre com a Lei da Gravidade. Hoje, uma mudança radical é considerada um meio de salvação no qual nada parece sagrado. Mas isso não está certo. A *Identidade* é sagrada. Ignorar a terceira Lei da Identidade é um prenúncio de fracasso. Quase nada resta quando se desmonta por completo a identidade de uma empresa — do ser corporativo.

Entretanto, há um grande número de empresas, entre vários tipos de indústria, cuja história e longevidade determinam que elas funcionem de acordo com a Lei da Constância, mesmo que inconscientemente. Caterpillar, General Electric, Matsushita, Coca-Cola, Boeing, Maytag, Arthur Andersen, McKinsey & Co., Goldman Sachs, até mesmo a Fidelity e a Alcoa — todas se enquadram nesse modelo. De certa forma, elas são especiais. É comum encontrá-las entre as empresas "mais queridas" do público: porque são especiais, são líderes em seus segmentos.

A Korn/Ferry International é uma organização que obedece instintivamente à terceira Lei da Identidade. No campo do recrutamento de executivos, a Korn/Ferry é a maior em termos de rendimentos, e com sua abrangência global ninguém consegue rivalizar. Mas é em outros meios que o sucesso dessa indústria líder se destaca, revelando que seu percurso foi determinado pela Lei da Constância.

KORN/FERRY INTERNATIONAL
Century City — Introdução

A reunião que tive com Michael Boxberger, presidente da Korn/Ferry, aconteceu em uma sala pequena e simples nos escritórios da empresa em Century City, na Califórnia. Além de uma coleção de pinturas "corporativas" — uma arte sem paixão — que cobria as paredes, não havia mais nada para distrair a atenção dos negócios a serem tratados.

Os sócios da Korn/Ferry perceberam que parte do processo de mudança que estavam realizando na empresa dependia de encontrar uma forma para que a ela se destacasse das demais; ou seja, dependia da diferenciação. Eles sentiam a pressão da concorrência, sobretudo da Heidrick & Struggles e da Egon Zehnder International.

Michael ponderava e refletia, como se estivesse ensaiando, sobre as palavras que usaria e histórias de guerras que contaria para ilustrar os benefícios econômicos da diferenciação e do que isso significava para os sócios da empresa em termos de compromisso e recompensas.

Enquanto me preparava para aquela reunião, consegui uma cópia de uma pesquisa, publicada na *Executive Recruiter News* um mês antes apenas, das quarenta maiores empresas de varejo nos Estados Unidos. Eu levei a pesquisa comigo e resolvi colocá-la na mesa como ponto central para discussão. Dessa forma, fiz notar a Michael que apesar de a Korn/Ferry estar em primeiro lugar nos Estados Unidos em rendimento — 104 milhões de dólares em 1995 —, o rendimento por profissional era um dos piores. A SpencerStuart e agências como a McCann Choi & Associates lideravam nesse quesito.

A calma aparente de Michael deu lugar a uma crítica espontânea sobre a natureza ilusória daquele resultado em particular. Segundo ele, aquele índice não levava em consideração a força estrutural da Korn/Ferry avaliada por sua estratégia diferenciada, sua estrutura e sua cultura. A partir daquele momento, comecei a reunir os primeiros indícios substanciais da verdadeira identidade da Korn/Ferry International.

Entre outras coisas, Michael me explicou em pormenores a distinção aparentemente arbitrária entre "profissionais" e "sócios" que comprometia o resultado da pesquisa. Ele me disse que já havia participado dessa batalha antes, tentando fazer com que os observadores externos se dessem conta de que havia na empresa uma diferença crucial que, segundo sua opinião e a de seus sócios, representava o ponto central para o entendimento do que significava ser a Korn/Ferry.

Em quase toda empresa de recrutamento, o rendimento por profissional, ou sócio, é um importante instrumento de avaliação, não apenas de lucratividade, crescimento e riqueza pessoal, mas também do reconhecimento por parte do cliente e da total captação de valor. Eu sentia que a frustração de Michael com a visão estreita daquela estatística era muito mais profunda do que parecia.

A pesquisa, cheia de dados numéricos, era impressa em preto e branco em um dos lados de uma única folha de papel cujas bordas estavam amassadas e sujas de tanto ser lida. Mas, por outro lado, a história que ele contava era cheia de cores, matizes, luzes e sombras, organizados de tal forma que era impossível determinar o valor dessa história com simples palavras.

A Korn/Ferry era mais rica, mais complexa e muito mais dinâmica do que eu supunha. Quando sua identidade se tornou clara para mim, percebi que a missão da Korn/Ferry, desde que foi fundada havia cerca de trinta anos, tinha sido de fato promover a fidelidade. Além disso, eu logo viria a entender por que Michael Boxberger tinha rejeitado, de maneira tão enfática, os índices de rendimento por profissionais como um instrumento preciso de avaliação do valor da Korn/Ferry: Esse instrumento não funcionava para determinar a forma pela qual a organização criava valor.

O Descobrimento da Marca

O marketing e a definição da marca são duas disciplinas comerciais que as empresas de colocação profissional geralmente demoram a abraçar. Isso talvez ocorra porque ambas as áreas estão muito relacionadas com produtos de consumo. Ou pode ser porque as empresas tradicionais de colocação profissional, ao se preocuparem mais com a contribuição individual, acabem por impedir que as pessoas vejam a organização toda como algo maior do que a soma de suas partes — uma condição para se definir e administrar qualquer marca corporativa.

Ficou claro desde o início do meu envolvimento com a Korn/Ferry que a maioria dos seus sócios pelo mundo — em particular, os de cargo administrativo — tinha dúvidas sobre a necessidade de se chegar a um acordo a respeito da marca. O desejo deles de estabelecer relações pelo mundo com corporações líderes estimulava o interesse das pessoas em compreender a razão de ser da Korn/Ferry International e, conseqüentemente, compreender também como a "marca" poderia ser traduzida para atender às necessidades multinacionais, regionais ou locais.

Definir a marca — conforme eu a descrevia para a Korn/Ferry, *a promessa que a empresa fazia para seus investidores* — havia se tornado prioridade para a administração. Meu trabalho era identificar e promover as características da identidade da Korn/Ferry de modo que a empresa alcançasse o objetivo mencionado acima, o que permitiria à organização se mover sem percalços pelo caminho da liderança institucional, caminho esse no qual ela já se encontrava. Ao perceber isso, percebi também que não precisava ajudar o meu cliente a definir sua marca; precisava, sim, ajudá-lo a encontrá-la.

Não importa como ela tenha sido formulada, eu tinha certeza de uma coisa: definir o que ela significava para a Korn/Ferry implicava tratar a empresa como um todo. O indivíduo passava para um segundo plano enquanto a instituição assumia o papel de estrela. Eu percebi que era difícil para uma empresa de colocação profissional tratar o problema dessa maneira, e em praticamente tudo o que ela fazia, pois, como outras empresas do ramo, era tradicionalmente dirigida por consultores destacados e por planos de compensação elaborados para recompensar a atuação individual acima de tudo.

O ramo de procura de emprego havia chegado tarde à festa da diferenciação. Naquela época, as empresas de outros setores — contabilidade, bancos de investimentos e várias empresas de consultoria, por exemplo — já haviam feito do marketing e do desenvolvimento da marca parte de um avançado processo de administração. Há magníficos exemplos nessa área como a Goldman Sachs, a Andersen Consulting e a McKinsey & Company.

Quando comecei a trabalhar com a Korn/Ferry, ficou claro para mim, fosse por causa de estatísticas, fosse por causa de comentários, que nenhuma empresa de colocação de executivos tinha conseguido se diferenciar com sucesso. Praticamente todas as empresas ao redor do mundo tinham sido qualificadas de "serviço básico" por seus gerentes.

E eu me perguntava como, nesse segmento tão importante da indústria de colocação de profissionais, as empresas conseguiam se manter tão uniformes umas em relação às outras? A primeira coisa que fiz para compreender esse fato, foi pesquisar a literatura e as páginas na Internet das maiores empresas do ramo, relacionando as palavras-chave e os termos que cada empresa usava para descrever a si mesma. Eu queria ver se algum tema apareceria.

Eu rapidamente identifiquei dezoito atributos citados como pontos de diferenciação entre a Korn/Ferry e seus quatro principais concorrentes, a Heidrick & Struggles, a SpencerStuart, a Russell Reynolds e a Egon Zehnder. O que eu descobri foi que desses dezoito atributos, nove pontos que eram destacados como aspectos de diferenciação eram, em essência, *idênticos* em todas as empresas. Esses atributos eram: alcance global, atuação local, especialização em indústrias específicas, qualidade, atuação de parcerias e experiência dos parceiros.

Ao reivindicarem os mesmos atributos, essas cinco empresas dominantes acabavam, sem perceber, causando no mercado a impressão de que eram "todas iguais". Não admira, eu pensei, que os clientes estivessem dispersos todos aqueles anos em vez de procurarem essas organizações; não havia escolha para eles, uma vez que as identidades dessas instituições estavam quase sepultadas.

É um axioma no mundo das marcas que ninguém, mesmo que seja poderoso e muito conhecido, pode ter mais poder do que a organização que criou. Por quê? Por dois fatores simples. O primeiro é que a organização, devido às centenas ou milhares de pessoas que congrega, necessariamente tem mais conhecimento do que seu fundador; e é esse conhecimento que proporciona inovações para os clientes ao longo do tempo e, como retorno, aprofunda a percepção do valor da marca. O segundo fato fala por si. As pessoas morrem. Empresas bem administradas têm potencial para viver para sempre.

Deixar de ser igual às outras era o grande desafio para a Korn/Ferry e eu sabia que encontrar a marca da organização também significava traçar um caminho desde a identidade do fundador, a de Richard Ferry, até a identidade institucional, orquestrada na época por Michael Boxberger e sua equipe. Essas transições, é claro, são passagens naturais em todas as empresas, mas elas assumem um significado maior no contexto da administração baseada na identidade, e assumem uma importância aguda à luz da Lei da Constância.

Por quinze anos, eu tinha trabalhado com várias organizações, tanto privadas como públicas, nas quais ou o fundador ou um dos membros da família fundadora ainda estava na posição de líder. O que eu tinha aprendido com essas experiências poderia ser aplicado na Korn/Ferry? Precisamente que passos deveriam ser dados para garantir que essa transição de liderança servisse para ampliar as necessidades de desenvolvimento da marca da instituição? A resposta — aqueles "passos" — logo seria dada. Dar continuidade à transição de Richard Ferry para a "Korn/Ferry" exigiria:

- Identificar e codificar as características essenciais que o fundador tinha introduzido no início.

- Ao mesmo tempo, deixar que o lado do indivíduo recue, mas não tanto a ponto de se perder, enquanto a empresa cresce e evolui.

- Não deixar que novos administradores desenvolvam estratégias cegamente voltadas para o passado, especialmente em relação às forças baseadas na identidade, que servem de ligação entre o passado e o futuro.

- Estimular um crescimento que ampliasse e revitalizasse o propósito do fundador.

Eu aprendi que as transições de liderança — nesse caso, a da Korn/Ferry — significava deixar que o próprio ser corporativo assumisse o controle da situação e seguisse em frente no seu próprio ritmo. A transição da Korn/Ferry dependia de uma ponte que nunca pertenceu a nenhuma das gerações de administradores da empresa, mas que pertenceria, sim, às gerações futuras.

Sete Qualidades Duradouras

Em pouco tempo, identifiquei as sete características predominantes da Korn/Ferry. Cada uma delas poderia ser rastreada historicamente — muitas vezes chegando-se até à origem da empresa cerca de trinta anos antes — e cada uma delas contava uma parte da história da natureza única daquele ser institucional.

A primeira característica era o *profissionalismo* da Korn/Ferry — mais especificamente, a firme inclinação para "profissionalizar" o negócio de colocação profissional. Uma das provas mais reveladoras a respeito da empresa surgiu numa palestra que Richard Ferry havia dado na The Newcomen Society em 1994. Essa palestra foi rica em informações e eu fui capaz de aprender muito e extrair várias conclusões. A inclinação da Korn/Ferry por desenvolver melhores práticas comerciais e padrões de colocação profissional eram partes importantes da filosofia dos fundadores Richard Ferry e Lester Korn. Isso nunca esteve ausente.

Os dois homens estavam determinados a transformar a colocação de executivos em uma disciplina administrativa — uma profissão respeitada e valorizada. Eu percebi que em um ponto de sua palestra, Ferry chamava a colocação de executivos de "um modo de vida". Ele queria dizer que estava convicto de que essa profissão influenciava a forma pela qual os clientes, e também os consultores, viam o mundo, os problemas e os desafios que enfrentavam. A colocação de executivos era mais do que um simples negócio.

A idéia foi mais bem explicada por meio de uma outra fonte: um livro escrito por John Byrne, articulista da *Business Week*. Em *The Headhunters*, Byrne escreveu: "A Korn/Ferry revolucionou e institucionalizou o negócio, e está ajudando a transformar a forma pela qual os executivos mudam de emprego." Quando li isso, lembrei-me do que significa instituição. Uma "instituição" é uma organização que tem ligações claras com a cultura externa a ela, com a sociedade em geral. Como, exatamente, a Korn/Ferry tinha feito essa ligação?

Uma outra característica central dessa empresa era o fato de ela utilizar como máxima a *resolução de problemas relativos aos negócios* como um meio de estabelecer relações com os clientes. Em sua palestra na Newcomen, Richard Ferry destacou que a empresa era "obcecada pela idéia de entender os clientes". Ele tinha necessidade de entender o que tornava a empresa e os administradores especiais. Ferry ressaltava a singularidade de seus clientes, afirmando que apenas por meio dessa singularidade seria possível direcioná-los para a empresa certa.

A Korn/Ferry tinha também uma grande experiência em estabelecer novos produtos e novas práticas. Isso incluía a assistência em áreas de desenvolvimento organizacional e remuneração de executivos, plano de sucessão administrativa e consultoria sobre criação de equipes e liderança efetiva. E num outro aspecto ainda de sua orientação para a solução de problemas, a Korn/Ferry foi uma das primeiras empresas de consultoria a investir na especialização para as indústrias, em áreas de serviços financeiros, saúde, tecnologia e fabricação, por exemplo.

O *tamanho* era a terceira característica distintiva do empreendimento. E o tamanho era um dos atributos que serviam de motivo de chacota para os parceiros da empresa. A grandeza era algo significativo para a Korn/Ferry. Em 1989, a empresa foi a primeira a ultrapassar os 100 milhões de dólares de receita. Em 1994, esse número subiu para mais de 150 milhões. A Korn/Ferry gabava-se dos seus 400 profissionais e 1.800 clientes. Hoje, a empresa tem mais de 70 mil administradores em todo o mundo. A maioria dos parceiros com os quais falei acreditava que o *tamanho* era um ponto importante de diferenciação.

Atrelado ao tamanho, estava o *alcance global* da empresa, um de seus aspectos mais fortes. Mais uma vez, os números falavam por si. A Korn/Ferry foi a primeira empresa verdadeiramente mundial, com 48 escritórios em 26 países, e mais da metade de seus profissionais trabalhava fora dos Estados Unidos. Conforme eu ouvia os parceiros, os clientes, e lia a documentação da empresa, foi ficando claro para mim que a grande expansão da empresa para todos os cantos do mundo era uma característica distintiva da Korn/Ferry. A empresa tinha feito uma fusão com a Carré/Orban, a maior organização da Europa, em 1993. Tinha aberto escritórios na Escandinávia, em Luxemburgo e, mais recentemente, em Moscou, São Petersburgo, cidade do México, Caracas, Bogotá e Buenos Aires. Entretanto, o que eu achei particularmente visionário, foi a abertura de um escritório em Tóquio em 1973 por um dos fundadores da empresa — anos antes de o Japão despontar como uma superpotência econômica. Hoje, a empresa também está presente em Bangcoc, Cingapura, Hong Kong e Kuala Lumpur.

As realizações verdadeiramente físicas da organização eram impressionantes. Eu podia sentir o momento — e as expectativas — que o tamanho e o alcance, juntos, haviam criado. Havia um claro senso de destino em relação à empresa, que alimentava a sua inclinação pelo crescimento. Naquele instante, ocorreu-me uma idéia aparentemente incidental. Em sua palestra na The Newcomen Society, Richard Ferry relatou como ele e Lester Korn haviam previsto a existência de uma economia mundial e decidido, então, denominar a empresa Korn/Ferry International.

A *estrutura administrativa* da Korn/Ferry também aparecia como uma característica de diferenciação. Desde o início, a meta da companhia tinha sido operar como uma empresa única: era isso o que Ferry havia dito em sua palestra na Newcomen Society, dirigindo-se a uma força de trabalho variada, unificada em torno de uma perspectiva e de valores comuns. Eu vi nisso um desejo de manter o todo a qualquer preço, mesmo que crescesse demais. Essa meta servia também para garantir que todos os escritórios da Korn/Ferry estivessem sendo administrados por parceiros experientes: sem associados, franqueados ou afiliados dispersos. Assim, ninguém iria questionar a integridade desse ser corporativo.

A sexta característica distintiva da Korn/Ferry era sua inclinação para *novos conhecimentos* — para serem criados e compartilhados interna e externamente. Além de a empresa ter investido muito em pessoal, escritórios e tecnologia, ela também investiu pesadamente em pesquisa. Não é de surpreender que essa pesquisa se concentrasse em importantes diretrizes administrativas e corporativas. Os dirigentes da Korn/Ferry também investiram em relações públicas. Por quê? Para mostrar aos meios de comunicação, e ao mercado em geral, o que era a Korn/Ferry e a colocação de executivos em geral: como ela funcionava, como agregava valores, que qualidade e que serviços o cliente deveria esperar dela.

A busca da empresa por novos conhecimentos influenciou a decisão de alocar recursos para a pesquisa em cooperação com as principais universidades. Em 1973, por exemplo, a Korn/Ferry patrocinou a primeira mesa-redonda sobre administração corporativa em conjunto com a Universidade da Pensilvânia. Desde então, a empresa vem realizando anualmente um estudo dos conselhos diretores para avaliar o comportamento das corporações no país por meio das tendências desses conselhos; o programa continua até hoje. As Universidades de Pensilvânia, Columbia, Yale, USC e UCLA fizeram parte daquilo que eu considerei como uma federação de pesquisa organizada livre, que ligava a organização ao mundo exterior. É claro que esse empenho todo tinha como objetivo melhorar os negócios, mas, de uma forma geral, eles também produziam conhecimentos novos e oportunos, que iam desde a mudança do perfil dos dirigentes empresariais até estudos mais profundos sobre o ambiente de trabalho de mulheres que ocupavam cargos executivos.

A Korn/Ferry era uma clássica organização de aprendizado. Ela prosperava — comercial e intelectualmente — em conhecimento. À medida que eu considerava essa dimensão da empresa, percebia que eu não tinha ido longe o suficiente. A Korn/Ferry era mais do que uma organização de aprendizado; ela também era uma organização de ensino. Seu lugar no mapa do segmento da liderança estava muito bem assegurado, e ele surgiu de sua ligação particular com a sociedade e com a cultura por meio da educação.

A sétima característica que eu identifiquei foi a propensão da Korn/Ferry para a colocação de profissionais em *múltiplas funções e níveis*. A maioria das empresas do ramo se voltava agressivamente para recolocações de alto nível: diretores-executivos, presidentes, diretores financeiros e outros cargos administrativos de chefia. Era o que todo mundo queria: altos honorários, altas rendas e riscos elevados. Sem dúvida, a Korn/Ferry representava uma parcela do negócio de colocação de altos executivos. Mas a orientação da empresa — em particular, o objetivo de ajudar os clientes a formarem a infra-estrutura administrativa de suas organizações — levou seus parceiros a aprofundarem o conhecimento que tinham das empresas em que atuavam. Os postos administrativos intermediários e de nível de diretoria também eram importantes para a Korn/Ferry. Recursos humanos, manufatura, finanças, comunicações, vendas e marketing — juntamente com administradores e quadros de alto escalão — eram territórios conhecidos pela empresa.

Uma das formas de a firma expressar essa propensão num sentido amplo e profundo era por meio da *Korn/Ferry Selection*, que divulgava o serviço de colocação profissional em toda a Europa, América Latina, Ásia e Oceania. A idéia de fazer anúncios em ampla escala para as massas era contrária ao padrão de exclusividade que caracterizava tradicionalmente o ramo. No entanto, essa idéia ampliou o alcance e a influência da empresa sobre a comunidade de cargos intermediários em mercados importantes por todo o mundo.

A atuação da Korn/Ferry na colocação de profissionais em níveis e funções variados foi, ao mesmo tempo, uma bênção e uma maldição. Uma bênção porque aumentava o faturamento da empresa e a influência dela sobre os clientes. E uma maldição porque a Korn/Ferry era injustamente caracterizada por seus concorrentes como uma empresa voltada para os níveis intermediários, e não uma empresa voltada para administradores de alto nível. Durante as minhas entrevistas, esse assunto produzia fortes reações defensivas por parte dos parceiros da Korn/Ferry. Muitos deles acreditavam que esse tipo de atuação causava mal-entendidos.

Durante o período em que trabalhei com a Korn/Ferry, vi como uma característica em particular ia se destacando de forma inusitada. Depois de muitas discussões, os parceiros da empresa decidiram lançar, em associação com o *Wall Street Journal*, um novo serviço chamado *FutureStep*. O *FutureStep* era um programa de administração de carreira em tempo real que convidava as pessoas a enviarem suas credenciais, que eram então analisadas, classificadas e separadas pelos profissionais da Korn/Ferry. O programa estava claramente voltado para administradores de nível intermediário que almejavam um futuro brilhante. Apesar de alguns parceiros e críticos sentirem que esse era um meio muito popular (leia-se de baixo nível) para uma empresa de colocação de executivos exclusiva, eu acreditava que ela estava no caminho certo. Era uma linha de frente, uma nova forma que a Korn/Ferry havia encontrado de expressar sua inclinação por cargos de vários níveis e funções. Eu percebi que essa "nova" idéia tinha o carimbo da Korn/Ferry.

Enquanto eu considerava a história da empresa e a inclinação inicial de seus fundadores pelo profissionalismo, percebi o significado dessa sétima dimensão. A dedicação com que a Korn/Ferry procurava entender seus clientes muito além do superficial — dirigindo-se aos gerentes intermediários, funcionários de nível de diretoria, administradores de alto escalão e procurando atender a todas as necessidades que as empresas tinham para preencher seus quadros —, aprofundava-se ainda mais, mergulhando na estrutura organizacional e cultural da empresa. Não foi nenhuma surpresa que, ao ser entendida dessa maneira, ela passasse a representar uma fonte de segurança para os clientes executivos de cargos mais elevados. Eles podiam "confiar" na Korn/Ferry, e isso produzia uma interdependência maior entre as partes envolvidas.

A Korn/Ferry havia mudado ao longo de seus trinta anos de existência? É claro que sim. A empresa atravessou com sucesso essas três décadas, apesar dos desafios com que deparou em cada uma delas. Ela começou a funcionar no final da década de 1960. Essa década tinha sido a era do empresário, cuja postura era quase sempre a de chegar ao topo: um degrau de cada vez. Paciência e lealdade eram os valores essenciais de um executivo.

A década seguinte foi marcada pela procura de jovens executivos que tinham se destacado nos cursos de pós-graduação. Esses jovens ambiciosos proporcionavam idéias e energia para as empresas, mas tinham pouca experiência de vida. Então, chegou a década de 1980, a que Richard Ferry denominou de "a era dos incríveis superadministradores". O valor dos executivos de altos cargos aumentou drasticamente. Os compradores de empresas dominavam o cenário, e, enquanto a pressão sobre os negócios aumentava, muitos diretores-executivos perdiam a noção de suas próprias limitações e vulnerabilidades. A década de 1980 dava passagem para a de 1990; esta, uma década dinâmica na qual a grande especulação financeira criou o grupo de executivos mais bem pagos de que se tem notícia, grupo este que era, em parte, resultado dos ricos planos de opções de compra de ações. Ao mesmo tempo, havia mais disposição por parte dos conselhos diretores para descartar os administradores ineficazes e substituí-los, muitas vezes publicamente, por outros mais objetivos vindos de fora da empresa.

Apesar de toda essa mudança — as manias e as novidades administrativas e uma tendência administrativa, social e econômica mais duradoura e mais independente —, eu imaginava com que constância a Korn/Ferry tinha passado por tudo isso. A Lei da Constância nos adverte para evitar as manias, ser cautelosos com as novidades e tirar proveito das tendências, indo atrás da identidade que sobrevive a tudo isso. Era o que a Korn/Ferry vinha fazendo.

O que havia no cerne dessa organização que possibilitou a ela seguir firme no seu curso ao longo dos anos e crescer e evoluir sem mudar seu centro de gravidade? Como exatamente a Korn/Ferry, o ser institucional, criava valor? Eu sabia que a criação de valor era a chave para se entender a identidade da empresa. Esse é um processo que não depende de época e que, devido a sua natureza, está atrelado às doutrinas da Lei da Constância.

Eu observei que, no conjunto, os parceiros da Korn/Ferry acabavam provocando uma confusão nas empresas de seus clientes ao colocar ali funcionários que pouco tinham a ver com elas. A natureza transitória da colocação de profissionais não descrevia de maneira adequada o que fazia desses funcionários aquilo que eles eram.

O efeito da Korn/Ferry sobre as empresas que eram clientes dela não era apenas físico, não se limitava a preencher os escritórios ou os quadros dessas empresas: o efeito era também intelectual. Por causa da inclinação da Korn/Ferry de conhecer com profundidade as organizações com as quais trabalhava, ela causava um efeito profundo em toda a base de conhecimento dessas organizações. E, é claro, esse efeito era humano — a Korn/Ferry exercia um impacto significativo na cultura do cliente. As influências física, intelectual e humana que ela exerce sobre seus clientes era impressionante. Seu mecanismo comercial era a colocação de executivos, mas eu acreditava que seu verdadeiro negócio era algo bem diferente. Essa organização visava moldar a infra-estrutura das organizações.

No final de uma tarde de sexta-feira de janeiro, quase quatro meses depois do início de minha missão, eu me encontrava no escritório, com a mesa e uma prateleira cheias de notas de entrevistas, análises de palestras, literatura da empresa e pesquisas externas a respeito de todo aquele segmento do mercado, que me ajudavam a estruturar minha tarefa. As palavras "amplo" e "profundo" ficavam girando em minha mente, assim como a paixão de Richard Ferry por seu empreendimento. O fundador da empresa disse no final de sua palestra na The Newcomen Society: "Desde o início, a Korn/Ferry tem agido com seriedade. Seriedade em promover a colocação profissional como uma disciplina administrativa de fato; seriedade em elaborar os recursos internacionais para se tornar uma grande empresa de colocação de profissionais; em servir os clientes com integridade, eficiência e dedicação. Nossa meta para os próximos vinte e cinco anos é continuar com a seriedade dessa proposta..."

De repente, tudo se encaixou. A Korn/Ferry International era, e sempre tinha sido, norteada pela *necessidade de construir um capital de liderança*. O significado desse fato, em termos de diferenciação da empresa, rapidamente se tornou claro para mim. Desde o início, essa instituição sabia que para obter vantagens de seu capital financeiro, humano e intelectual, as empresas precisariam primeiro construir um capital de liderança — os recursos coletivos administrativos que colocam todos os outros recursos em movimento. A Korn/Ferry tinha entendido essa relação de causa e efeito intuitivamente e possuía o talento inato para tirar vantagem dele.

DA PERCEPÇÃO À AÇÃO

Estabelecer relações internacionais não é uma política segura. A Korn/Ferry deparou-se com inúmeros obstáculos na realização dessa estratégia. Mas eu acreditava que as possibilidades de a empresa transpor esses obstáculos eram grandes, pois ela sabia como usar a Lei da Constância como o princípio fundamental da criação de valor. Por quê? Porque a Lei da Constância, a terceira Lei da Identidade, favorece as organizações — e os indivíduos — que são construídos sobre bases eternas. Isso não é nenhuma surpresa porque as sementes da verdadeira liderança — a liderança que é conquistada em vez de ser apenas assumida — precisa de tempo para criar raízes.

Dentre os muitos desafios que a Korn/Ferry enfrentava, assumir o controle da marca era o prioritário. Apesar das campanhas de marketing (investimentos contínuos foram feitos em relações públicas e na comunicação com o cliente), para mim parecia que aqueles que estavam do lado de fora, inclusive os concorrentes, produziam um efeito maior sobre a imagem da Korn/Ferry do que a própria Korn/Ferry. Por exemplo, a noção de que a Korn/Ferry estava tentando ser tudo para todas as pessoas — amplamente divulgada entre outras organizações de colocação profissional — era uma noção totalmente errada. Conforme alguns dos parceiros da empresa me relataram durante as entrevistas que tive com eles, as pessoas de fora simplesmente não compreendiam o que a Korn/Ferry era.

Assumir o controle da marca era um desafio que circunscrevia todos os outros, e trazia de volta a missão original: *Diferenciar a Korn/Ferry International*. Para a Korn/Ferry, como para todas as outras organizações, a identidade da instituição *era* a marca. Por trinta anos, a identidade da empresa tinha incorporado uma promessa não revelada que a Korn/Ferry fazia aos seus clientes — de que a empresa iria ajudá-los a construir o capital de liderança que eles precisavam para potencializar todos os outros recursos e crescer em um mundo sempre em mutação.

Para assumir o controle da marca é preciso operacionalizá-la, não apenas comunicá-la. Eu percebi que havia uma oportunidade para isso que era diferenciar a organização ainda mais, elaborando uma classificação especial que quantificasse o valor do capital de liderança. Muitos critérios poderiam ser utilizados para isso, e o impacto de uma classificação como essa nas relações internacionais da Korn/Ferry prometia ser grande. Essa classificação poderia conter dados, tanto profundos quanto superficiais, que destacassem o desempenho de administradores colocados pela Korn/Ferry em uma organização cliente ao longo do tempo.

Uma série de parâmetros me ocorria: mudanças no desempenho financeiro da empresa cliente durante um período em que um administrador colocado pela Korn/Ferry desempenhou uma determinada função; os índices da retenção de empregados, ou da rotatividade do pessoal durante esse mesmo período; o impacto econômico representado pela empresa no mercado e as inovações dos produtos desenvolvidos e introduzidos por ela sob os cuidados do administrador; a taxa de expansão de mercado — local, regional, ou mundial — sob a liderança do executivo; o impacto geral da atuação de um administrador no desenvolvimento da carreira de uma pessoa de sua unidade; a relativa estagnação desse administrador no contexto do desempenho geral dos executivos.

Cada administrador representaria, efetivamente, um dado em particular. E quando esse dado fosse interpretado no conjunto — das dezenas ou centenas de pessoas colocadas pela Korn/Ferry em uma determinada empresa —, poder-se-ia elaborar uma classificação do Capital de Liderança que seria muito útil para as organizações clientes da Korn/Ferry.

Em dezembro de 1997, eu fui convidado para expor as minhas descobertas e conclusões para o comitê executivo e a assembléia consultiva internacional da Korn/Ferry, um grupo formado pelos principais executivos da empresa em todo o mundo, cuja função é aconselhar e traçar perspectivas para os sócios da empresa. Eu entrevistara muitos desses executivos durante a minha missão. A reunião ocorreu em uma sala comum no Hotel Four Seasons em Washington, D.C.

Naquela época, eu já tinha realizado muitas tarefas como aquela. Percebi que já podia entender a dinâmica da identidade — como a vida do ser corporativo tem o poder para dispor sobre todas as coisas e como sua individualidade é a fonte de diferenciação. Além do mais, eu me sentia especialmente seguro a respeito daquele cliente, sobre o que eu tinha descoberto e sobre as enormes implicações disso para o crescimento da empresa.

Nos trinta minutos que se seguiram, eu fiz a minha apresentação. Eu me movimentei bem pelo espaço em forma de U formado pelas mesas, olhando direta e profundamente nos olhos do meu público. Eu falava, ouvia, respondia às perguntas, e observava enquanto essas pessoas consideravam o assunto que havia sido exposto. Ao final da apresentação, praticamente todos na sala aplaudiram. Eu fui pego desprevenido. Não foi um aplauso educado oferecido como agradecimento ao final de uma apresentação; aquilo foi verdadeiro e espontâneo. Um dos membros do comitê executivo olhou para mim e disse: "Você acertou em cheio, você entendeu quem somos nós."

Além do entusiasmo de tantos parceiros da empresa, também havia preocupações. Uma delas era que os concorrentes também poderiam afirmar que haviam construído um capital de liderança. Eu assegurei a Boxberger e a seus associados que, apesar de ninguém poder controlar os atos alheios, a ansiedade deles não tinha fundamento. A Korn/Ferry tinha um território exclusivo. Ironicamente, mesmo as críticas que tinham sido feitas contra a organização — de que ela se preocupava acima de tudo com o executivo de nível médio, que tentava ser tudo para todas as pessoas — acabaram se tornando uma das provas da grande força da empresa. E, por fim, eu pude entender que a posição da Korn/Ferry tinha sido considerada equivocadamente modesta, em termos de faturamento por profissional, pela pesquisa da *Executive Recruiter News* publicada havia cerca de seis meses.

Logo depois da reunião, os sócios adotaram uma nova missão para a empresa: "Ajudar os clientes a adquirir o capital de liderança — os recursos coletivos administrativos que colocam todos os outros recursos em movimento." Era uma decisão — na verdade, um momento crucial — que unia o passado e o presente da empresa ao seu futuro. Ao abraçar essa missão, a Korn/Ferry estava mais uma vez observando a Lei da Constância.

A identidade da Korn/Ferry é o alicerce que ela precisa para construir suas relações internacionais. E também o alicerce para fazer da liderança institucional um modo de vida, que deverá resistir ao teste do tempo. A forma pela qual a Korn/Ferry satisfaz sua necessidade inata de ajudar as organizações a construírem um capital de liderança mudará de tempos em tempos, mas sua identidade permanecerá intacta à medida que a empresa cresce e evolui.

Para que essa missão fosse realizada era necessário que a empresa programasse uma transição da identidade do fundador para a identidade institucional. Por exemplo, pelo fato de a inclinação da Korn/Ferry por construir o capital de liderança ter sido definida, em parte, por causa da visão de Richard Ferry, essa inclinação estava tacitamente codificada em muitas das características dele: o profundo senso de profissionalismo que ele tinha, sua visão "global" do mundo dos negócios, sua paixão por novos conhecimentos. Além disso, ao usar a identidade inata da empresa como fundamento para essa missão, estabeleceu-se uma disciplina velada que desestimularia os administradores a planejar estratégias que iriam muito além do centro natural de gravidade da empresa. Ao mesmo tempo, isso desafiaria os parceiros da empresa a procurar novas vias de crescimento que, à medida que o mundo mudava, expandiria e renovaria constantemente a visão original dos fundadores.

A Lei da Constância revela muitas coisas a respeito da marca corporativa:

- Que a definição de marca está na identidade do empreendimento e não pode ser simplesmente fabricada.
- Que, por causa disso, a marca não é transitória, e não ressalta simplesmente as características da empresa presentes em um determinado momento. Em vez disso, ela é eterna quanto aos benefícios que produz em tudo aquilo que toca.
- Que a marca exige interpretações constantes.
- Que a marca é, ou deveria ser, "do momento" em que ela é interpretada.
- Que é de importância vital estabelecer o "território" próprio da marca e defendê-lo com vigor, resistindo às manias, tendências e aos padrões e às idéias dos outros, sobretudo dos concorrentes.
- Que a força da marca se desenvolve ao longo do tempo, e para ser totalmente conhecida, ela deve ser vista por meio das lentes da história, dos eventos atuais e das aspirações futuras.

Em termos de administração de marca, e também da administração comercial como um todo, o desafio que os dirigentes de empresas têm para mudar suas organizações não é muito grande. O desafio consiste simplesmente em mudar suas empresas de acordo com a identidade de um ser que tem vida própria, e, com base nas suas capacidades inatas, saber aonde ele quer ir.

Não importa quanto sucesso tenha atingido e não importa a idade do empreendimento, a liderança imperativa estabelecida pela Lei da Constância é deixar que as mudanças promovam novos meios de expressar no mundo externo a identidade que existe no mundo interno, tudo em nome da criação de valor. E para sempre.

4 A LEI DA VONTADE

Toda organização é obrigada pela necessidade a criar valor de acordo com a própria identidade.

Eu estou vivo, sou único
  e imutável,
    mesmo quando cresço e me desenvolvo.
No entanto, para de fato viver, devo me expressar
  por completo,
    e, ao fazê-lo, terei muito o que proporcionar.
Mas, para tanto, preciso dos outros, e sou mais produtivo
  ao lado daqueles que também precisam de mim.
Para estabelecer esses relacionamentos, devo primeiro ser
  reconhecido por aquilo que sou,
    para em seguida receber
      de acordo com aquilo que proporciono.

A vontade de viver é muitas vezes descrita como a razão pela qual algumas pessoas vencem as dificuldades: pessoas que foram diagnosticadas como portadoras de uma doença terminal; pessoas que sofreram um sério acidente que lhes colocou a vida em perigo; e pessoas que simplesmente estão em idade avançada e às quais a natureza está determinando que é hora de morrer. À vontade de viver são atribuídas várias coisas que, aparentemente, parecem irracionais, improváveis e inesperadas.

Desde a primeira vez em que fui hospitalizado para me submeter a uma cirurgia no olho, quando eu tinha quatro anos, tenho lutado para recuperar a pessoa que, em minha mente na época, procurava meios para escapar das luzes ofuscantes do teatro de operações para poder sobreviver. E foi apenas por causa de uma tremenda força de vontade, originada no meu desejo de viver completamente, que não deixei nenhum obstáculo no caminho que me levava daquele poço escuro e silencioso para a segurança. Podemos chamar a isso de solução criativa para um problema extremo. Assim que voltei a mim, fui descobrindo pouco a pouco, no decorrer dos anos, a alegria de utilizar minha sensibilidade ampliada para a promoção da identidade com o objetivo de ajudar os outros a entenderem a si próprios. É dessa forma que crio valores — dando uma contribuição própria ao mundo à minha volta.

A vontade de viver é simplesmente a expressão mais dramática da quarta Lei de Identidade, a qual se manifesta de várias maneiras tanto nas pessoas quanto nas organizações. A Lei da Vontade pode assumir a forma da vontade de quebrar o recorde mundial numa maratona, de escalar o Monte Everest, de se tornar uma das empresas mais admiradas do mundo, de construir o caça aéreo mais veloz de todos — de ser melhor no que quer que se faça, seja você seja sua empresa.

Por melhor que seja essa lei, ela encerra também um certo perigo. Esse perigo reside em procurar — ter a "vontade de" — ser algo que não somos, algo que não emana naturalmente de nossa identidade. Eu me lembro de como tentava me convencer, quando completei o curso de pós-graduação, de que vendas era a carreira mais lógica para eu seguir. O fato de eu ter perdido o emprego na Filene é um eloqüente testemunho de que eu estava agindo fora da Lei da Vontade. Meu raciocínio era o de que a família de meu pai vivia de vendas e que eu, como ela, tinha os genes necessários para continuar no negócio. Mas era um raciocínio fadado ao fracasso. Eu não tinha "vontade" de ter sucesso nesse ramo, não importa o quanto eu tenha me esforçado. Da mesma maneira não se pode *ter vontade* de que uma empresa seja o que ela simplesmente não é. A força de vontade funciona apenas quando é exercida em apoio à identidade do ser corporativo em questão.

Coragem e determinação são características geralmente relacionadas à vontade, ou, mais precisamente, à força de vontade. Esses traços são comuns a muitos líderes. Do mundo dos negócios, Konusuke Matsushita vem-me à mente. Ele teve uma infância cheia de problemas de saúde, na qual ele lutou com muita determinação para sobreviver. Matsushita acabou por fundar a organização global que hoje leva seu nome e, dessa forma, ajudou seus empregados a ganhar a vida mesmo durante os períodos em que o destino de sua companhia não estava assegurado.

Pessoas como Martin Luther King e Mahatma Gandhi superaram grandes desafios até adquirirem uma enorme influência como líderes em nome de causas importantes. Todos eles viveram segundo a Lei da Vontade. Conscientemente ou não, essas pessoas deixaram-se levar por suas respectivas identidades.

A Lei da Vontade contém uma grande paixão. Ela diz respeito à determinação e coragem exercidas em nome da realização, a maioria das vezes com benefícios para outrem, assim como para nós mesmos. Trata-se, em primeiro lugar de sabedoria, mas desde que se saiba que força nos move enquanto indivíduos — sabendo, de fato, que tal força existe mesmo. Algumas pessoas podem tentar ignorar essa força, mas ela não será extinta.

Essa sabedoria é muitas vezes colocada à prova no momento em que a identidade de uma organização se revela. Esse momento pode ser uma encruzilhada. Tomar um rumo, então — permitindo que a identidade do negócio nos informe como poderá ser o futuro dele —, pode ser estimulante, e mesmo libertador. Tomar um rumo diferente — negar aquela identidade — representa uma série de problemas que acabarão custando muito para a empresa. Essa realidade veio claramente à tona para mim no outono de 1988, quando eu ajudava a Upjohn Company (hoje, Pharmacia & Upjohn) a avaliar o que a tornava especial. A tarefa era algo de muita importância na medida em que a gerência procurava preparar a empresa para competir em uma economia global, que era mais complexa.

THE UPJOHN COMPANY
A Paisagem do Lugar

O ambiente físico da maioria das empresas revela muito do que elas são: as cores, a presença ou ausência de objetos de luxo, o tipo e a quantidade de escritórios, a qualidade de tudo, desde as plantas até a mobília — revela algo a respeito da instituição. É o equivalente, no caso da empresa, à maneira como nós nos vestimos, ao jeito como decoramos a casa e cuidamos do automóvel.

O lugar em que está instalada a Upjohn de Kalamazoo, a sede de Michigan, como a maioria das empresas farmacêuticas, tem uma área verde muito grande e um paisagismo meticulosamente planejado. A entrada é guarnecida por uma grande estrutura de pedra que ostenta o nome formal da organização, The Upjohn Company. O uso do artigo (*The*), como mais tarde vim a saber, representava um importante indício da força de vontade que residia no interior da instituição. Não se engane, esta é A (*The*) Upjohn Company, e tem uma maneira própria de envolver o mundo a seu redor.

A beleza do lugar onde está instalada a Upjohn é estimulante e até mesmo sedutora. A precisão de tudo — a extensão de terra, a forma das construções, a grama aparada e os campos antigos — é atraente e aconchegante. É um local sereno e ordenado. Talvez, como viria a saber, sereno e ordenado demais.

Passados vários meses, comecei a sentir que havia muita coisa por trás da calma daqueles campos verdejantes. Eu imaginei que as raízes das árvores que ladeavam os vários caminhos e o duro asfalto da estrada particular que se estendia ao redor da circunferência dos edifícios levavam a um outro lugar, menos sereno do que o lugar que víamos na superfície.

A tranqüilidade daquele local era um contraponto assustador à intensa guerra de vontades que estava sendo travada na alma do empreendimento.

Não se tratava de uma guerra entre facções administrativas rivais, ou entre gerentes de dentro ou de fora da família Upjohn. Era, sim, uma guerra entre a vontade daqueles que queriam atrelar o futuro da companhia a um caminho relativamente estreito e a vontade da própria instituição, cujo método de criação de valores era inquestionavelmente mais amplo.

A Hora da Transição

Durante o período em que trabalhei com a Upjohn, a companhia nomeou seu primeiro chefe executivo que não era da família, o dr. Theodore Cooper. Esse acontecimento trouxe à baila perguntas que havia muito exigiam respostas: Em que negócio está a Upjohn? Onde reside o futuro da empresa? O que tornou essa organização algo especial?

Parecia que os tempos exigiam mudanças, simbólicas e concretas. Assim como outras empresas farmacêuticas e de assistência médica, a Upjohn assumiu o projeto de fazer negócios em um mundo que diferia dramaticamente do que havia sido; um mundo que levava a companhia para fora da tranqüila solidão que existia dentro do confinamento físico de Kalamazoo, em Michigan.

As regras da competição estavam mudando. Mais e mais produtos de prescrição estavam sendo distribuídos por grandes atacadistas, redes de drogarias e organizações de assistência médica, como as que oferecem planos de saúde particulares ou empresariais. Um ciclo de vida cada vez menor dos produtos e uma competição cada vez mais acirrada, vinda sobretudo dos medicamentos genéricos alternativos, estavam provocando um impacto sobre a expectativa de retorno do investimento por parte dos proprietários das drogarias. O fato de o consumidor estar mais consciente e ter mais conhecimento acerca da compra de medicamentos representava um desafio à "autoridade absoluta" de que os médicos vinham desfrutando.

Em conjunto, as mudanças com as quais a Upjohn se defrontou lançaram uma luz sobre as quatro áreas que a organização tinha de encarar. A primeira era a *globalização* — e globalização não apenas em termos de alcance físico, mas também em termos de impacto. Por exemplo, ser plenamente assimilada pelo tecido econômico e cultural de dez mercados de relevância estratégica era mais importante do que operar em cinqüenta países ou exportar para eles.

A segunda coisa que a Upjohn tinha de fazer era encontrar seu lugar em um mundo cada vez mais orientado para as *parcerias*, em meio àqueles grupos previamente distintos como fabricantes, fornecedores, distribuidores, revendas e profissionais da área de assistência médica. Eu senti que se tornar mais independente era algo quase impossível para a Upjohn. A companhia tinha uma característica fortemente independente e, durante décadas, exerceu um amplo controle sobre tudo: desde a pesquisa, o desenvolvimento e a fabricação de produtos até a venda e distribuição entre os médicos.

O terceiro desafio da Upjohn era a *inovação*. Estimulada pela necessidade de se defrontar com novas realidades externas, gerentes, investidores e clientes, todos procuravam por inovações, assim como sangue novo nesses tempos de incerteza. A própria noção de inovação acirrou um debate dentro da empresa. Alguns gerentes viam e defendiam uma Upjohn extremamente inovadora. Eles prontamente mencionavam como a companhia identificava novas aplicações para as fórmulas de medicamentos existentes, mencionando, por exemplo, o *Rogaine*. Outros, todavia, avaliavam a inovação de uma maneira mais convencional, em termos farmacêuticos — especialmente o desenvolvimento de novas drogas de marca. Nesse terreno, o desempenho da Upjohn era considerado por muitos "supostos líderes" e consumidores como menos espetacular do que parecia, sobretudo se comparado com o de empresas como a Merck e a Glaxo.

A quarta área que a Upjohn precisava buscar com olhos novos era a *qualidade*, uma característica considerada axiomática no ramo de medicamentos — em termos de eficácia e confiança, qualidade era essencial. Mas conceber qualidade como uma característica do produto já não bastava. Para os gerentes em geral, a qualidade tinha se tornado uma questão de realização total de negócios. A esse respeito, a Upjohn tinha um caminho pela frente.

O relatório do dr. Cooper foi muito ilustrativo. Para mim, a presença de Cooper servia para ressaltar a luta da empresa para descobrir o que ela queria ser quando crescesse. Quando Cooper e sua equipe iriam aumentar o investimento da companhia em pesquisas farmacêuticas e desenvolvimento de produtos? O novo diretor administrativo continuaria a investir em saúde animal, agricultura e outros negócios cuja importância não era vital para a companhia? No final, "assistência médica" continuaria sendo uma descrição viável para a companhia, ou haveria uma outra maneira de definir em que negócio a Upjohn começaria a se destacar?

A pergunta que engloba todas essas questões, mas que nunca foi formulada diretamente era esta: *Qual é a vontade da Upjohn? Como a empresa cria valor a partir de sua identidade?* Era minha tarefa fazer essas perguntas cruciais e ajudar a respondê-las.

O Clima Interno

A Upjohn era uma dessas empresas que se orgulham de sua herança. Fundada por W. E. Upjohn um século antes, a organização tinha um enorme orgulho de suas raízes. O próprio Upjohn tinha sido médico. Foi também inventor. A sua contribuição mais famosa para a Medicina foi a invenção da cápsula friável. Em outras palavras, ele descobriu uma forma de produzir uma pílula que se desfaria e dissolveria pouco depois de ser tomada. Era possível quebrá-la com a pressão do polegar. Até aquela época, os comprimidos passavam direto pelo organismo do paciente antes de começarem a se dissolver. Os benefícios da descoberta de Upjohn eram evidentes: a pílula era absorvida com mais facilidade pelo paciente e liberaria suas propriedades medicinais de maneira mais consistente.

A cápsula friável tornou-se um ícone. Era símbolo de muitas coisas: de inovação na distribuição de medicamentos, do profundo desejo do fundador da Upjohn de tornar mais simples a vida das pessoas, e do que significava a cura. O pequeno museu que fazia parte da Upjohn expunha muitas relíquias e objetos do fundador e de sua família. O orgulho que a companhia tinha das descobertas do passado era evidente.

Desde seus primórdios, a Upjohn cresceu e se tornou uma das companhias de assistência médica baseada em produtos farmacêuticos mais respeitada por todos os Estados Unidos. Suas raízes familiares continuavam sendo uma parte considerável do negócio quando eu ali cheguei. William e Donald Parfet, ambos membros da família Upjohn, ocupavam altos cargos de gerência. Donald Parfet era vice-presidente sênior da área administrativa, a qual abrangia estratégia, recursos humanos e comunicação. Don era meu cliente.

Assim que passei a conhecer a companhia, percebi que muitos de seus gerentes e empregados se esforçavam por transformar em palavras aquilo que sentiam sobre a herança da companhia e como essa herança estava agora sendo jogada fora. Um gerente na área de marketing de medicamentos explicou-me com muita eloqüência que a cápsula friável "não resumia toda a história" e que muita ênfase tinha sido colocada apenas na cápsula, esquecendo-se o que ela significava como um meio de tratamento.

Havia ali, claramente, uma lembrança generalizada de W. E. Upjohn e de tudo o que ele e a família tinham lutado por construir. Um dos símbolos mais memoráveis dessa admiração era a pasta marrom de couro de jacaré que muitos carregavam; uma reminiscência de uma maleta que o próprio doutor utilizava; era um sinal inequívoco de que o portador daquela maleta *fazia parte* da companhia.

Entre as forças de vendas, em particular, a pasta era um símbolo de *status* muito prezado. Receber uma daquelas significava que se tinha atingido um certo grau de realização em determinado posto. Eu me lembro de ter ouvido sobre dois representantes de vendas da Upjohn que se encontraram por acaso num obscuro aeroporto europeu. Era a primeira viagem intercontinental dos dois e ambos portavam as pastas de couro de jacaré. Quando puseram os olhos um no outro, esses dois marinheiros de primeira viagem de repente se sentiram em casa. Fossem quais fossem, contudo, os atributos positivos associados à "pasta", eu cheguei a perceber que ela era também um sinal de que o seu portador fazia parte de uma cultura que não estava completamente à vontade com a própria pele.

Um dos traços atribuídos a W. E. Upjohn era um interesse profundo e genuíno no bem-estar de seus pacientes — saúde física, bem-estar mental e emocional. Embora isso possa parecer um pouco hipócrita nesses tempos mais cínicos de hoje, ele se importava com seus pacientes enquanto pessoas e provava isso permanecendo à cabeceira de seus leitos. Para um médico, esse atributo em particular, era algo admirável. Na época em que lá cheguei, a reputação do doutor Upjohn se firmava em uma característica central: consideravam-no um homem "voltado para as pessoas".

Ao longo de várias gerações, essa característica tinha sido absorvida no fluxo sangüíneo da empresa de forma tanto positiva quanto negativa. Do lado positivo, as pessoas tinham uma consideração excepcional umas pelas outras. Elas tomavam cuidado para não ofender ninguém e procuravam não dizer nada que fosse controverso ou ameaçador. Do lado negativo, o que eu passei a ver como uma "sociedade educada" realizava, às vezes, um desempenho social melhor do que um desempenho comercial.

Assim já é Demais

Um dos exemplos mais dramáticos desse comportamento expressava-se na forma pela qual a qualidade era praticada dentro da companhia. Por causa de sua credibilidade, o compromisso da Upjohn com a qualidade era inflexível. Colocar no mercado produtos da melhor qualidade era uma das maiores prioridades da empresa. Todos na organização se orgulhavam de fabricar remédios cuja qualidade era *superior* à dos competidores. Apesar disso, vim a descobrir que essa paixão admirável continha problemas ocultos nela. O primeiro deles era que os de fora — clientes e investidores, em particular — não viam vantagem em se oferecer a melhor qualidade; a seus olhos, o custo de se ter a "melhor qualidade" de fato diminuía o atrativo de determinados produtos.

Um outro problema oriundo da paixão que a Upjohn nutria pela qualidade dizia respeito a como era definida, avaliada e vivida essa qualidade no dia-a-dia. Depois de aproximadamente dois meses de minha presença ali, eu pude ver que a companhia estava operando em linha com três definições muito claras, embora tácitas, de qualidade. Essas definições implicavam desviar a atenção dos empregados da realização comercial e voltá-la para a realização social.

A primeira definição era a *qualidade dos produtos* — sobretudo, o quanto o produto era bem fabricado. Em uma das minhas visitas à fábrica, presenciei como os trabalhadores, usando máscaras e luvas sanitárias azul-claras, cuidadosamente supervisionavam as cápsulas que acabavam de sair da linha de enchimento. Eu havia visitado outras linhas de produção e pude testemunhar cenas como essa várias e várias vezes. Mas daquela vez foi diferente. A paixão da Upjohn pela qualidade parecia particularmente ritualística e se manifestava em produtos farmacêuticos que facilmente se enquadravam nos padrões exigidos pela FDA, e muitas vezes o excediam.

A segunda definição era a *qualidade de vida* — especificamente, o ambiente no qual os empregados trabalhavam. Em vista daquele ambiente bucólico que rodeava as instalações, essa qualidade não era de surpreender. O problema residia, como pude perceber, no quanto esse valor influenciava o empreendimento. Às vezes, eu sentia que a forma predominava sobre o conteúdo. Conforto, e algumas vezes o ar requintado que ele produzia, eram características dominantes da cultura da Upjohn.

O terceiro meio no qual a qualidade se expressava era na *qualidade do pessoal*. O caráter dos funcionários e a dedicação deles à companhia eram componentes essenciais à capacidade que tinham de prosperar. A Upjohn recrutava pessoas extraordinárias, profissionais de primeira classe, fosse em vendas, em marketing, em finanças, na área de pesquisa e desenvolvimento ou na fábrica. Para uma companhia de assistência médica cujos pontos de apoio eram a ética, os padrões morais e fazer o que era certo, a qualidade do pessoal importava bastante. A vulnerabilidade que havia nessa última área residia no fato de que aquele talento nem sempre se desdobrava no serviço de melhoria da atuação das vendas, sobretudo em se tomar decisões que, embora não fossem populares, dariam mais condições de a companhia competir em um novo e implacável mundo globalizado.

A forma pela qual The Upjohn Company incorporou qualidade a seus serviços e produtos não era tudo. Por baixo da correção social que eu tinha observado permear a cultura da empresa, os funcionários da Upjohn demonstravam um forte desejo de produzir — de fazer as coisas acontecer, de aproveitar as oportunidades e se destacar. À medida que eu mudava de setor, eu me encontrava com gerentes, muitos dos quais eu percebia serem estrelas em potencial. Gastei muito tempo com pesquisadores repletos de idéias para novos produtos, e cuja crença naquelas idéias era contagiosa; jovens representantes de vendas que queriam ser muito mais agressivos na determinação do preço dos produtos do que o normal; e funcionários de finanças que reconheciam que o tempo designado para o retorno do investimento em determinados produtos era desnecessariamente longo. O que estava fazendo essas pessoas hesitarem?

Em uma conversa com o gerente de marketing, ele me disse que "era muito arriscado se arriscar", que os erros que se cometem podem nos acompanhar durante toda a carreira, e que dizer algo errado era o maior dos pecados. À medida que eu o ouvia, pude sentir o medo que um clima como aquele podia produzir em alguém. Não era o medo de ser despedido; era o medo de ser deixado de fora, de não pertencer.

Apesar do clima de preocupação, exemplos de realizações concretas de negócios eram evidentes em determinadas áreas. Isso incluía as vendas de produtos farmacêuticos, de produtos ao consumidor, a Upjohn Healthcare Services (a divisão de assistência médica da companhia), a divisão internacional e de produtos químicos. Como logo percebi, essas operações efetivas tinham uma coisa em comum: elas eram realizadas junto ao cliente, onde a interação diária determinava o sucesso e a sobrevivência delas. Elas ocorriam no campo de batalha, alheias ao conforto bucólico da empresa.

A lei da vontade estipula que *cada organização é motivada pela necessidade de criar valor de acordo com sua identidade*. A vontade da Upjohn estava viva e gozando de boa saúde e se manifestava no empenho com o qual eu deparava por toda a companhia. Eu queria saber mais. Qual era a identidade da Upjohn que permanecia escondida abaixo da superfície?

À medida que eu avaliava o que tinha aprendido sobre a cultura da Upjohn, minha frustração aumentava. Dei-me conta do quanto a interpretação que a empresa tinha de qualidade prestava um desserviço ao homem que havia sido o seu progenitor. Assumir riscos e inovar eram coisas opressoras. Perpetuar o mito de W. E. Upjohn como *simplesmente* "voltado para as pessoas" significava deixar de apreciar seus pontos de vista muito firmes a respeito dos negócios. Na história escrita da companhia, descobri que o dr. Upjohn exibia características que iam até o âmago da realização. Ele era conhecido por ser duro, mas justo. Ele acreditava em uma boa prática comercial, como ganhar dinheiro e ser financeiramente disciplinado. Ele adotava a noção de que "concentração e imaginação melhoram o desempenho".

W. E. Upjohn possuía duas qualidades na mesma medida. Ele era de fato um médico com um sentimento bastante profundo acerca do bem-estar de seus pacientes e das pessoas em geral. Mas Upjohn era também um homem de negócios com um saudável respeito pelas práticas comerciais. De alguma forma, ao longo dos anos, gerações de administradores tinham perdido de vista esse segundo atributo essencial. Na minha maneira de ver, essa falta de entendimento estava agora enfraquecendo a capacidade de progresso da companhia. Os resultados dessa desconexão eram visíveis. Apesar de todo o seu sucesso, faltava confiança à organização. As pessoas muitas vezes pareciam mais preocupadas em não aborrecerem uns aos outros do que em fazer o que era melhor para o empreendimento.

Minha tarefa tinha sido ajudar a esclarecer o que tornava essa companhia especial, com o objetivo de posicionar a Upjohn para competir melhor globalmente. Até ali estava claro que independentemente da solução que viesse a ser dada a esse problema, não estava em questão se ela ajudaria ou não a livrar a empresa daquela espécie de paralisia em que se encontrava.

Eu me dei conta de que a solução residia em esclarecer as diversas formas por meio das quais a organização criava valores. Esse procedimento sempre me ajudou a colocar as coisas em perspectiva para os clientes, explicando eventos e circunstâncias de forma que as pessoas pudessem entendê-los e lidar com eles. Eu estava convicto de que a Upjohn era uma empresa forte em busca de uma vontade — uma vontade que havia permanecido adormecida havia muito tempo. Como essa situação tinha surgido pouco importava; chegara a hora de enfrentar a realidade.

Seja Feita a Vossa Vontade

A janela atrás da qual se descortinava a identidade da Upjohn teve como moldura um debate, oportuno por sinal, sobre em que negócio a companhia se encontrava. Nas entrevistas que eu realizava com gerentes e empregados, clientes, analistas financeiros, supostos líderes da área de assistência médica e outros, as respostas a essa pergunta clássica se enquadravam sempre em duas categorias. Para muitas pessoas, a Upjohn era uma companhia farmacêutica como a Merck, a Glaxo, ou a Pfizer. De vez em quando um ou outro adjetivo adornava essa opinião com um pouco mais de cores: a Upjohn era uma "empresa farmacêutica de primeira"; era uma empresa farmacêutica baseada em vendas com pesquisa e desenvolvimento; era um fabricante direto de produtos farmacêuticos (isso significa que a empresa não objetiva licenciar outras empresas de medicamentos para venda e distribuição). A Upjohn estava no negócio de medicamentos de marca.

A outra categoria de respostas afirmava que a Upjohn estava no negócio de medicina e fisiologia — que não se limitava a medicamentos. Era uma afirmação um pouco diferente. As pessoas que sustentavam esse ponto de vista (todas elas tinham uma relação duradoura com a companhia) encontravam maneiras pouco comuns de fazer valer sua opinião. Elas viam a Upjohn como uma companhia de pesquisas médicas que estava no negócio de medicamentos — um fornecedor de "medicamentos humanos", de acordo com um cliente. Um outro disse que a Upjohn "gostava de tratar, curar e não apenas de fabricar remédios".

Não era novidade esse tipo de relato partindo dos médicos com os quais a Upjohn tinha, havia muito tempo, uma profunda relação. Eu estava surpreso, contudo, em ouvir essa resposta dos gerentes da área de assistência médica. Um de seus executivos me disse: "Eles se comportam como fisiologistas. Estudaram a vida e os sistemas orgânicos com propósitos médicos." Era fácil argumentar superficialmente que outras companhias farmacêuticas também "estudaram a vida e os sistemas orgânicos", mas não era isso o que essas pessoas queriam me dizer; elas estavam me dizendo que a *Upjohn era diferente.*

Minha curiosidade cresceu a respeito desses dois pontos de vista tão disparatados da organização. Para ajudar a esclarecer a distinção, eu procurei os termos "medicina" e "farmacologia" no dicionário. A primeira era definida como "a ciência e arte de curar com prevenção, tratamento ou alívio da doença". A segunda foi definida como "a ciência dos medicamentos".

À medida que eu ponderava a respeito desses dois diferentes pontos de vista, passei a procurar pistas que me ajudassem a entender melhor *minha* paciente, a Upjohn. Era um momento capital porque Ted Cooper já havia tomado uma decisão: *A Upjohn apostaria seu futuro em grande medida nos medicamentos.* A companhia injetaria mais capital em pesquisa e desenvolvimento de produtos farmacêuticos com o objetivo de desenvolver mais produtos de marca. Novas drogas prometiam retornos mais altos dos investimentos.

Por um lado, isso parecia sensato. A companhia ganhava dinheiro com seus medicamentos e tinha uma considerável infra-estrutura em pesquisa e desenvolvimento. Além disso, a administração tinha prometido a Wall Street desenvolver medicamentos éticos como base para aumentar o preço das ações da empresa. Por outro lado, eu senti que essa decisão faria escoarem recursos de outros setores da companhia, como a assistência médica, a qual, eu suspeitava, era parte crucial da identidade da Upjohn.

Senti que essa organização era muito mais do que sua divisão farmacêutica. Eu estava preocupado que a decisão do doutor Cooper pudesse inadvertidamente se defrontar com a vontade desse ser corporativo e, assim, retrair em vez de soltar a capacidade que esse ser tinha de criar valor.

A cultura da Upjohn era um rico depósito de informação que ligava o passado e o presente da empresa. E parecia razoável supor-se que essa cultura também fornecesse pistas para a identidade corporativa. A missão de longo prazo da Upjohn, "ajudar a humanidade com a assistência médica", era considerada pela maioria dos empregados como a pedra angular da cultura da Upjohn. Refletindo sobre essa missão, parecia-me que ela dizia respeito mais à medicina do que à farmacologia. Essa relação tinha sido forjada ou era apenas acidental? De qualquer forma, era uma relação que iria adquirir mais significado no decorrer do tempo.

Como primeiro passo, decidi olhar mais de perto o que significava "medicina". Descobri uma série de termos e idéias inter-relacionados que revelavam muita coisa sobre a história da companhia. Medicina é descrita como o processo de lidar com "a manutenção da saúde e a prevenção, alívio ou cura da doença". Diz respeito à arte de curar e aos três pilares básicos da cura: diagnóstico, prescrição e administração de medicamento.

Eu concluí que essa descrição de medicina revelava uma série de facetas características da Upjohn. Em tudo o que faziam, os empregados demonstravam uma atitude cuidadosa e um legítimo senso de responsabilidade pelo bem-estar emocional, mental e físico das pessoas. Compaixão e mesmo empatia estavam evidentes na quantidade de tempo que as pessoas gastavam falando sobre o amor-próprio de "seus pacientes, e sobre sua habilidade funcional". A integração de "tecnologia avançada" com "cuidado avançado" era parte das operações da Upjohn, como podia ser observado, por exemplo, no seu negócio de assistência médica.

Cada palavra, à sua maneira, apresentava uma pista para mim. Em particular, o que exatamente significava "curar", e como o significado do termo se relacionava com a Upjohn? Conforme eu lia a definição de cura, passei a acreditar que eu estava me debruçando sobre algo extremamente importante. "Curar" era fazer um grande esforço, ou tudo, para devolver alguém ao seu estado de pureza ou integridade original. A relação entre medicina e integridade não havia ficado clara ainda para mim até então. A atitude lógica era olhar mais de perto o significado de integridade, que era uma das características que eu já havia identificado em relação às organizações líderes em geral.

Integridade é muitas vezes associada com o apego a um determinado código de valores, mas foi outro significado que atraiu minha atenção. Integridade significa estar em uma "condição ímpar", estar em um "estado de completude, inteireza, de total consumação". Apesar da estranheza da linguagem, havia algo a respeito dessa descrição que se relacionava com a Upjohn.

Outro terreno de investigação era representado pelas funções internas da Upjohn, em particular o marketing. Para entender o quanto esse ser corporativo "queria" criar valor, eu precisava entender a maneira pela qual ele abordava seus clientes. Como eu logo veria, a relação da Upjohn com seus clientes era equivalente à relação do médico com o paciente. Em outras palavras, a relação não era apenas orientada para a doença, era orientada para a educação. Os representantes de vendas da Upjohn adoravam educar profissionais de assistência médica e também administradores sobre terapias com medicamentos e os vários estados das doenças. O foco da Upjohn nos produtos farmacêuticos foi complementado pela atenção dada à psicologia e terapias do comportamento.

Talvez o aspecto mais impressionante da abordagem de marketing fosse o programa CCM — um grupo de profissionais altamente treinados, ou "contatos de ciências médicas". Os CCMs eram as armas secretas da Upjohn na batalha por uma penetração de mercado e pela lealdade dos clientes. Conforme aprendi, o sucesso do programa CCM estava baseado e impregnado do que um médico descreveu como a "propensão médica" da Upjohn.

O CCM trabalhou ao lado de um grupo de médicos e dirigentes que os administradores da Upjohn acreditavam estar entre os melhores que havia. A tarefa deles era desenvolver conceitos para novos produtos, encontrar oradores de alto gabarito e patrocinar programas que fariam aumentar os lucros tanto dos clientes quanto da companhia. Os CCMs eram os depositários do conhecimento da Upjohn. Esses profissionais cientificamente treinados poderiam profetizar o presente — e o futuro — da medicina. Mas aquilo que talvez fosse o mais importante era que os CCMs não eram vistos como pessoas de inclinação comercial. Eles eram, em essência, os *médicos de campanha* da Upjohn.

O departamento de marketing da Upjohn tinha procurado estabelecer uma imagem para a companhia, que ia muito além de um fabricante de medicamentos. Os clientes, analistas de seguros e outros com quem falei apontavam logo uma variedade de traços distintivos. Eles mencionavam a orientação tomada pela Upjohn no sentido de combater a doença em vez de apenas promover o medicamento. Um médico descreveu como a Upjohn parecia estar envolvida em diversos aspectos da medicina, inclusive a incidência de doenças, diagnóstico e epidemiologia. Um atacadista me disse que a companhia estava "preocupada com as condições humanas e o bem-estar dos pacientes". Em outros casos ainda, estava claro para os de fora que a Upjohn mostrava inclinação para uma ciência médica pura ou básica, acima da pesquisa e desenvolvimento tradicionais.

Ficou claro para mim então que o que tornava a Upjohn o que ela era estava além da fabricação de medicamentos. Uma aguda distinção se formou em minha mente entre a inovação farmacêutica clássica (a descoberta e formulação de novos compostos medicamentosos) e o que eu via como inovação médica (a descoberta e formulação de novos *conceitos médicos*). Na superfície, a Upjohn parecia melhor no segundo aspecto do que no primeiro. Decidi olhar mais de perto um parâmetro econômico que poderia ajudar a esclarecer essa distinção.

Uma das coisas que inflamavam as paixões na Upjohn era conceber novas e importantes prescrições para as drogas existentes, especialmente usos que preenchessem os vácuos terapêuticos que havia no mercado. Na época, o Rogaine era o grande exemplo dessa "formulação de conceito". O Rogaine é o primeiro medicamento da Upjohn a utilizar uma fórmula baseada no Minoxidil, o qual estimulava o crescimento de cabelos (pêlos) nos homens. Anteriormente, o Minoxidil era utilizado principalmente para diminuir a pressão arterial. Embora o Rogaine não salvasse vidas, ajudava homens a salvarem a cara: aumentava a autoconfiança e contribuía para aumentar o amor-próprio. Eu descobri que, toda vez que uma nova indicação como aquela vinha à baila, o orgulho e o entusiasmo do pessoal irradiava por toda parte, despertando o espírito corporativo.

Logo me dei conta de que a formulação de conceito era um mundo em si na Upjohn. Era um mundo no qual identificar uma condição que necessitasse de tratamento, e em seguida fornecer as drogas para aliviá-la, significava uma importante realização profissional.

Se esse tipo de inovação era tão estimulante, que valor econômico ele tinha, se é que tinha, para a Upjohn? Quando estive trabalhando com gerentes no mercado farmacêutico, identifiquei seis produtos que, juntos, contavam uma história crucial. Cada um desses produtos havia nascido antes a partir da formulação de um novo conceito do que da formulação de um novo medicamento. Por exemplo, a Upjohn acabou se dando conta do conceito de "síndrome do pânico" — uma condição que, uma vez identificada, exigia uma cura que a Upjohn, como de fato aconteceu, estava totalmente preparada para proporcionar.

De qualquer forma, estávamos preparados para identificar o aumento (diga-se, de passagem, inesperado) de receita proporcionado pelas vendas antecipadas de produtos. Ao final de um período de dez anos, a receita bruta chegou a aproximadamente setecentos milhões de dólares. Os dois exemplos mais espantosos dessa dinâmica foram o Xanax, a solução apresentada pela Upjohn para a síndrome do pânico, e o Fosfato de Cleocin (clindamicina), para a infecção anaeróbica, uma condição provocada pela falta de oxigênio.

A *formulação de conceito* era uma expressão crucial do que fazia da Upjohn aquilo que ela era. Essa formulação unia duas das disciplinas de que a Upjohn mais gostava: ciência e vendas. Era, creio eu, a vontade insaciável da organização de desabrochar por completo. Até onde pude perceber, contudo, a administração não avaliou por completo o quanto essa capacidade era significativa.

Algumas pessoas acreditavam que era sorte apenas. Outras, que era resultado do acaso. Mas não era uma nem outro. A formulação de conceito e o fluxo de receitas decorrente dessa formulação eram um aspecto central de como esse empreendimento criava valor. Eu sentia que a gerência deveria institucionalizar o processo. O custo de não o fazer era alto. Como poderiam os principais gerentes da Upjohn tomar decisões abalizadas a respeito da direção do empreendimento, se não apreciavam esse aspecto central da identidade da Upjohn?

As Peças se Juntam

À luz dessa descoberta, refleti sobre o bom senso de se limitar o futuro da empresa à fabricação de produtos farmacêuticos. Que efeito essa decisão teria sobre a paixão inata da Upjohn pela formulação de conceitos? Como poderia, funcionando como uma companhia farmacêutica clássica, servir à vontade médica — que era muito maior — desse ser corporativo? Por que era algo assim tão crítico se ater exclusivamente aos "comprimidos"?

Essa última questão fez-me lembrar do desenvolvimento da cápsula friável pelo fundador e das lendas que cresceram em torno disso. Talvez as pessoas considerassem esse comprimido a base de criação de valor, em lugar da "ciência e arte da medicina" que eram seu verdadeiro fundamento.

Produzir comprimidos — quer dizer, estar apenas no negócio de produtos farmacêuticos — parecia fazer todo o sentido, mas, infelizmente, estava fora de sincronia com o legado de Upjohn. Ater-se simplesmente à fabricação de medicamentos também era irônico. A associação existente há muito entre W. E. Upjohn e a cápsula friável era, de fato, uma injustiça ao próprio fundador. A pílula era simplesmente um instrumento — um meio de ajudar as pessoas. A relação do doutor com os pacientes sempre tinha ido além das drogas que ele lhes ministrava. Até onde eu pude ver, The Upjohn Company transmitia esta última idéia. Uma pílula pode ter dado o impulso inicial para a Upjohn, mas a companhia sempre foi mais do que uma pílula.

Eu tinha começado a juntar elementos da companhia em combinações que pareciam revelar os modos especiais usados pela Upjohn em seus trabalhos. A primeira combinação não parecia surpreender inicialmente. As atividades de Upjohn em pesquisa básica e aplicada — investigação, intuição e revelação — mesclavam-se à *descoberta científica* — *a* "descoberta" não só de combinações novas, mas também de conceitos novos formulados a partir de novos conhecimentos sobre estados de doença e condições médicas. As descobertas científicas da Upjohn pareciam estar concentradas na *definição* de problema.

Uma segunda combinação de habilidades envolvia o talento particular da Upjohn pelo conceito de formulação (tal como atender à necessidade de tratamento para a síndrome do pânico), desenvolvimento de novos produtos e formulação e produção das drogas em si, levando em conta a eficácia delas, o efeito e, é claro, a qualidade superior de produção. Juntas, essas diferentes qualidades constituíam a marca pessoal da Upjohn em remédios; era a característica exclusiva da Upjohn e definia bem a paixão da empresa pela *inovação médica*.

Uma terceira combinação de fatores dizia respeito ao modo como a Upjohn desenvolvia as relações com os clientes: entre eles médicos, administradores e pacientes. A orientação da companhia para os clientes era profissional e escrupulosamente honesta. A capacidade para encontrar novas idéias e novos conhecimentos e levá-los à mesa de discussões definia essas relações. Por exemplo, os contatos de ciências médicas da Upjohn (CCMs) cumpriam um papel importante ao estabelecer e manter uma interação com a divisão de clientes profissionais da Upjohn. Outro componente dessa equação eram os serviços domiciliares da Upjohn. Uma operação sem igual, a terapia domiciliar permitiu à companhia interagir com os pacientes e não só fornecer medicamentos para eles, mas também dar-lhes tratamento psicossocial por meio de enfermeiros e assistentes sociais.

Tomados em conjunto, esses fatores produziram aquilo que eu chamei de sistema de interface de qualidade da Upjohn — a maneira própria pela qual a companhia abraçava o mercado. *Qualidade* referia-se ao nível superior e à consistência de desempenho nessas interações. Essa era uma área na qual o compromisso com a qualidade estava claramente além dos produtos. *Interface* se referia aos pontos em que o pessoal da Upjohn e seus produtos atendiam, influenciavam e se comunicavam com as pessoas e produtos de fora. Entre os exemplos podemos mencionar os medicamentos — interface entre droga e fisiologia, entre representantes de vendas e clientes, entre CCMs e supostos líderes e entre o profissional de assistência médica (uma enfermeira, por exemplo) e o paciente. *Sistema* dizia respeito ao modo como essas várias interações formavam um padrão integrado e perceptível de comportamento.

Quando delineei essas três combinações — descoberta científica, inovação médica e o sistema de interface de qualidade da companhia — vi como elas se fundiam em um sistema unificado para criação de valor. A contribuição particular da Upjohn para o mercado era evidente em termos de novos conhecimentos sobre os estados de doença importantes, no alívio de doenças proporcionado por medicamentos novos e já existentes, e na dedicação da companhia ao bem-estar emocional dos pacientes.

O retorno conseguido pela Upjohn do investimento feito em criação de valor — a riqueza que recebia — poderia ser medido de vários modos: em termos de vendas e aumento salarial, no retorno do capital investido (em geral, e em particular no retorno em formulações de novos conceitos), fidelidade do cliente em longo prazo e cuidado e apoio à população de pacientes.

As peças estavam se juntando rapidamente, mas eu ainda não estava satisfeito. Eu ainda não havia encontrado as palavras mais adequadas para descrever a identidade da Upjohn. Como exatamente esse processo de criação de valor se relacionava com a inclinação médica da companhia? Como isso se incorporava à história da empresa e também aos eventos correntes?

De repente estabeleci uma ligação crítica: *A criação de valor na Upjohn reproduzia o processo de cura em grande escala*. A descoberta científica — investigação, intuição e revelação — era sinônimo de *diagnóstico*. A inovação médica tinha a ver com *prescrição* — prescrição de medicamentos, sim, e também outras terapias que refletiam a convicção de que o amor-próprio é tão importante quanto as necessidades físicas para a qualidade de vida. E o sistema de interface de qualidade da Upjohn era sempre relativo à *administração* de "medicamentos" em uma série de formas. Eu sentia a vontade dessa companhia, esforçando-se para ser conhecida, reconhecida e procurada. Embora os produtos farmacêuticos fossem uma parte vital de sua estrutura, a Upjohn era uma empresa médica num sentido muito mais profundo e rico.

Enquanto eu considerava as capacidades de criação de valor da Upjohn, lembrei-me de algo que eu tinha chegado a entender claramente durante meu trabalho com a Alcoa: que descobrir a identidade significava ver sob todas as camadas — os produtos e serviços de uma companhia, suas unidades organizacionais, suas doutrinas culturais que influenciam comportamentos e a sua maneira de conceber "o negócio em que se encontra"; significava ponderar sobre tudo isso até atingir o coração, a mente e a alma da companhia como uma entidade com vontade própria no sentido mais puro. É nisso que a identidade consiste, pensei, algo que se move em ritmo próprio, aliviado de todas as camadas que servem para distrair a atenção dos administradores daquilo que de fato "faz da companhia aquilo que ela é".

Enquanto eu refletia sobre essa realidade, pensei em quais paralelos poderiam ser traçados entre a Upjohn e as definições que eu tinha encontrado, quando analisei os significados dos termos "medicina", "médico" e "cura" em particular — tornar as coisas íntegras e completas. Finalmente tive a resposta pela qual estivera procurando, pois a Upjohn estava motivada pela necessidade de restabelecer e manter a integridade da vida humana. A organização tinha um desejo ardente de curar a pessoa em todos os aspectos. Isso, eu percebi, era o que tornava a Upjohn especial. Realmente, isso era A (*The*) Upjohn Company.

As implicações da Lei da Vontade não foram percebidas pela administração. O anseio da organização em criar valor a seu modo estava em conflito com a liderança cuja intenção, não importa se economicamente racional, estava em desacordo com a identidade da organização.

As Leis de Identidade não reconhecem nada mais do que a verdade. A Upjohn nasceu para criar valor exercitando sua necessidade profundamente arraigada de restabelecer e manter a integridade da vida humana. O fato de que a Upjohn estava viva — um ser com vontade própria e com uma mente própria — era, para mim, um fato já estabelecido quando havia iniciado minha tarefa ali. Para prosperar, especialmente sob as regras da competição global, essa grande companhia americana tinha de se expressar por completo. Era a única forma de enfrentar essas novas regras de maneira aceitável.

UMA QUESTÃO DE PRIORIDADES

As conversações entre mim e a administração a respeito do talento distintivo do empreendimento eram animadas. Alguns executivos, sobretudo Don Parfet e outros companheiros de sua equipe, ficaram intrigados com o que ouviam. Para eles, essa descoberta tocava um ponto sensível. Outros executivos estavam relutantes em aceitar minha caracterização da identidade da Upjohn e o que isso implicava quanto à direção dos investimentos necessários para o futuro da organização.

The Upjohn Company foi um dos maiores sucessos empresariais da história dos Estados Unidos durante todo um século. Apesar desse sucesso, acredito que sua fusão com a Pharmacia em 1995 era inevitável. Aparentemente, a fusão aconteceu por causa de um desempenho financeiro que deixava muito a desejar na época. Mas, sob a superfície, acredito eu, o fim da companhia como um empreendimento independente era previsível porque a administração não tinha atendido à voz da própria organização.

Hoje eu vejo que o procedimento clássico de fazer do setor de pesquisa e desenvolvimento de produtos farmacêuticos o centro de gravidade da Upjohn, enfraqueceu o empreendimento, e, em vez de criar valor, o restringiu. O resultado líquido de ignorar a identidade foi a retração do valor das ações da empresa na bolsa de valores, o que a levou à fusão. Embora os investidores possam não ter entendido o quadro em sua totalidade, eles certamente entenderam suas ramificações.

No ano em que trabalhei com a Upjohn, pude sentir uma grande vitalidade nas pessoas que encontrei, além de perceber o compromisso que tinham com a companhia. A Upjohn, o ser corporativo, estava bastante vivo, mas nunca tinha tido uma oportunidade de se expressar em seus próprios termos. Tinha sido essa a falha da equipe executiva naquele momento? Apenas superficialmente. O mais provável é que a falha fosse o resultado de os gerentes terem buscado, durante anos, transformar a Upjohn em algo que ela não era em essência. Podemos considerar isso um caso de equívoco de identidade. Voltar a estratégia empresarial para projetar, desenvolver e comercializar novos medicamentos não foi o bastante para fazer da Upjohn uma empresa farmacêutica madura, direcionada para a pesquisa e para o desenvolvimento.

Não há dúvida de que, para o então presidente da empresa, Theodore Cooper, e para outros também, considerar seriamente o profundo impacto da vontade da organização no futuro dela teria exigido risco e muita coragem. Libertar a identidade da companhia implicava muitas mudanças em potencial — em estratégia de investimento, em composição empresarial, em recrutamento e treinamento, em quase todas as áreas do empreendimento. Contudo, coragem, em nome da integridade, é uma das exigências da Lei da Vontade.

Com relação à disciplina de liderança, a quarta Lei da Identidade estabelece prioridades em termos claros: *A identidade precede a estratégia,* nunca o contrário. Se estratégia, visão, missão ou propósito significam a manutenção do poder, então devem fluir da identidade.

5 A LEI DA POSSIBILIDADE

A IDENTIDADE PRENUNCIA O POTENCIAL.

Eu estou vivo, sou único
  e imutável,
    mesmo quando cresço e me desenvolvo.
No entanto, para de fato viver, devo me expressar
  por completo,
    e, ao fazê-lo, terei muito o que proporcionar.
Mas, para tanto, preciso dos outros, e sou mais produtivo
  ao lado daqueles que também precisam de mim.
Para estabelecer esses relacionamentos, devo primeiro ser
  reconhecido por aquilo que sou,
    para em seguida receber
      de acordo com aquilo que proporciono.

A Lei da Possibilidade marca o momento decisivo prescrito pelas Leis de Identidade. Formada pela força e pelo ímpeto das leis que a precedem, essa quinta lei se torna uma espécie de janela para o futuro de uma organização, de modo que essa organização possa enxergar o potencial que tem para a criação de valor em qualquer momento de sua história.

O potencial baseado na identidade se mostra de muitas formas. Há o potencial para descobrir e desbravar novos caminhos para o crescimento. Há o potencial para se aplainar o caminho com o propósito de mudar, mostrando para os funcionários como o passado, o presente e o futuro estão todos baseados na identidade. Há o potencial de cura — restabelecer a fé das pessoas no fato de que existe um futuro viável depois de uma complicada operação, de uma crise ambiental ou financeira.

A Lei da Possibilidade estabelece uma relação entre descoberta e transformação — a descoberta da identidade e a enorme possibilidade de transformação proporcionada por ela. É uma relação de extrema importância. Embora as possibilidades de crescimento que derivam da identidade possam ser fenomenais, também podem causar um certo incômodo: uma espécie de suor frio imaginário verte quando nos deparamos com uma decisão que pode mudar a nossa vida. Por que tem de ser assim? Porque as oportunidades extraordinárias inerentes à identidade não surgem com facilidade e nem são baratas; porque elas representam uma mudança drástica de condição.

Nada disso porém muda o fato de que a Lei da Possibilidade esteja conosco em todos os momentos de nossa vida como indivíduo e ao longo da vida dos seres corporativos que criamos e com os quais trabalhamos. Nós *nascemos*, em essência, dentro dela, e uma vez que abraçamos a Lei da Possibilidade como um apoio para o crescimento, não há como voltar atrás.

Conhecer nosso próprio potencial é um dos maiores poderes que há. Ser capaz de sentir o que poderia ocorrer como resultado direto de nossas características ímpares — como poderíamos afetar o mundo e como o mundo poderia responder a isso — é gratificante. Em termos práticos, ser capaz de pressentir o futuro dá aos dirigentes a possibilidade de organizar tudo o que eles e suas organizações fazem com o objetivo de ressaltar aquele potencial.

Um dos problemas que os administradores muitas vezes não vêem quando planejam de forma cuidadosa uma mudança em suas organizações, é que seus esforços nem sempre tornam claro para as pessoas qual seria o resultado dessa mudança. Eu muitas vezes penso que a máxima é "O mundo está mudando muito rápido para se saber" e que, por causa disso, "a agilidade é tudo". Mas proporcionar um quadro mais simples e humano para o futuro, pode ser um dos maiores serviços que um dirigente prestaria a uma organização confusa e, quem sabe, medrosa.

Nesse sentido, a verdadeira identidade de uma empresa é o aliado de maior confiança de um gerente, como de todos os demais funcionários, para se entender o potencial de criação de valor inerente à identidade da organização e estabelecer os alicerces para uma mudança construtiva. Por quê? Porque a Lei da Possibilidade não exclui ninguém e proporciona um sentido de esperança — para um crescimento maior, para melhorar o moral, para um reconhecimento merecido — para tudo. É uma promessa perfeitamente humana tanto para os indivíduos como para as organizações.

Logo depois que eu me juntei à Anspach Grossman Portugal, percebi que tinha encontrado um lar, não simplesmente em relação à empresa, mas também dentro de mim. Eu tinha achado uma zona de conforto na qual me sentia naturalmente poderoso e confiante. Identidade, em todas suas dimensões, era um campo de jogo que eu entendia instintivamente como uma plataforma a partir da qual eu expressaria meus dons. A máxima do exército, "Seja tudo o que pode ser", assumiu um significado mais profundo para mim.

Em uma viagem de avião de Dallas a Nova York, em 1983, eu conversava com Russ Anspach — um dos fundadores da AGP e o homem que se tornaria meu mentor — sobre as implicações de uma tarefa que há pouco tínhamos completado para a BOC Health Care, uma subsidiária de um bilhão de dólares do Grupo BOC. (O Grupo é associado à BOC Gases, a segunda maior companhia de gases industriais do mundo.) Nossa tarefa tinha sido ajudar na classificação de 31 empresas de assistência médica e suas linhas de produtos.

Eu me sentia muito bem comigo mesmo. O trabalho com a BOC foi uma das primeiras tarefas internacionais de monta que eu tinha conduzido, e o cliente estava satisfeito. O que tornou essa experiência particularmente tão gratificante foi a abordagem, até então incomum, que eu tinha aplicado à tarefa. Junto com minha análise das percepções do cliente e da gerência, eu tinha criado um perfil psicográfico de cada uma das quatro operações principais: sistemas de suporte de vida, produtos anestésicos, terapia domiciliar e produtos intravenosos.

Cada perfil continha a psicologia empresarial subjacente de cada divisão (a dinâmica humana da fábrica, por exemplo, diferia da dinâmica humana dos negócios baseados em pesquisa e desenvolvimento); *cultura* ou "comportamento"; e as *características da identidade* que "motivavam", ou davam origem, àquele comportamento.

Russ notou que as características da identidade, em particular, poderiam ser utilizadas para orientar decisões a respeito de nomes, marcas e comunicações. Mas eu via outras possibilidades. Parecia para mim que os atributos que faziam da BOC Health Care uma empresa especial deveriam ser usados como critério para o recrutamento das pessoas certas, para a elaboração de um programa de treinamento e para definir e introduzir valores novos que servissem de ligação entre as diversas operações da BOC Health Care. Eu percebi que essas possibilidades eram extraordinárias.

Da mesma forma que eu confiava em Russ, eu também hesitava em revelar a ele meus pensamentos e entusiasmo. Na ocasião, a maioria das pessoas comparava identidade com nomes, logotipos e sistemas de projeto, e eu não estava seguro como Russ reagiria a isso. Eu tinha medo de que ele considerasse minhas idéias muito ousadas ou até mesmo irrelevantes.

Durante nossa conversa, minha calma exterior não traía o tumulto que se dava dentro de mim. Por um lado, eu poderia escolher o caminho seguro e não revelar nada de novo. Eu tinha começado a me estabelecer na AGP e não queria colocar em risco o senso de oportunidade que eu acabava de redescobrir. Eu sabia que uma vez que eu dissesse o que se passava em minha mente, não haveria como recuar. Por outro lado, eu acreditava que tinha muito para proporcionar e desejei expressar o que eu estava pensando.

E assim fiz. Russ não disse nada. Ele simplesmente escutou do seu modo habitual, bastante pensativo. Então, ele olhou bem para mim e, depois de uma pausa de um segundo, finalmente se pôs a falar:

— Quando se trata de identidade —, ele disse — os clientes muitas vezes colocam muita ênfase nas coisas erradas, como no logotipo e no nome.

Naquele momento, meus temores se desfizeram. Eu me sentia aliviado e estimulado. Também me surpreendeu um pouco a declaração de Russ; afinal de contas, a AGP ganhou dinheiro em grande parte por causa de nome e de projeto. Mas isso já não importava. Eu tomei as palavras de Russ como um estímulo para que eu confiasse em meus instintos. Era o sinal verde para eu assumir os riscos da "consultoria de identidade". Eu tenho aquela breve experiência como um momento decisivo em minha carreira. Tinha chegado a hora de eu agir como eu mesmo, e começar a respirar meu próprio ar.

Pela primeira vez, eu podia pressentir as possibilidades de a minha vida se desdobrar profissionalmente. Podia ver-me trabalhando com clientes em projetos nos quais a identidade se tornaria o fulcro para o crescimento e para a contribuição da empresa, e não simplesmente como uma forma de moldar imagem. As possibilidades que havia na identidade — da companhia ou individual — eram praticamente infinitas. É uma questão de visão, de se "enxergar" as implicações. Não foi antes de eu atingir os quarenta anos que comecei a ver o potencial inerente em minha própria identidade como estrategista e humanista — e como amante de todas as coisas criativas.

Um dos aspectos da identidade que lhe permite pressagiar o potencial é que *a identidade transcende tudo*. Reúne as habilidades particulares, talentos e paixões que tornam cada um de nós especial e as coloca em evidência. Isso ocorre no mundo corporativo adentrando os grossos nevoeiros que podem obscurecer a visão dos gerentes. Essas "nuvens" estão em todos os lugares: nas linhas de negócio, na estrutura de uma organização, nas funções, suposições econômicas, exigências orçamentárias, produtos e serviços, atuação geográfica, e até mesmo na política e no terreno da ação.

Da mesma maneira, a identidade penetra as nuvens que obscurecem nossa habilidade como indivíduos para enxergar nossas próprias capacidades especiais. Essas nuvens também surgem de muitas formas: a visão que os outros têm de "quem somos nós", extrema identificação com nossas profissões, expectativas familiares, pressão da sociedade e o medo do desconhecido.

Para as pessoas e, da mesma forma, para as empresas, a identidade é a mais pura representação do potencial de criação de valor — dar uma contribuição própria para o mundo em que vivemos. O desafio particular com o qual os administradores deparam é o de liberar a identidade da companhia em face dos impedimentos físicos, financeiros e sociais que servem de obstáculos para o crescimento da empresa.

Em nenhuma parte esse desafio administrativo estava mais aparente do que na unidade de Sistemas Industriais Avançados da Westinghouse (AIS) em 1987. Hoje, entendo o compromisso que tive com a AIS (um de muitos que a Westinghouse teve) como um microcosmo de uma luta maior, que a empresa tinha para encarar sua própria identidade e o potencial contido nela, que não estava sendo aproveitado.

WESTINGHOUSE — SISTEMAS INDUSTRIAIS AVANÇADOS
Uma Reunião pela Esperança — Junho de 1987

A sala de reuniões ficava em uma das instalações da Westinghouse nas cercanias de Pittsburgh. A reunião já estava a meio caminho quando eu cheguei, atrasado por causa do vôo. O lugar estava apinhado de gerentes de vários graus e idades que representavam cada uma das operações que compunham a unidade empresarial então conhecida como Sistemas Industriais Avançados. Conforme eu analisava o grupo, notei as semelhanças misteriosas entre os homens (havia, no máximo, meia dúzia de mulheres) que ocupavam as cadeiras cinza de aço, dispostas uniformemente pela sala. Era um mar de pessoas de camisas brancas com as mangas arregaçadas; muitas dessas camisas eram esportivas com protetores nos bolsos — o acessório inconfundível do engenheiro.

John Yasinsky estava atrás de uma tribuna na parte da frente da sala e falava ao grupo. Eu havia trabalhado com John e sua equipe durante três meses, e sabia exatamente o que ele ia dizer, assim minha atenção se voltava para a audiência. Eu observava como aquele grupo de veteranos da

Westinghouse — quinze anos de emprego em média — reagia. John estava falando sobre o futuro, sobre a possibilidade de chegar a ter um futuro, o que não era absolutamente seguro.

Conforme o evento se desenrolava, ele me parecia cada vez mais um filme mudo de pessoas assistindo à missa, no qual cada uma das cabeças dos gerentes acenava silenciosamente como se eles estivessem à espera das palavras de John. Durante vários momentos não ouvi nada, mas vi muito. O efeito visual era intenso. Todas juntas, essas quase sessenta pessoas eram indistinguíveis em minha mente. Elas se misturaram em um único indivíduo cuja carreira, cuja paixão pela companhia, cujos talentos, e cujas habilidades para continuar trabalhando, apoiavam-se no que Yasinsky estava dizendo.

Eu sabia que o potencial necessário para se atingir o crescimento lucrativo era enorme. E era sobre isso que John estava falando. Visto da porta de entrada da sala, Yasinsky parecia estar na ponte de comando de um navio, dirigindo-se à sua tripulação no mar revolto. Naquele momento, ele estava falando sobre a identidade recentemente revelada da AIS e o potencial seguro para "fazer o navio voltar ao porto". John tinha achado sua bússola. O único problema era se ele ainda teria tempo para fazer o navio tomar o rumo pretendido.

A Tarefa

Comecei a trabalhar com o AIS em março de 1987. A Westinghouse e seus executivos queriam ver se uma "reavaliação da identidade" poderia ajudar Yasinsky e seu grupo a vencer três desafios urgentes e interdependentes. O primeiro era ampliar as áreas tradicionais, como serviços, para um mercado de alto valor agregado industrial, comercial e profissional. O segundo desafio era construir uma reputação externa de líder, naqueles mercados julgados estrategicamente importantes; e interiormente, como um centro principal de crescimento e lucro para a Westinghouse. O terceiro desafio era desenvolver uma cultura mais unificada dentro da AIS.

O clima dentro da AIS quando cheguei era um misto de esperança e de medo. A esperança era em muitas formas palpável. Vários gerentes prefeririam ser otimistas e se recusavam a ser desencorajados pelas dificuldades que enfrentavam. Eles estavam preparados para ver os negócios passados e os problemas econômicos como algo que podia ser superado. Também havia muito orgulho entre essa gente — orgulho pelo fato de que a AIS representava negócios que existiam há muito tempo na Westinghouse e que eram considerados de muito valor.

O medo era igualmente palpável. Um número grande de empregados estava preocupado com a estabilidade no emprego. Ao contrário de suas contrapartes mais otimistas, eles estavam pessimistas e duvidavam que "qualquer coisa pudesse ser feita" para poupar a unidade. Eles viam as dificuldades encontradas no passado como barreiras para o sucesso no futuro. Sim, essas pessoas tinham orgulho de sua herança, mas temiam que uma corda fosse colocada em seu pescoço.

Criação de Valores de Baixo para Cima

Eu sabia que para entender a identidade de AIS, eu tinha de evitar as ondas de emoção que se estavam propagando para todos os lados na unidade empresarial. O melhor modo para isso, eu percebi, seria analisar as capacidades particulares de cada uma das cinco divisões de AIS e então reunir tudo. Cada uma delas, considerei, forneceria pistas para eu entender como aquela divisão criava valor e, por extensão, o processo de criação de valor da AIS como um todo. Apesar do fato de eu ter empregado essa tática com sucesso anteriormente, eu estava agindo à base da fé. Eu não sabia se as partes somariam algo significativo ou revelariam uma unidade empresarial que não proporcionava nenhum valor material e deveria ser desativada.

A primeira divisão que eu estudei foi a divisão de engenharia e serviços de instrumentação. A E&ISD tinha sido construída com o objetivo de resolver problemas com habilidade, a qual contava com vários atributos. Um deles era uma mentalidade diagnóstica por meio da qual os gerentes desafiavam as próprias visões e pensamentos dos clientes, ou, nos termos de um cliente, "sobre o que está realmente errado", antes de trabalharem no problema. Outra característica era a capacidade da divisão para ajudar um cliente a resolver as dificuldades de seu negócio. Um terceiro atributo-chave eram as capacidades técnicas integradas da divisão, a qual parecia fundamentar-se em uma paixão pela engenharia. Criar era como uma religião para a E&ISD. Era um "credo técnico" o que motivava os gerentes. Por exemplo, estudar as partes dos equipamentos em separado como um sistema integrado para resolver problemas supostamente associados a um único equipamento.

A E&ISD se distinguia em virtude da sua capacidade excepcional de resolver problemas. Os gerentes que haviam forjado o negócio tinham uma visão holística das necessidades dos clientes e levavam à mesa de negociações aquilo que chegou a ser chamado, internamente, de "conhecimento móvel". Eu acreditava que as melhores possibilidades empresariais para a divisão apareceriam se ela deixasse de vender "partes e processo" e passasse a vender os valores e benefícios proporcionados por eles. O negócio da AIS não era, pensei, tanto os "serviços de engenharia e instrumentação"; era, mais precisamente, *serviços técnicos integrados*.

A segunda divisão que inspecionei, Serviços Mecânicos e Elétricos Principais (SMEP), era distinta por sua destreza técnica. Essa capacidade central era reforçada pelo conhecimento dos gerentes sobre motores, tecnologia e sistemas — uma mentalidade aberta sobre como as peças de um equipamento trabalham em combinação umas com as outras —, que fazia com que suas habilidades de reparo os distinguissem dos outros. Outra marca distintiva era a habilidade da divisão em fazer trabalhos em larga escala em muito pouco tempo. Vários clientes reconheciam que a Westinghouse era a número um quando colocava uma espécie de tropa de choque para tratar de "problemas grandes com rapidez".

O que a divisão SMEP fazia era manter a indústria funcionando com pouco ou nenhum atraso. Graças a suas capacidades superiores de reparo, a divisão estava em posição de identificar e capitalizar oportunidades de mercado nas quais poderia se sobressair graças ao conforto e garantia que oferecia. Em que negócio estava essa divisão? Em termos simples, ela estava no negócio de *serviços de apoio à indústria*.

A terceira operação era a Divisão de Controle de Combustão (DCC), um negócio centralizado em analisadores de combustão, principalmente para caldeiras industriais. O grande talento da Westinghouse nessa área estava em aliar a "melhor" tecnologia à especialidade da empresa em aplicá-la. Os analisadores de DCC eram bastante conhecidos por proporcionarem maior sensibilidade e estabilidade. Os clientes conheciam a base de pesquisa e desenvolvimento geral da Westinghouse, a qual tinha ligações com a divisão, e confiavam nela. Eu finalmente pude entender a grandeza das habilidades de aplicações da divisão quando um cliente comentou que "o pessoal da Westinghouse poderia sentar-se tanto no meu lado da mesa como no deles".

A DCC estava em posição de ampliar o alcance de seu controle de combustão para outros negócios, aparentemente sem relação, como ultra-som e o processo de partes substituíveis. Em termos de crescimento estratégico, essa operação da AIS parecia também equilibrada para ampliar o conceito de instrumentação analítica em geral. Era excelente para negócio *analítico*, termo que melhor captava o potencial de criação de valor da divisão.

A quarta divisão de AIS que eu avaliei era conhecida como Automatização, ou, mais especificamente, controle de processo. Personalização significava a força própria da automação contra competidores como a Foxboro e a Bailey. A automação tinha uma capacidade sem igual de configurar para os clientes um sistema que satisfazia as necessidades deles por completo, realizando apenas uma pequena mudança ou adaptação no sistema de fabricação. Três características respaldavam essa capacidade: a vigorosa capacidade tecnológica da Westinghouse, sua orientação de sistemas, e aquilo que eu chamava de uma atitude de "engenho e arte" daquele setor para o negócio de automação.

A competição nesse terreno era feroz, e todos estavam de acordo que a divisão precisava proteger sua parte no mercado de eletrodomésticos. No entanto, ao mesmo tempo, as habilidades, a experiência e as convicções das pessoas que faziam parte dessa operação implicavam uma oportunidade de fazer o negócio avançar. Para isso, os gerentes precisavam ver que a verdadeira força da divisão estava *no processo de administração* — o processo global de administração da Westinghouse — não simplesmente na automatização industrial.

A última divisão que eu avaliei foi a Westinghouse Motor Company. De todas as operações dentro de Sistemas Industriais Avançados, a "Motor" era a que estava com maiores dificuldades econômicas. Estava lutando para ser lucrativa.

Apesar da precariedade da saúde econômica dessa divisão, as operações da Motor tinham forças distintivas, que incluíam personalização por meio de engenharia (eles sabiam como "fazer o motor funcionar" de maneira a se ajustar às necessidades dos clientes), qualidade de fabricação (a integridade de um motor da Westinghouse nunca foi posta em questão), e serviços de apoio posteriores à venda. A divisão também era elogiada por sua assistência técnica de emergência. Para os clientes, os benefícios líquidos de se negociar com a companhia de motores eram confiança, melhor relação entre custo e benefício e melhor informação acerca do projeto do produto.

Para que uma rentabilidade sustentável fosse atingida, os gerentes da divisão precisariam deixar de lado aquilo em que mais confiavam: o projeto e a engenharia da Westinghouse e a capacidade dessa divisão de encontrar soluções personalizadas. Essa unidade comercial tinha uma verdadeira competência, embora isso lhe rendesse muito trabalho, em "motores industriais". Tal competência, se direcionada no sentido certo, encontraria espaço para crescer.

AIS era, aparentemente, uma coleção de negócios sem brilho: alguns deles proporcionavam lucros decentes, outros não. Além do mais, as relações entre esses negócios não eram claras. Analisando mais a fundo, porém, eu pude discernir quatro capacidades distintivas comuns a todas as operações e isso determinava o potencial de criação de valor daquela unidade.

Primeiro, esses negócios, aparentemente discrepantes entre si, procuravam resolver os problemas com a ajuda dos clientes; a objetividade profissional, combinada com uma empatia pelo cliente, estava em toda parte. Segundo, as cinco divisões tinham uma visão holística da necessidade dos clientes; não era uma parte do equipamento ou o processo que eram importantes, mas como essas coisas funcionavam juntas. Terceiro, os gerentes, em todas as operações, demonstravam uma preocupação quase obsessiva com o bem-estar do cliente e se esforçavam por representar alguma coisa de importante para o negócio do cliente — na própria maneira de agir do cliente. Por último, todas as divisões internas de AIS mostravam uma *profunda consideração pela tecnologia de uma maneira geral, e pela engenharia em particular*. Era uma paixão que fluía nas veias da Westinghouse.

A identidade daquela unidade, soterrada por um amontoado de "partes e processos", repentinamente começou a se cristalizar: *A AIS se distinguia pela sua paixão pela ciência da indústria*. A "ciência" estava visível no investimento que a unidade fazia em tecnologia, negócios mais rentáveis nos quais a Westinghouse captava, ou pretendia captar, conhecimento e habilidades dos proprietários. A noção de "indústria" dizia respeito à atitude agressiva dos gerentes para buscar novos mercados que estivessem além dos eletrodomésticos e mesmo além dos clientes industriais. Num outro plano, pude entender que a preocupação da unidade com a indústria, de maneira geral, era um substituto para seu profundo desejo de sobressair-se — no conceito dos clientes, dos clientes de seus clientes, e, por extensão, o da sociedade para a qual a Westinghouse tinha contribuído durante décadas.

Articular a identidade da AIS significava revelar seu potencial de criação de valor como uma organização integrada da melhor forma. Sua paixão pela ciência da indústria, como determinavam suas capacidades inatas, indicava o caminho em direção a um futuro que eu acreditava ser muito mais brilhante do que se previa. A AIS não estava morta, de forma alguma. Estava bastante viva e com muito para proporcionar ao mundo em derredor.

John Yasinsky estava convencido dessa caracterização de identidade para a sua unidade. Ele estava, acredito eu, motivado pela simplicidade, pela lógica e pela fé contidas nela. Ele começou falando em termos de o "negócio estar voltado para a ciência e para a indústria", infundindo isso no marketing, nas vendas e no tecido de comunicação do grupo. Em minhas conversas com ele, ele parecia entender que o potencial para o desenvolvimento da divisão em torno de sua identidade era enorme. Em termos práticos, por exemplo, isso implicava critérios de investimento naquelas divisões — mais precisamente, naquelas capacidades — que poderiam contribuir o máximo possível para tornar as operações da unidade "cientificamente" mais satisfatórias.

Por um lado, os gerentes passaram a prever o futuro da unidade à luz da identidade. Um documento que foi lido rezava que "em termos de direção, a unidade comercial estava aprimorando sua estratégia de ciência da indústria ao conquistar mercados mais diferenciados e lucrativos, nos quais o conhecimento do proprietário molda a vantagem competitiva". Foram essencialmente essas idéias, formuladas de uma forma mais simples, com menos jargão, que John Yasinsky revelou quando se dirigiu aos gerentes, que enchiam aquela sala do subsolo em uma unidade nos arredores de Pittsburgh, naquele dia de junho de 1987.

Junto com a janela, abriu-se uma estratégia; a identidade inata da AIS sugeria algo mais, algo que talvez fosse mais importante na ocasião: um sentido coletivo de propósito que era muito necessário para ajudar a unidade a se fundir como um empreendimento. Da mesma forma que indicava um caminho para o crescimento lucrativo, a identidade da AIS também representava uma plataforma de liderança para John Yasinsky — uma posição que abraçava e unia todas as cinco operações, ao mesmo tempo que possibilitava a cada uma delas operar de acordo com suas próprias necessidades empresariais.

A identidade da AIS revelava como, por meio de um melhor entendimento de seu processo de criação de valor, a unidade poderia ir além dos serviços e de outras áreas industriais para atingir mercados de alto valor agregado. A paixão da AIS pela ciência da indústria também proporcionava um meio para o desenvolvimento de uma reputação de liderança e de uma cultura mais unificada com vistas ao crescimento.

Um dos axiomas da Lei da Possibilidade é que o todo de qualquer organização é sempre maior do que a soma de suas partes. O problema é ver o todo através das partes. Os Sistemas Industriais Avançados eram o beneficiário desse processo em 1987. É também verdade que, em termos de valor, os benefícios possíveis, inerentes ao todo, excedem em valor os benefícios de curto prazo resultantes da manutenção e proteção da condição social. Sob a liderança de John Yasinsky, a AIS foi posicionada para ter sucesso.

UM QUADRO PSICOSSOCIAL

É impossível para mim considerar a Lei da Possibilidade e seu impacto na vida de indivíduos e empresas, inclusive na da AIS, sem pensar no trabalho combinado de Erik Erikson e Abraham Maslow. Abraham Maslow é mais conhecido por conceber a hierarquia de necessidades. Trata-se de um esquema, em forma de pirâmide, que demonstra como as pessoas aspiram em última instância à auto-atualização; uma vez satisfeitas suas necessidades básicas, elas se esforçam para atingir o próprio potencial.

É útil recapitular brevemente a pirâmide, pois ela reflete as necessidades de todo ser corporativo como também de todo ser humano. A base da pirâmide reflete nossas necessidades fisiológicas — nós precisamos de saúde, comida e abrigo como condições prévias para vivermos. O próximo degrau ascendente da pirâmide é a segurança — nós precisamos nos sentir seguros no mundo, em vez de ansiosos e temerosos. O terceiro nível reflete nossas necessidades sociais — precisamos pertencer a uma família, uma equipe, uma companhia ou sociedade. O quarto nível da pirâmide consiste na necessidade que temos de amor-próprio. Em essência, nós precisamos nos sentir amados e respeitados; sentir que os outros necessitam de nós e que somos importantes para eles; e, além disso, legítimos merecedores dessas coisas. No topo da pirâmide está a necessidade que temos de nos *auto-atualizar*.

O desenvolvimento de uma instituição empresarial e seu desempenho resultante de muitas formas espelham essa mesma hierarquia. Simplesmente para sobreviver, uma organização tem de ter certas necessidades básicas conhecidas; por exemplo, precisa de dinheiro e capital. A organização precisa se sentir confiante sobre seu lugar particular em sua indústria ou mercado. Precisa, também, sentir-se parte de uma comunidade. Além disso, as organizações precisam ser respeitadas pelas outras. E finalmente, como as pessoas que delas fazem parte, precisam ser tudo o que são capazes de ser — elas precisam se *auto-atualizar*.

As Leis de Identidade, e a Lei da Possibilidade em particular, reforçam a relevância inevitável para as organizações da hierarquia das necessidades de Maslow (a auto-atualização tem tudo a ver com potencial). Mas elas o fazem por completo apenas se estiverem de acordo com as idéias de Erik Erikson a respeito da vida humana. Entre muitas de suas obras, *A Identidade e o Ciclo da Vida* de Erikson expõe três idéias que dizem respeito à ligação entre identidade e liderança. Em um capítulo intitulado "A Personalidade Saudável", Erikson cunha o termo *generatividade*. Esse termo se refere, essencialmente, à paternidade: à vontade das pessoas de produzir e desejar uma descendência. Erikson explica que a generatividade diz respeito a estabelecer e orientar a geração seguinte.

Erikson reflete em seguida sobre a *integridade*, desenvolvendo uma competente descrição da *generatividade*. O ponto de vista de Erikson é que apenas indivíduos que têm de algum modo se submetido ao cuidado de outros, e que conseguiram se adaptar aos "triunfos e decepções daquele que dá origem a outros seres e a coisas e idéias", podem reivindicar uma integridade. As palavras de Erikson refletem tanto paixão quanto intelecto. Ele continua, falando sobre como as pessoas com integridade estão "prontas para defender a dignidade do próprio estilo de vida contra todas as ameaças físicas e econômicas". Então Erikson se dirige à liderança diretamente. Ele diz que a integridade (mais especificamente, *integridade do ego*) consiste em estar emocionalmente em paz consigo mesmo. Isso abre a porta para que outros nos sigam, quando aceitamos a responsabilidade da liderança.

Finalmente, Erikson se dirige à identidade. Ele vê a identidade como a integração de duas coisas. A primeira é a ligação de um indivíduo com os valores distintivos de seu povo (família, história e herança). *O segundo componente da identidade está relacionado com as características individuais* de desenvolvimento — os sinais que fazem de cada um de nós um ser especial.

Todos esses pontos dizem respeito ao modo como são administradas as organizações, hoje. Por exemplo, generatividade implica a necessidade de um administrador — por serem os administradores os guardiães do futuro e também do presente. Integridade diz respeito a administrar a crise e a mudança e a sair de tudo isso de cabeça erguida. A visão que Erikson tinha da identidade, no contexto dos negócios, descreve uma integração bem-sucedida de individualidade e história dentro de um ser corporativo sem igual.

Essa síntese da descrição de Maslow da auto-atualização e as visões de Erikson do comportamento humano nos devolvem à definição de valor que está no cerne da administração baseada na identidade: valor é a contribuição privada que uma companhia é capaz de dar ao mercado. É uma definição que funde a identidade de uma organização com seu ambiente, revelando os benefícios potenciais da identidade a todo o mercado de ações e à sociedade como um todo. Essa definição de valor se aplica particularmente à história da Westinghouse.

A AIS era produto da cultura da Westinghouse. Não simplesmente em termos da grande competência em engenharia da corporação mas também, de modo negativo, pelo fato de estar obcecada com o desempenho financeiro a curto prazo. Em uma palestra dada a seus administradores de alto escalão, logo depois de minha tarefa ter-se completado com a AIS, dois diretores da corporação falaram em colocar a Westinghouse no caminho da "grandeza". Eles compararam a organização com a Caterpillar, a IBM, a Marriott e a Heinz. Eles tomaram como base de comparação o *retorno sobre o patrimônio*. A meta era alcançar um RSP comparável ao de instituições como aquelas. Embora o aumento dos rendimentos fosse um fator, o plano deles consistia primeiramente em uma administração ponderada de custo como um modo de alcançar os objetivos pretendidos no menor intervalo de tempo possível. Eu li esse discurso antes de ele ser proferido, e me dei conta de que nenhum dos executivos havia entendido os fundamentos da criação de valor.

Apesar da determinação e da força de vontade de John Yasinsky, as cartas estavam contra ele e sua organização. Conforme o que estava implícito nesse discurso, o futuro não era tão "material" como o presente. O que se esperava da AIS era uma redução inteligente de custos; a singularidade e a história da organização foram deixadas de lado. No fim, a unidade de Sistemas Industriais Avançados da Westinghouse foi desfeita e suas partes ou foram vendidas ou foram transferidas para outras unidades — a abolição trágica do potencial produtivo de uma organização.

COMO DAR-SE CONTA DE SEU POTENCIAL

A Lei da Possibilidade desafia o pensamento convencional. Exige que vejamos a vida por um prisma que é estranho à maioria dos indivíduos e gerentes comerciais. Em vez de olhar de fora para dentro, a quinta lei da identidade exige que olhemos as coisas pelo avesso. Para adotar esse tipo de visão pode ser necessário receber ajuda de fora, dos clientes e dos investidores. Mas, uma vez que nossa opinião esteja clara, uma vez conhecida a identidade, estará na hora de as coisas serem reavaliadas em sua totalidade. A Lei da Possibilidade nos oferece uma base sem igual para imaginarmos nosso destino.

Muitas vezes, o gerente que pretende liderar é obrigado a enxergar por meio das lentes proporcionadas pela identidade — enxergar a si próprio como também à sua organização. É esse o meio para se renovar, para se livrar das suposições e convicções pré-estabelecidas que impedem a inovação e a mudança e limitam nossa capacidade de enxergar.

Nos negócios, e freqüentemente na vida, nós tendemos a seguir um caminho linear determinado pelo lado esquerdo do cérebro. Por quê? Porque esse curso nos parece seguro, pois é fácil de ser entendido e nós já o conhecemos. Mas quando se trata de capturar o potencial inerente à identidade — da pessoa ou da empresa — aquilo que já é conhecido e tido como

A Lei da Possibilidade   **143**

seguro não leva a parte alguma. "Quantidades conhecidas", na forma de dados, fatos, prova empírica e comportamentos observáveis, indicam melhor aonde vamos e quem somos. Elas dizem pouco sobre o que *poderia* ser.

Administradores que se esforçam para capitalizar como um todo o potencial do empreendimento também podem encontrar resistência no modo pelo qual as empresas são organizadas — em funções, divisões, regiões e linhas de produto. A fragmentação desfaz a coesão. As enormes possibilidades inerentes ao todo são sacrificadas pelas necessidades mais imediatas das partes.

Para se entender o potencial da identidade é necessário um esforço do lado direito do cérebro, um pensamento integral por parte dos gerentes e de suas equipes. É a arte e ciência da análise disciplinada e criativa procurando projetar uma organização de baixo para cima. A pergunta vital que revela o potencial de criação de valor proporcionado pela identidade é: "*Se X, então o quê?*" *Se* a AIS era verdadeiramente distinta por se preocupar com a ciência da indústria, *se* a Upjohn é de fato estimulada por uma necessidade de restabelecer e manter a integridade da vida humana, e *se* a Fidelity Investments tem uma necessidade enorme de ressaltar o individualismo, *então quais são as implicações* disso tudo para o empreendimento? Para a estratégia? Para a estrutura da organização? Para o mercado, vendas e atendimento ao consumidor? Para o treinamento e desenvolvimento? Para o orçamento e as despesas? Para a política de prêmios e comissões? Para contratar e demitir? As possibilidades são infinitas. Não há nenhuma função, nenhuma divisão, nenhum trabalho, nenhum indivíduo, nenhum futuro que esteja além de um mundo iluminado pela identidade.

Um dos fatos da vida corporativa iluminado pela Lei da Possibilidade é que existe em todas as empresas um potencial que ainda não foi encontrado. Sempre há mais para se fazer e mais para ser, quando a identidade de uma organização é trazida à vida.

Junto das oportunidades extraordinárias oferecidas pela Lei da Possibilidade está a responsabilidade de buscar essas oportunidades, mas buscá-las de modo disciplinado. É a responsabilidade *de alcançar as estrelas com ambos os pés no chão.*

O potencial inerente à identidade pode ser imaginado de muitas formas. Algumas vezes essas formas são grandiosas: a revitalização (mais precisamente, a liberação) da Disney, que aconteceu sob a direção de Michael Eisner nos seus primeiros anos como executivo-chefe; a marcha inflexível da Microsoft forjando novos modos de vida para todos nós. Outras vezes, dar-se conta do próprio potencial é algo mais modesto e sistêmico.

A consolidação crescente na indústria automobilística de hoje, por exemplo, sugere que um papel mais dinâmico possa ser cumprido por marcas industriais como a General Motors, a Toyota, a Ford e a DaimlerChrysler. Nesse caso, quais seriam os benefícios inerentes a esses nomes para o consumidor? Que valor essas marcas comportam?

Quando eu penso nesse assunto hoje, lembro-me de um conceito utilizado pela American Express: a idéia de que *ser um membro é algo que tem seus privilégios*. Talvez essa noção seja perfeita para as empresas de automóveis de amanhã. Talvez um desses líderes globais venha a entender a importância de fazer os consumidores pagarem uma taxa anual só para terem o privilégio de *serem um membro*. A instituição daria em troca a seus "membros" descontos especiais em todos os produtos da marca, além de uma série de serviços de valor agregado, como financiamento, seguro e assistência mecânica. A criação de valor estaria clara para o cliente, e o retorno em criação de valor, seria muito alto. Uma pergunta interessante a fazer seria esta: "Que organização, com base em sua identidade inata, estaria melhor posicionada para isso?" Qual delas tem as raízes, a paixão e a *necessidade instintiva* para tal?

A Lei da Possibilidade tem como alvo liberar o potencial produtivo inerente à identidade de um indivíduo ou de uma companhia. No entanto, a identidade não determina um caminho preciso; o que ela determina é a direção. Tanto os seres humanos quanto os seres corporativos têm de pesar os riscos e recompensas de cada uma das escolhas que a identidade oferece.

Por exemplo, não faz nenhum sentido uma instituição empresarial procurar caminhos perigosos para a integridade econômica do empreendimento. Da mesma forma, aquilo que constitui a "integridade econômica" pode precisar ser reavaliado tendo-se em conta a identidade. Períodos de retorno de investimento mais longos e taxas de retorno diferentes podem ser necessários, dada a influência administrativa que a identidade exerce no bem-estar em longo prazo de uma organização.

De nada serve olhar, nem que seja de relance, para as possibilidades se lhes virarmos as costas em seguida. Liderança significa permitir que a organização atinja sua auto-atualização, seu potencial inexorável de criação de valor. A noção de que a vida pode ser uma profecia que se cumpre por si mesma é confirmada dentro do contexto da quinta Lei da Identidade. O fato é que estamos todos em posição de moldar nosso próprio destino e o destino das organizações a que servimos.

6 A LEI DO RELACIONAMENTO

As organizações são inerentemente relacionais, mas as relações estabelecidas por elas só terão força se o alinhamento natural entre as identidades das partes também o tiver.

Eu estou vivo, sou único
   e imutável,
      mesmo quando cresço e me desenvolvo.
No entanto, para de fato viver, devo me expressar
   por completo,
      e, ao fazê-lo, terei muito o que proporcionar.
Mas, para tanto, preciso dos outros, e sou mais
   produtivo ao lado daqueles que também
      precisam de mim.
Para estabelecer esses relacionamentos, devo primeiro ser
   reconhecido por aquilo que sou,
      para em seguida receber
         de acordo com aquilo que proporciono.

Antes de sentir-se bem em relação aos outros, você deve sentir-se bem consigo mesmo. Esse fato está no cerne das duas primeiras Leis da Identidade, a Lei do Ser e a Lei da Individualidade, e todas as coisas fluem disso. O "conhece a ti mesmo", de Sócrates, é a condição prévia para se levar uma vida íntegra na qual as coisas se encaixam em seus devidos lugares naturalmente.

Também é verdade que precisamos dos outros para viver. Perceber o potencial de um indivíduo ou de uma empresa — como a Westinghouse, por exemplo — não é algo que se dê no vazio, nem um ato solitário. Exige a participação de outros, especialmente daqueles para quem o dom de criação de valor de que você, ou sua empresa, é dotado tenha um significado especial.

Não é que precisemos dos outros para definirmos a nós mesmos ou para afirmar nosso valor; nós precisamos dos outros para que possamos ser quem somos. Em si, o potencial inerente à minha identidade não conta muito. Porém, minha esposa e meu filho cumprem papéis importantes como "recipientes" da minha identidade — das coisas que sei sobre a vida e o viver, do meu amor permanente pela arte da fotografia e da música. Por outro lado, a honra de ser o recipiente das muitas coisas que emanam de *suas* identidades únicas não basta. Assim é com os amigos que reconhecem meus dons, e cujos dons, em troca, eu aprecio.

Quando as relações são prósperas, é normal que falemos daquela magia indefinível que nos prende como um laço invisível como se fosse uma "química". Mas também culpamos essa mesma química pelas más relações. Acredito que isso a que chamamos de química seja de fato o resultado do alinhamento natural entre as identidades de dois ou mais seres, sejam humanos ou organizações. Uma das dádivas mais importantes desse alinhamento é a ampliação da capacidade pessoal de sermos mais do que somos.

A relação de Mary Kay Ash com os empregados da companhia que ela fundou, a Mary Kay Cosmetics, talvez possa ser melhor avaliada pelo número de Cadillacs cor-de-rosa com os quais ela premiava os vendedores (homens e mulheres) que atingissem ou excedessem as cotas. Esse carro é um importante laço de união entre o executivo e a sua organização. É um laço simbólico entre indivíduos que precisam um do outro. Não se trata de "precisar" no sentido de fraqueza, mas precisar em termos da dependência recíproca que estimula a capacidade vital para desenvolver, fazer e vender cosméticos, produtos nos quais eles realmente acreditavam. É uma necessidade que os representantes de vendas têm de satisfazer para serem produtivos.

Um laço semelhante a esse existe entre os representantes de vendas e os clientes da Mary Kay. Pode-se dizer que existe uma relação íntima entre o vendedor e o cliente, e que toda vez que um cliente usa um produto Mary Kay, a fundadora está presente em espírito. O valor que a Mary Kay Ash criou para os outros vem em grande parte do fato de ela ser mais do que naturalmente é. O mesmo pode ser dito do vendedor da companhia. O mesmo pode ser dito da própria empresa.

Eu conheci Janet, hoje minha esposa, na Universidade de Carnegie-Mellon em 1971. Nós nos casamos na primavera de 1975. A formação de Jan era tradicionalmente empresarial. O pai dela trabalhava para a Westinghouse, e ela se graduou em administração industrial na Carnegie-Mellon. Além disso, a família dela não dava muita importância para a cultura e as artes. No meu caso, era diferente; meus pais eram apaixonados por música clássica e adoravam viajar para o exterior. Da mesma maneira que Jan, atraía-me a idéia de seguir carreira no mundo empresarial, mas eu sabia muito pouco sobre isso porque a formação do meu pai era em pequenos empreendimentos.

Nosso casamento reuniu muitas coisas que constituíram "dádivas" de um para o outro: Jan acabou por me educar para o mundo dos grandes negócios, e eu pude mostrar-lhe o mundo de Beethoven e Mozart em Tanglewood, a casa de verão da Orquestra Sinfônica de Boston. Quanto mais eu proporcionava a ela na forma daquelas coisas que eu conhecia e das quais gostava, mais eu estava sendo verdadeiramente "produtivo". Eu estava criando valor no sentido mais profundo.

À medida que eu entendia a Lei do Relacionamento, mais eu lamentava a morte de meu pai quando eu tinha 25 anos. Um dos resultados da operação no olho com a idade de 4 anos foi ter desenvolvido uma aguda desconfiança em relação a meu pai. Quando eu, cheio de medo, fui anestesiado imaginei, sob o efeito do éter, que o cirurgião que se aproximava de mim era meu pai, que estava querendo me mudar por uma razão que eu não podia entender. Apenas aos 27 anos — dois anos depois de sua morte — pude perceber o que eu tinha feito inconscientemente.

A possibilidade de desenvolvermos uma relação foi abreviada, não apenas por sua morte inesperada, mas também pela terrível fantasia do meu inconsciente. Eu nunca saberei por completo das coisas — boas e más — que fez de nós criaturas do mesmo sangue. Sei que éramos diferentes, mas também que éramos muito parecidos.

Eu não posso dizer que meu pai era o tipo de estrategista em que eu me tornaria, mas sei que ele tinha muito de humanista, a seu próprio modo: era alguém que gostava da terra, da família, dos amigos, de jardins, da natureza e de música. Era um homem de paixões sérias, muitas das quais tínhamos em comum. Nesse sentido nossas identidades estavam totalmente alinhadas. Nós desfrutamos muitos momentos juntos pescando em Stockbridge Bowl, o lago que está situado bem abaixo de Tanglewood. Esses momentos me traziam uma serenidade incomensurável, e eu sentia como se meu pai e eu fôssemos uma só pessoa. Todo o meu medo desaparecia quando eu pescava um robalo, ou quando ele me ajudava a desfazer um nó na linha de pesca.

Infelizmente, a "produtividade" de nossa relação era apenas uma sombra do que poderia ser. As conversas que nunca aconteceram e a alegria que essa relação poderia ter-nos trazido, só serviram para cristalizar em mim um dos aspectos centrais da Lei do Relacionamento: que as pessoas precisam, acima de tudo, daqueles que também precisam delas. Com as organizações não é diferente.

DA CRIAÇÃO DE VALOR PARA O CÍRCULO DE VALOR

A Lei do Relacionamento nos proporciona um modelo que ilustra como essa equação humana fundamental funciona para as instituições empresariais. O modelo, que eu chamo de *círculo de valor*, faz a criação de valor passar pelos olhos de todos os investidores, revelando, em particular, a relação inviolável de causa e efeito entre empregados, clientes e investidores.

O círculo de valor contém verdades enganosamente simples sobre as interações entre os investidores. Uma dessas verdades é que as empresas não têm uma *coleção* de investidores; têm, sim, um *sistema* de investidores — há uma ordem natural para todos eles (Quadro 2). Esse "sistema" leva em consideração a interdependência econômica que governa a relação entre empregados, clientes e investidores. Pode ser definido da seguinte maneira:

QUADRO 2

*Afetam todos os membros dessa relação

- Tudo começa com os funcionários. Os *funcionários criam valor* por meio de suas idéias e inovações, de seus talentos, de suas experiências e habilidades, e através dos produtos e serviços constroem, comercializam e vendem algo que é (ou deveria ser) uma procuração para as identidades de suas organizações.

- *Os clientes compram valor* na medida em que gostam das ofertas — quer dizer, do valor — que têm diante de si. Estão em jogo as vendas, os rendimentos e os lucros.

- Em troca disso, os *investidores financiam valor*. Se eles "aprovam" os lucros que fluem do valor "comprado" pelos clientes, os investidores recolocam capital na organização. Esse ato completa o círculo de valor, cujo movimento circular se perpetua até o infinito.

No entanto, existe muito mais coisas nessas relações do que uma simples interdependência econômica. A crença que explica como as leis da identidade moldam nossa vida afirma que *"a maioria de nós precisa daqueles que também precisam de nós"*. Dessa forma, os funcionários precisam dos clientes para afirmar seus valores enquanto empresa — eles são a própria equipe de que fazem parte. É tanto uma questão de orgulho e de propósito quanto de salário. Os clientes precisam dos empregados para ter uma vida melhor, graças a melhores produtos e serviços. Os investidores precisam dos empregados, porque os empregados representam uma fonte de crescimento e lucros contínuos.

É esse modelo de criação de valor que faltou no discurso dos altos executivos da Westinghouse em 1987. Como resultado, o discurso prenunciou o fim, não o começo, de uma grande companhia. Nunca me esquecerei do olhar dos meus contatos diários diante da aproximação da derrota nas conversas sobre o fim da grandeza — a grandeza que só pode ser alcançada ao se obedecer a lógica do círculo de valor. Conforme um gerente da Westinghouse me disse certa vez, ser grande significa investir, acima de tudo, na relação entre funcionários e clientes.

— Se fizermos o certo — ponderou —, a grandeza que estamos procurando será produzida.

Outra verdade contida na Lei do Relacionamento, e revelada pelo círculo de valores, é que nenhum grupo depositário é mais importante do que outro. Pode estar na moda falar da primazia dos investidores, mas agir de acordo com isso é precipitado. Fazê-lo, normalmente significa aumentar ao máximo os lucros de curto prazo, o que pode subtrair da companhia um capital de crescimento vital. Vender o futuro em troca do presente significa deixar de investir em identidade e, em última instância, enfraquecer o empreendimento. Em última análise, os investidores estarão mais bem servidos como *beneficiários* do valor criado por meio da ação conjunta de funcionários e consumidores.

O maior desafio para a administração é ampliar ao máximo a produtividade do círculo, mantendo equilibrados os lucros de todos os principais depositários. Funcionários inteligentes precisam apreciar o papel crítico que cumprem e conscientemente investir nisso. Ambos têm de reconhecer sua relação particular com os clientes. A Westinghouse não jogava de acordo com essas regras e, por causa disso, foi derrotada. A Upjohn errou em relação aos funcionários, inclinando-se para as prioridades sociais, e foi incapaz de se manter como um negócio independente.

O círculo de valor não apenas ordena as relações entre os empregados, clientes e investidores, como também organiza outros constituintes em torno do processo de *criação* de valor. Por exemplo, os fornecedores ficam em melhor posição ao lado dos empregados, porque os fornecedores produzem um efeito direto sobre a criação de valor por causa das peças, equipamentos e condições de crédito fornecidos por eles. O mesmo vale para os sindicatos e para os membros do governo, pois tanto um como outro influenciam a capacidade das empresas de criar valor — os sindicatos, por meio de seus efeitos sobre os salários, benefícios, etc., e os membros do governo, por meio de regulamentos e legislação.

Nesse mesmo sentido, torna-se fácil ver como segmentar os clientes e investidores em seus componentes leva a uma avaliação mais profunda do papel que cada um desses segmentos cumpre no processo de criação de valor. Eu acredito que seja bastante estimulante trabalhar com administradores quando eles desenvolvem estratégias e táticas para moldar essas relações em prol de suas empresas.

Não foi muito tempo depois de meus compromissos com a Westinghouse que eu me dei conta de que o que proporcionava energia ao círculo de valor — o que lhe dava vitalidade — era colocar a identidade de uma companhia corretamente em seu centro. O círculo de valor é o instrumento adequado para o planejamento e a implementação. Mas assumia um significado maior para os clientes uma vez que eles se viam dentro desse círculo. O talento que a Alcoa tinha para a transformação, a paixão da AIS pela ciência da indústria, a necessidade da Korn/Ferry de construir um capital de liderança — esses eram os centros de gravidade que faziam o círculo de valor voltar à vida.

Com a identidade como centro, o círculo de valor nos leva a uma questão crucial: *Quem tem de entender a identidade da companhia? Quem tem de saber o que dirige o ser corporativo?* A resposta não é óbvia; não é em primeiro lugar, e sobretudo, o cliente. É, em vez disso, os funcionários, porque eles constituem o tecido físico, mental e emocional da identidade. Eles têm de saber quem eles são coletivamente — o que eles "acrescentam" enquanto empreendimento, para, em seguida, viverem de acordo com isso.

O próximo grupo entre os mais importantes são os fornecedores e outros (como sindicatos), pois produzem um efeito direto no processo de criação de valor. Por quê? Porque suas próprias identidades corporativas, representadas pelos produtos, serviços e políticas, contribuem para o fortalecimento da identidade das empresas com que negociam. Como expresso por meio de sua identidade, as características únicas da Delphi, por exemplo, um dos líderes mundiais de fornecimento de produtos automotivos, produzem um impacto significativo na capacidade que a Ford tem de criar valor na forma de carros e caminhões.

O mesmo pode ser dito da forte identidade institucional da United Auto Workers e sua influência na criação de valor na Ford e em outros fabricantes de automóveis e caminhões.

Um outro público que tem de entender a identidade de uma organização são seus investidores. Investidores, particularmente acionistas, administradores de finanças e analistas de investimento precisam saber o que, ou em quem, estão investindo de fato, e quais são as implicações empresariais e econômicas desse investimento. Em meu trabalho com a Upjohn, por exemplo, pude ver que o aumento de rendimentos em milhões de dólares — que resultou de "formulações de conceito" como a síndrome do pânico — lembrava o potencial econômico que havia na necessidade de a companhia restabelecer e manter a integridade da vida humana. De forma parecida, os esforços frustrados da Alcoa para diversificar a ciência de materiais eram bastante promissores no sentido de liberar sua capacidade de transformação como se fosse uma máquina para o crescimento.

A situação com os clientes é outra. De acordo com a minha experiência, clientes precisam, acima de tudo, ver a comprovação da identidade em todos os aspectos da relação deles com uma empresa. Essa comprovação se dá de muitas formas: nos produtos e serviços que eles compram, nas políticas de benefícios e garantias que medem o crédito da empresa em relação àquilo que ela proporciona e em relação a si mesma, e no fato de os clientes se sentirem como membros do grupo ao negociarem com a empresa. Para os clientes, *experimentar* a identidade de uma empresa é mais importante do que articulá-la.

A Lei do Relacionamento **155**

A principal tarefa ao se trabalhar dentro do círculo de valor é ajudar as companhias a construir uma *relação vantajosa* com todos aqueles com quem ela se relaciona, de forma a regular seus diversos interesses por meio da identidade. A Lei do Relacionamento tem a capacidade de completar essa tarefa: *As organizações são inerentemente relacionais, mas as relações estabelecidas por elas só terão força se o alinhamento natural entre as identidades das partes também o tiver.* "As partes" ou "participantes" nesse exemplo são todos os elementos com os quais a empresa se relaciona (clientes, fornecedores, investidores, administradores, etc.); são eles que determinam a capacidade do ser incorporado de prosperar.

O resultado de operar dentro do contexto do círculo de valor é elevar ao máximo o número de pessoas que "trabalham para" a companhia — o que significa fazer com que mais clientes comprem mais produtos e, em contrapartida, liberem mais renda; fazer com que os fornecedores concordem com melhores condições de crédito, tendo em vista um melhor fluxo de caixa; fazer com que os empregados inovem em relação à identidade constantemente, descobrindo novos modos para aprofundar as raízes de uma diferenciação competitiva; fazer com que os investidores mantenham seu dinheiro na companhia por muito tempo, diminuindo a reviravolta na carteira de títulos, proporcionando maior flexibilidade financeira; e fazer com que as comunidades, por assim dizer, emitam uma "licença de funcionamento" para a empresa. Construir uma relação vantajosa por meio do círculo de valor torna uma companhia mais eficiente em grande escala.

Quando se trata de relações, poucas empresas mantêm vínculos capitais com seus clientes e com a sociedade em geral. A Companhia de Eletricidade e Gás do Estado de Nova York (NYSEG) tornou-se minha cliente no outono de 1995. Nos dois anos em que trabalhei com a NYSEG, passei a entender, mais claramente do que nunca, a forma pela qual a Lei do Relacionamento determina o sucesso ou o fracasso. De muitas formas, a história da NYSEG é a história de como uma concessionária de serviços públicos resistiu à tradição e passou a estabelecer relações baseadas na criação de valor, em vez de ter como base a produção de energia.

COMPANHIA DE ELETRICIDADE E GÁS DO ESTADO DE NOVA YORK
Em Kirkwood

A sala de reuniões na unidade de Kirkwood, em Binghamton, Nova York, sede da NYSEG, era muito simples e sem decoração. Não tinha quadros nas paredes, nada que pudesse distrair os que ali estivessem: apenas uma tela no fundo e uma mesa comprida, de aproximadamente sete por dois metros, que se tornavam, ao mesmo tempo, um campo de batalha e um campo de sonhos.

À mesa se sentavam os membros do comitê operacional da NYSEG e alguns executivos de alto escalão: do departamento jurídico, de marketing, de comunicações e recursos humanos: umas quinze pessoas no total. A pauta da reunião já havia sido programada. Eu estava apresentando, em forma de resumo, minhas descobertas e conclusões sobre como a companhia deveria se posicionar diante de uma competição de mercado sem regras. Cópias do relatório tinham sido distribuídas com antecedência ao grupo, de forma que os presentes tivessem tempo para analisar o conteúdo e tomar parte mais efetivamente da discussão.

O ponto central de minha apresentação desenvolvia o pensamento de que a NYSEG não era simplesmente um negócio de energia; a companhia tinha uma relação rica e complexa com os clientes e essa relação estava destinada a se tornar mais rica e mais complexa ainda.

Antes da reunião, fui preparado por Rita Saunders, gerente de comunicações empresariais, para estimular o grupo a fazer perguntas. Rita quis ter certeza de que a sessão seria "interativa"; queria que as pessoas se abrissem, expressassem suas opiniões. No final, não foi necessário aplicar nenhum estímulo. A julgar pelas reações das pessoas, todo mundo já havia lido o material.

Assim que minha apresentação terminou, a sala veio à vida com uma energia própria. Lentamente a princípio, e com uma calma contida, alguns gerentes deixaram transparecer que, de acordo com eles, aquilo que eu estava descrevendo não tinha nada a ver com "a realidade do mercado". No mundo da competição, explicaram, o negócio de energia diz respeito principalmente a duas coisas: primeiro, ao custo do fornecimento (de eletricidade ou gás natural) e à capacidade que a NYSEG tem para proporcionar aos clientes preços de fornecimento de energia que sejam competitivos; e, segundo, proporcionar um serviço de primeira, que englobe um sistema eficiente de cobrança e a capacidade para restabelecer rapidamente a energia quando houver uma interrupção.

Não havia segredo: as empresas de serviços públicos ansiavam por uma grande mudança. Companhias elétricas regulamentadas, produtores de energia independentes, empresas geradoras de outros serviços e companhias de gás natural, regionais e nacionais, estavam se preparando para a competição. O monopólio dos clientes protegidos estava para se tornar uma coisa do passado.

Todo mundo escutou suas palavras, e muitos diretores acenaram com a cabeça que estavam de acordo. Mas nem todos eles. No silêncio que se seguiu a esses comentários cuidadosamente formulados, um dos maiores executivos da NYSEG adiantou-se e passou a expor um ponto de vista diferente. Ele olhou diretamente para aquele executivo que havia falado com mais eloqüência e disse que o caminho que eu havia proposto para a NYSEG era de fato o único a seguir, acrescentando que, em poucos anos, nem eles nem qualquer outra concessionária de serviços públicos teria muita escolha:

— Será um mundo diferente — disse.

Os executivos ali presentes dividiram-se em dois partidos separados, como limalhas de ferro sendo atraídas para pólos opostos de um ímã. Um dos lados estava disposto a considerar a possibilidade de um mundo novo que refletia minha recomendação. O outro estava bastante certo da manutenção do poder. Havia claramente uma linha separando os dois grupos. Era uma linha ideológica e não simplesmente administrativa. Todos naquela sala, em Kirkwood, queriam a mesma coisa: que a NYSEG fosse bem-sucedida, crescesse e prosperasse em um meio sem regras. Mas o ponto de acordo terminava aí, pelo menos até aquele momento.

Novas Regras

No que diz respeito a serviços públicos, a Companhia de Gás e Eletricidade do Estado de Nova York não é um líder no sentido convencional do termo. Não é a maior empresa do ramo, nem mesmo uma das maiores, no nordeste dos Estados Unidos. Não serve a um mercado urbano de importância como o da cidade de Nova York ou Washington. Não é sequer uma das companhias mais lucrativas do setor energético e nem é conhecida como uma inovadora de tendências na colocação de produtos no mercado, como a Enron ou a Duke Energy. No entanto, em virtude de sua identidade, a NYSEG, a seu próprio modo, mostraria ser uma empresa de ponta.

Por baixo do calmo e conservador lado externo dessa empresa de serviços públicos aparentemente velha, havia centenas, se não milhares, de pessoas que se preocupavam profundamente com o negócio ao qual pertenciam. Por exemplo, os instaladores de linhas se mostravam preocupados diante da possibilidade de se reduzir a instalação gratuita de linhas elétricas residenciais novas em centenas de metros ou mais. Eles queriam saber como alguns clientes pagariam pela diferença, visto não disporem de muitos recursos.

Os gerentes do atendimento ao cliente e outros funcionários lidavam rotineiramente com todo tipo de problema — desde clientes que queriam que a NYSEG "perdoasse" os pagamentos atrasados até aqueles que estavam à espera de sistemas de administração de energia mais modernos para suas casas ou escritórios. Alguns dos engenheiros com os quais falei, logo ressaltaram a qualidade de "confiança pública" nos seus negócios e o atendimento 24 horas por dia planejado para garantir que não houvesse nenhuma interrupção no serviço. Quanto mais a fundo eu ia nos assuntos da organização, mais eu me deparava com uma força de trabalho profissional, às vezes até mesmo apaixonada — o cerne da identidade da NYSEG.

Minha tarefa era ajudar a administração da NYSEG a desenvolver uma estratégia própria que se tornasse decisiva para as novas políticas de venda da companhia, uma plataforma para impulsionar a empresa em termos competitivos em sua atuação no território centro-sul do Estado de Nova York e outros.

Como declarado em documentos públicos, a NYSEG precisava "administrar uma transição lucrativa para um ambiente baseado no mercado... ter sucesso nos negócios do futuro relativos à energia...". A NYSEG teria então de competir para sobreviver. Não importa como tivesse sido estabelecida, essa companhia de 140 anos de idade teria de definir e estabelecer novas relações com um número muito grande de usuários.

Para desenvolver a estratégia de marca que tinha sido pedida, precisei passar por um processo analítico padrão, que incluía uma série de entrevistas com clientes da indústria e do comércio estrategicamente importantes — companhias como a Corning e a IBM, sem as quais a NYSEG não poderia sobreviver. As pessoas que falavam em nome dessas organizações comemoraram a possibilidade de "escolha"; por trás dessa falta de regras, eles poderiam escolher a companhia da qual comprar a eletricidade ou o gás natural. A idéia de taxas de energia mais baixas era tentadora.

A mesma situação existia para todos os consumidores espalhados pelo país, mas era especialmente atrativo para os clientes da NYSEG porque os preços da energia elétrica praticados por ela estavam entre os mais altos da nação. A companhia estava sobrecarregada por causa dos "custos encalhados" — custos relativos a instalações nucleares em desuso — o que interferia no preço da eletricidade. Essa preocupação também cobrava uma das taxas mais altas nos Estados Unidos.

No decorrer de minhas entrevistas, entendi que apesar da demanda reprimida por taxas mais baixas, os clientes queriam mais. Uma vez que os clientes haviam desabafado suas frustrações em cima do preço, passaram a falar sobre outras coisas: que a NYSEG deveria comunicar-se mais freqüentemente com eles, que procurasse conhecê-los melhor, para deixá-los saber "qual seria a novidade" e adaptar programas para satisfazer-lhes as necessidades individuais. Apesar de se dar tanta atenção para as tarifas de eletricidade, muita atenção era dada também para o lado humano dessas relações (mesmo que não se fizesse tanto alarde disso). Eu não pude ajudar, mas imaginava se uma relação melhor — mais interação, mais atenção às necessidades dos clientes, mais contato face a face, uma nova visão de como energia e administração de energia poderiam ajudar a resolver problemas — poderia aliviar algumas das frustrações que cercavam o custo do próprio produto.

A outra base de clientes da NYSEG, que consistia de clientes residenciais, era a principal fonte de receita da companhia. Em relação a eles, a história era outra.

Eu percebi que os clientes residenciais da NYSEG estavam muito mal-informados sobre a desregulamentação. Eles eram bastante céticos também. A experiência que tiveram com as companhias de telefone, desde a desregulamentação ocorrida em meados da década de 1980, tinha criado uma certa confusão e ceticismo quanto aos supostos benefícios da competição. Alguns consumidores falavam de "ilusões ou falsas opções" e que a mudança não produziria os resultados prometidos. Assim como suas contrapartes industriais e comerciais, porém, eles estavam mais do que prontos para aceitar fornecedores de energia alternativos que oferecessem preços mais baixos. Escutando com mais atenção, eu sentia que os consumidores levavam a NYSEG verdadeiramente em consideração; a companhia tinha-se mostrado de fato capaz de restabelecer a energia com rapidez depois de uma interrupção e tinha contribuído muito para a comunidade ao longo de um século. Ao mesmo tempo, os clientes se queixavam de terem seus destinos nas mãos de "um monopólio careiro".

Era uma época de ironias inéditas na NYSEG, como era, creio eu, para várias concessionárias de serviços públicos no âmbito da competição de mercado aberto. À medida que os clientes começavam a ter um novo sentido de liberdade e poder de ação, muitos administradores passavam a falar de "conquistar" a relação com o cliente. Esses administradores se referiam às diferentes maneiras pelas quais a NYSEG poderia criar valor para seus clientes depois da desregulamentação: desde vender-lhes combustível até fornecer-lhes um serviço de confiança, proporcionando a eles uma gama bastante ampla de produtos de energia de valor agregado e serviços para o escritório, fábrica ou a casa.

Eu percebi que a relação da NYSEG com seus clientes estava sendo orientada por regras novas. Certamente o preço ia ser um componente material dessas regras, mas apenas o preço não seria o bastante. Para atingir (para não dizer "conquistar") o cliente, a NYSEG teria de aprender a se sentir à vontade em um território que lhe era bastante estranho. Era o território das relações verdadeiras, um panorama bastante amplo no qual o valor era definido pelo terreno emocional e também pelo terreno físico e intelectual.

A Descoberta do Significado da NYSEG

A experiência que eu tinha em desvendar o segredo das identidades me ensinou que a única coisa em que a pessoa pode confiar com segurança é a surpresa. É impossível saber o que se descobrirá no final. A conseqüência disso é que se pensamos que temos a resposta de antemão, é porque provavelmente estamos errados.

A possibilidade de ajudar a NYSEG a se posicionar de acordo com sua identidade estava me intrigando em especial. A NYSEG era uma empresa que fazia parte de uma indústria cujas raízes penetravam profundamente no tecido da sociedade. Era, como suas irmãs dos serviços públicos, um negócio de infra-estrutura que tornava viável o progresso social e econômico. A pergunta retórica "Onde você estaria sem nós?" era, eu pensei, uma perfeita expressão da importância que essa indústria tinha para a coletividade.

Assim que eu comecei a análise da identidade, a noção de que a NYSEG era apenas uma empresa regional de gás e eletricidade parecia simplista demais, muito conveniente. Em termos de como a NYSEG criava valor, havia mais nesse empreendimento do que a vista alcançava — mais do que as enormes instalações de energia, que os quilômetros de linhas de transmissão e distribuição e a frota de serviço. A necessidade imediata com a qual me deparei era a de cortar os densos arbustos que obscureciam o verdadeiro valor que eu sabia existir sob a superfície dessa companhia. Era uma selva de suposições sobre preço, entrega e serviço que são o *sine qua non* da diferenciação.

Apesar de sua óbvia importância, eu sentia que nenhum desses fatores tinha qualquer relação com a identidade fundamental da NYSEG. Aceitá-los dessa maneira seria o mesmo que ignorar uma parte essencial da sexta Lei da Identidade: *As relações estabelecidas só terão força se o alinhamento natural entre as identidades das partes também o tiver*. Nada é tão importante quanto isso — nem mesmo um preço competitivo, uma entrega segura e no prazo, um serviço de confiança.

Eu percebi que o único modo para entender o processo de criação de valor na NYSEG era verificar que tipo de contribuição em especial a companhia proporcionava para a vida e os negócios de seus clientes. De certo modo, eu sentia que precisava voltar atrás no tempo para ver que espécie de impacto a energia tinha causado nas últimas décadas. Uma série de perguntas de fundamental importância me ocorreram: Quais exatamente eram os benefícios desse "milagre" chamado eletricidade e de outros combustíveis, como o gás natural? Que valor tinha estado oculto com o passar do tempo sob o peso da regulamentação e do rótulo de produto de consumo? Que oportunidades existiam para revitalizar as relações com os clientes uma vez revelado esse valor? Essas eram as perguntas às quais eu precisava responder.

Eu me dediquei a desconstruir a criação de valor da companhia gradualmente. No curso de minhas entrevistas, eu fiz aos executivos, empregados e clientes perguntas simples sobre o papel da energia na vida das pessoas, quais eram os benefícios inerentes à energia e o que a NYSEG faria para que esses benefícios pudessem aparecer. As peças começavam a se juntar lentamente. Eles me contaram, ao longo dessas entrevistas, uma história que parecia uma grande promessa para melhorar — e até mesmo para ajudar a NYSEG eventualmente a "conquistar" — as relações com os clientes.

Em um nível mais básico, a relação da NYSEG com seus clientes se apoiava em como a companhia ajudava as pessoas a viver e as empresas a funcionar. Era uma relação — ou, mais precisamente, um laço — que praticamente transformava a pergunta retórica "Onde você estaria sem nós?" em uma canção. Uma conclusão que logo surgiu nos grupos que se concentravam nos clientes residenciais era que a saúde das pessoas, a possibilidade de se alimentarem de comida preparada com segurança, de viajar, de se entreter e se divertir, tudo isso estava relacionado aos produtos e serviços fornecidos pela NYSEG. Não demorou muito para que mencionassem os benefícios empresariais de se desenvolver uma relação mais profunda com os clientes. Os "benefícios" não eram custos operacionais mais baixos, porém; eram produtividade, segurança, competitividade e crescimento — tudo o que, acreditei, tinha sido aceito como fato tanto por gerentes quanto por clientes.

Embora os benefícios de fazer negócios com a NYSEG estivessem então claros para mim, o processo de criação de valor — a relação entre a companhia e seus clientes — ainda não estava. Trabalhando contra a corrente, indo dos benefícios até a organização, eu comecei a ver o que a NYSEG fazia de fato para os clientes. Basicamente, a organização permitiu que as pessoas mudassem a infra-estrutura de suas vidas. Por meio da NYSEG, por exemplo, as pessoas determinavam a temperatura de suas casas e escritórios. Elas podiam ver apesar da escuridão, ouvir na ausência física de outras pessoas (pelo rádio), conservar e preparar a comida e se locomoverem por meio do transporte público.

Eu percebi que a "dádiva" da NYSEG a seus clientes era o fato de eles poderem controlar os elementos básicos: o ar, a luz, o som, a comida e o movimento. As facetas do processo de criação de valor da NYSEG estavam se encaixando rapidamente. Havia muito mais em jogo do que uma energia barata e uma boa prestação de serviços.

A noção de que a companhia era estritamente um negócio comercial ia se tornando absurda para mim à medida que a verdadeira natureza das relações da NYSEG com seus clientes ficava clara.

Ao trabalhar com a NYSEG com o objetivo de promover uma passagem segura para o "outro lado" da regulamentação, percebi que o tempo tinha sido o inimigo e o aliado dessa empresa. Com o passar do tempo, a confiança que o público tinha nela e em outras concessionárias havia produzido camadas de regulamentação que só serviram para reforçar a idéia do público de que a companhia era simplesmente um "monopólio produtor de energia". A essência do valor da organização havia se perdido nesse processo.

Ao mesmo tempo, avanços tecnológicos extraordinários tinham mudado a maneira de as pessoas trabalharem e viverem. Todos esses avanços, e os benefícios humanos que eles renderam, deveram-se aos serviços de utilidade pública que forneciam o combustível que tornava tudo isso possível. Ao estabelecer essa relação, finalmente entendi que era a identidade que levava essa organização adiante.

A NYSEG se diferenciava das demais empresas do ramo pela necessidade pungente que tinha de ajudar as pessoas a moldarem seus ambientes com a energia — espaços inicialmente grosseiros que, uma vez convertidos, passamos a conhecer como casas, escritórios e fábricas. Dessa forma, o empreendimento melhorava a eficiência e a qualidade de negócios e vidas. O círculo da criação de valor estava completo. A NYSEG deu aos clientes o controle sobre os ambientes, o que resultou em uma série de benefícios pessoais e empresariais: *calor, luz, som e uma maneira mais eficiente de preparar o alimento; produtividade, competitividade e crescimento* (Quadro 3).

A paixão da NYSEG pela modificação de ambientes com o uso da energia fluía profundamente dentro da organização. Os gerentes de geração elétrica e engenheiros de produção com quem eu falei eram obcecados em relação ao abastecimento de energia. Executivos da área de distribuição falavam sobre um fornecimento ininterrupto e como realizar um serviço

164 Identidade é Destino

QUADRO 3

	Proporciona aos clientes controle sobre os elementos básicos:	Afeta:	E os capacita para:	
A NYSEG ajuda a moldar o ambiente com a energia	Ar	→ Clima / Conforto / Temperatura	*Condução dos negócios*	*Vida*
	Luz	→ Possibilidade de enxergar	• Produção	• Saúde
	Som	→ Capacidade para ouvir	• Segurança	• Alimentação
	Comida	→ Conservação / Preparo	• Competitividade	• Viagens
	Movimento	→ Locomoção / Transporte	• Desenvolvimento	• Diversão

melhor e mais preciso. Os gerentes que trabalhavam nas empresas de distribuição de energia nesse período de desregulamentação falavam com cautela sobre suas conversas com os clientes e sobre a tecnologia da "casa inteligente" que permitiria às pessoas controlarem melhor o clima e outros aspectos ambientais de suas casas.

Eu percebi que foi necessário um grande empenho por parte dessas operações para moldar os ambientes com o uso da energia. Eu também percebi que a identidade daquela instituição criava a base para moldar novas relações com os clientes.

Logo depois de eu ter esclarecido qual era a identidade da NYSEG e revelar o resultado ao comitê operacional, a companhia designou um novo diretor-geral, Wesley von Schack, ex-diretor da Duquesne Light em Pittsburgh. Com o passar dos anos, eu descobri que novos executivos muitas vezes deixam suas marcas na empresa quando adotam uma nova visão ou uma nova missão. Era uma conseqüência que eu naquele momento temia — mas foi algo que nunca se concretizou. Pouco depois de assumir o cargo, Wes von Schack adotou a seguinte articulação para a identidade da NYSEG como lema da companhia: *"Ajudar empresas e pessoas a moldarem os ambientes em que vivem ou trabalham com o uso da energia para melhorar a eficiência e a qualidade de suas vidas e de seus negócios."* Como a NYSEG poderia competir e crescer em virtude desse lema era algo que me ocupava bastante o pensamento. A resposta não estava longe de ser descoberta: era a implementação.

Reformulação do Relacionamento — O Processo Tem Início

Diante da desregulamentação, uma das maiores prioridades da NYSEG era o seu relacionamento com os clientes, apesar de a companhia ter outras relações com que se preocupar, todas igualmente responsáveis pelo sucesso da empresa. Eu sabia que o meu cliente precisava — para manter todos os relacionamentos dos quais dependia — construir um terreno no qual todos aqueles com quem ele se relacionava tivessem um lugar de direito, um terreno bastante claro para os encarregados dessas relações na NYSEG.

O fato de Wes von Schack ter tornado a identidade o sonho da NYSEG proporcionou muitas oportunidades de reforma para as relações. O círculo de valor era exatamente o que a NYSEG precisava para tirar proveito dessas oportunidades. O círculo deu à NYSEG disciplina — uma disciplina envolvente para pensar, agir e transformar aquele sonho em realidade.

Rita Saunders, meu contato diário na NYSEG, era uma pessoa perspicaz, de grande capacidade e visão. Embora fosse gerente de comunicações empresariais, ela via o mundo, particularmente o mundo da NYSEG, de uma perspectiva multifacetada. Rita havia nascido com uma paixão pela "marca", o que permitiu que ela entendesse o círculo de valor de imediato e que agisse efetivamente de acordo com a lógica desse círculo.

Rita e eu começamos a elaborar planos e procedimentos para a implementação de uma empresa mais abrangente. Uma das primeiras coisas que tivemos de fazer foi mudar as mensagens que a organização estava enviando, e o fazíamos para reforçar a imagem da empresa. Isso era, no caso de cada relacionamento da companhia, uma chamada para a ação e uma declaração de como a NYSEG pretendia interagir com cada um dos grupos com que se relacionava. O desenvolvimento dessas mensagens representou um primeiro passo no sentido de forjar novas relações que beneficiariam todo mundo envolvido. Eis uma avaliação do problema que prescrevemos para os principais grupos:

Aos funcionários:
A NYSEG não está apenas no negócio de fornecimento de energia e na prestação de um serviço de qualidade. (...) Estamos — e sempre estivemos — no negócio de ajudar os clientes a moldarem seus ambientes com o uso da energia, de modo a melhorar a eficiência e a qualidade de seu negócio e de sua vida. O papel de vocês, a partir de agora, é desenvolver novos meios para isso.

Aos clientes:
A tarefa da NYSEG é melhorar cada vez mais a eficiência e a qualidade profissional e pessoal de seus clientes, buscando novos meios para auxiliá-los a moldarem seus ambientes com o uso da energia. (...) Para nossos clientes comerciais, nós nos concentraremos em impulsionar sua produtividade e competitividade, almejando aumentar a segurança de seu local de trabalho, e contribuir dessa maneira para o seu crescimento. Para nossos clientes residenciais, pessoas e famílias, usaremos os meios de que dispomos com o objetivo de contribuir para a saúde deles, facilitar e tornar mais confiável seus meios de transporte e de lazer.

Aos investidores:
Ao voltar sua estratégia para o crescimento, a NYSEG definiu as empresas e os lares de seus clientes como "ambientes energéticos distintos", cada um com suas próprias características e necessidades, as quais a NYSEG pretende identificar e das quais pretende tratar. O nosso objetivo, ao satisfazer essas necessidades, é fazer com que o nome da empresa seja identificado com uma fundação para o aumento da rentabilidade.

Tomadas em conjunto, essas mensagens constituíram a base para forjar um novo contrato com os principais relacionamentos da NYSEG. Essas mensagens assinalavam as intenções da companhia, os novos compromissos de ambos os lados da equação de relacionamento e a esperança de um verdadeiro alinhamento entre a empresa e os elementos com que se relacionava.

O desenvolvimento e disseminação dessas mensagens constituíam o cenário para a implementação de mudanças que envolviam gerentes e funcionários por toda a companhia. Uma das estratégias mais empolgantes que elaboramos dizia respeito a unir os funcionários de cada unidade empresarial aos elementos com os quais tivessem uma relação direta e diária. A intenção era orientar os funcionários como canais para o mercado de forma que eles delicadamente forjassem uma relação mais íntima entre a NYSEG e seus relacionamentos.

Rita e eu passamos em todas as unidades da empresa, identificando com quais dos elementos dispostos em volta do círculo de valor os executivos e os empregados mantinham uma relação comercial básica. Procuramos descobrir quem eram os principais responsáveis por essas relações na época, e então determinamos quem *deveria* estar envolvido, proporcionar sua experiência e conhecimento e quais seriam as suas atividades diárias. Isso deu origem a uma matriz que ilustrava como a NYSEG deveria interagir de maneira ideal com aqueles com quem se relacionava. Era um guia para colocar em funcionamento o processo de criação de valor de dentro para fora (Quadro 4).

O verdadeiro objetivo da implementação era o treinamento de cada um dos grupos de funcionários. Aqueles que estavam sendo treinados representariam o papel de embaixador da companhia; a eles era explicado por que tinham sido escolhidos e como esse papel representaria uma expansão no escopo e na importância de seu trabalho. Também fazia parte do plano instruir os funcionários, por exemplo, sobre o que deveriam dizer para os clientes com os quais lidavam, para os funcionários da comunidade e do governo, fornecedores e investidores.

Como em toda implementação, encontramos uma certa resistência. Deparamos com o ceticismo de vários gerentes para os quais essa abordagem era estranha e que não conseguiam entender a razão para o envolvimento tão amplo de funcionários. Ao longo das conversas que tive com alguns executivos, tratamos dos investimentos anuais da companhia em folha de pagamento. Expliquei-lhes que o retorno desse investimento precisava ser avaliado e que a melhor maneira de fazê-lo seria em termos do valor da relação que a empresa estabelecia com seus aliados. Talvez não tenha havido um acordo total, mas nós pelo menos conseguimos fazer com que os executivos mais importantes da empresa considerassem a proposta para que o processo tivesse continuidade.

A Lei do Relacionamento ressalta as conexões que não estavam visíveis até o momento entre as partes da organização, suas linhas de negócio, locais, funções, e até mesmo produtos e serviços. Quando essas conexões

QUADRO 4

NYSEG — "Moldar ambientes por meio da energia"

	Canais primários	Funcionários	Sindicatos	Fornecedores	Comunidades	Governo	Reguladores	Clientes	Investidores	Meios de comunicação
Executivo	Presidente									
	Vice-presidente executivo									
	Diretor de finanças / Organização de finanças									
	Chefes de linhas comerciais									
	Vice-presidentes									
Corporativo	Comunicações empresariais									
	Planejamento empresarial / taxas									
	Planejamento de recursos elétricos									
	Questões governamentais									
	Recursos humanos									
	Presidentes sindicais									
	Compras									
	Serviços aos acionistas									
Linhas de negócio — Distribuição	Central telefônica									
	Questões dos clientes									
	Gerentes de serviços ao consumidor									
	Desenvolvimento econômico									
	Serviços de energia									
	Engenharia / Gerentes de O&C									
	Funcionários de campo									
	Supervisor sindical									
	Gerentes / Supervisores									
	Marketing e vendas									
Geração de energia (Genco)	Gerentes / Supervisores									
	Comércio e mercado de energia									
	Gerentes de fábrica									
Gás	Comércio de energia									
	Gerentes / Supervisores									
Externos	Equipe consultiva de clientes									

são articuladas, o valor do todo é finalmente reconhecido como sendo maior do que a soma das partes. No caso da NYSEG, a conexão natural entre todas as unidades comerciais foi colocada em primeiro plano graças às lentes da identidade; o papel que cada indivíduo representou na divulgação da promessa de moldar os ambientes por meio da energia estava claro.

Os serviços ao consumidor e o fornecimento de energia eram uma unidade de serviço única. Para o público, era a parte mais visível da NYSEG e, dessa forma, a face e a voz principais da companhia. Como tal, o papel que nós designamos para ela era demonstrar o compromisso da NYSEG em ajudar as pessoas a moldarem seus ambientes com o uso da energia por meio de suas interações com o consumidor.

Uma outra unidade comercial era a Geração de Energia, informalmente conhecida como "Genco" (concessionária). Alguns gerentes da Genco argumentavam que moldar os ambientes com o uso da energia era apenas algo que acontecia "do lado de lá do medidor", que ocorria *dentro* da casa, do escritório ou da fábrica. Portanto, a geração de energia não tinha lugar na implementação do plano, ou a visão da companhia estava equivocada.

Eu via a situação de maneira diferente. A meus olhos, geração ou "suprimento" era um aspecto central do plano de moldar os ambientes com o uso da energia. Apesar de tudo, se não houvesse fornecimento de energia não haveria controle sobre elementos básicos como ar, luz e som. Dessa forma, a geração estava no cerne da identidade da NYSEG. O papel específico dessa unidade comercial abrangia a redução do custo da eletricidade como parte da oferta da NYSEG. No esquema mais amplo das coisas, a tarefa da Genco não era simplesmente a redução de custos para o bem da competição empresarial, mas reduzir custos para ajudar mais as pessoas a moldarem seus ambientes.

A Afinação da "Orquestra"

A explicação desses papéis ajudou todos a entender onde se encaixavam no quadro geral. Mas isso teve também um outro impacto sobre a NYSEG — um impacto que ressoava no cerne da liderança para todas as organizações. Esclarecer o papel das unidades comerciais à luz da identidade revela administradores que são resistentes a mudanças, resistentes em agir no melhor interesse da organização como um todo, em vez de simplesmente no interesse do balanço de lucros e perdas de suas unidades.

Em quase todas as organizações com as quais eu trabalhei, deparei-me com uma ambigüidade subjacente, quando não com um franco desacordo, sobre em que ramo de negócios a companhia realmente estava, ou sobre a relevância da visão ou missão para certas unidades operacionais e seus gerentes. Tal ambigüidade, a qual é muitas vezes ativamente cultivada por alguns poucos gerentes, promove conflitos crônicos. Por outro lado, esses conflitos cumprem um determinado papel na produtividade ao questionar o trabalho de equipe. Isso revela aquelas pessoas que não concordam com a articulação da identidade, que não gostam de ouvir os outros, ou que simplesmente querem ficar em paz para fazerem as coisas da maneira que quiserem.

Testemunhei debates ferozes a respeito da identidade que faziam o *status quo* estremecer. Ironicamente, mesmo em empresas que estão na iminência de promover grandes mudanças, onde nada é sagrado, as prioridades por trás desses "debates" são quase sempre as mesmas: *não mudar*. Ou então, o tema desses debates é a firmeza diante das definições existentes sobre o negócio em que a companhia está (por exemplo, a NYSEG está no ramo de energia e ponto final).

A identidade remove o que é ambíguo, pintando um quadro do futuro que demanda uma equipe de trabalho altamente cooperativa; nenhum isolamento é permitido. A administração baseada na identidade almeja a eficiência em grande escala. À luz da identidade, o adágio *"conduza, siga ou saia da frente"* assume um novo sentido.

Depois de seis meses dentro do processo de implementação, Rita conseguiu o apoio de alguns gerentes, os quais demonstraram toda espécie de dúvidas ao longo do caminho. Muitas outras iniciativas tinham vindo à tona. A publicidade estava começando a refletir a visão da NYSEG (a frase "moldar os ambientes com o uso da energia" estava sendo usada como uma máxima em vários casos), que era o conteúdo da literatura de marketing e vendas em todos os três grupos de consumidores: industrial, comercial e residencial. O próprio círculo de valor passou a se tornar uma mensagem tácita que de vez em quando encontrava espaço na rede de comunicação.

À medida que eu assistia ao desenrolar do processo, percebi o que estava se passando: a NYSEG começava a alinhar-se com sua própria identidade.

Se isso continuasse assim, a política de construir novos relacionamentos com seus aliados levaria a empresa, no final das contas, a entrar em sintonia com aquilo que ela de fato era; e foi o que ela fez. O resultado vislumbrado por mim proporcionou um relacionamento vantajoso para a companhia, no qual tantas pessoas quanto possível "trabalharam" para a NYSEG.

O CULTIVO DE RAÍZES INSTITUCIONAIS

Ao longo deste livro, muitas vezes me referi a empresas como instituições. Isso não foi por acaso. A razão de eu ter utilizado esse termo será mais bem compreendida dentro do contexto da sexta Lei de Identidade e, em particular, à luz da NYSEG e de outras concessionárias de serviços públicos. "Instituição" é uma palavra que, em seu sentido original, reconhece o relacionamento que uma organização tem com a sociedade, ou cultura, da qual ela *necessariamente faz parte*. Nenhuma companhia tem outra escolha além dessa. Se a organização é grande ou pequena, haverá um papel para ela cumprir, e um valor para ela criar, que vão além do consumidor imediato.

A relevância institucional é a chancela de muitas empresas líderes cujas relações com outros, reconhecidamente ou não, parecem se encontrar em suas identidades: Johnson & Johnson, Disney, DuPont, Alcoa, Coca-Cola. Todas elas cozeram a si próprias, de maneira inextricável, no tecido de nossa vida, moldando nossas expectativas sobre como nos adaptarmos às necessidades básicas de saúde, diversão, conforto, transporte e alimentação. Todas elas estão cumprindo suas obrigações *institucionais* como parte do processo de criação de valor — um processo que produz riqueza em contrapartida.

Desenvolver raízes institucionais é um rito de passagem para todas as companhias que aspiram à liderança. E isso é uma passagem que muitas vezes chega na forma de uma crise que faz com que a identidade venha à tona. Tomemos como exemplo a Nike, líder mundial em calçados para esportes. A grandeza aparentemente impenetrável de sua marca foi abalada publicamente em 1998 devido a uma crítica feroz sobre as atividades e a política salarial da empresa na Ásia.

Isso produziu uma *obrigação institucional* para o empreendimento. A Nike teve de se religar à sociedade que empregava de forma a atender melhor às demandas *dessa mesma sociedade*. Não havia outro caminho para a companhia; não se quisesse manter sua marca. Os desafios da Nike ilustram ainda outro caminho pelo qual a Lei do Relacionamento governa a vida do negócio. *As organizações são inerentemente relacionais, mas as relações estabelecidas por elas só terão força se o alinhamento natural entre as identidades das partes também o tiver.*

Enquanto instituições, as concessionárias de serviços públicos representam um paradoxo. Elas são profundamente relevantes para uma sociedade saudável e funcional. Apesar disso, muitas concessionárias insistem em fundamentar seus relacionamentos com a sociedade quase que exclusivamente em fatores comerciais, ainda que importantes, como o preço da eletricidade ou do gás e a confiança depositada em seus serviços diante de um corte de energia. Elas perderam de vista o verdadeiro valor que criaram para nós — para os negócios e para a vida pessoal. Elas deixaram de vender as características e benefícios mais importantes daquilo que tinham para oferecer.

Talvez a desregulamentação venha a obrigar as concessionárias a mudarem de imagem — descrever de forma mais humana e direta o que realmente fazem, como se encaixam na sociedade e onde estaríamos sem elas. Se é isso o que conta, então a NYSEG se encontra na dianteira.

Um dos desafios com que nos deparamos ao tentar aderir à Lei do Relacionamento é tentar entender a identidade dos outros — indivíduos ou organizações. Sob circunstâncias reais, podemos fazer isso antes de a relação se formar, ou antes de ela esquentar, pois conhecer de fato a identidade da outra parte é vital para o sucesso de uma relação. Seja por amor ou por dinheiro, as apostas são altas. Alinhar identidades é a maneira mais produtiva de assegurar um relacionamento mutuamente compensador e duradouro.

Como as pessoas podem, particularmente as que estão em posição de liderança, virem a conhecer a identidade de outras organizações? Não se pode simplesmente espreitar a alma de outra empresa para ver o que faz dela aquilo que ela é. Mas é possível descrever um quadro que prenuncia o sucesso ou o fracasso de maneira muito mais satisfatória do que aquela empregada pelos administradores para preverem resultados econômicos. Para se construir um quadro como esse é necessário decodificar a criação de valor de uma companhia, não em termos de ganhos para os acionistas, mas em termos dos benefícios proporcionados ao consumidor e à sociedade em geral. Não existe organização cuja identidade não possa ser discernida pelo método da desconstrução de seu processo de criação de valor.

Administradores que advogam a sexta Lei de Identidade devem procurar entender tudo a respeito dos relacionamentos externos básicos de suas organizações; para isso é necessário que descubram as necessidades mais prementes da outra parte. Isso vale para todos os elementos da relação comercial de uma empresa, particularmente para os consumidores, fornecedores e investidores, sem os quais uma organização simplesmente não pode criar valor.

7 A LEI DO ENTENDIMENTO

O VALOR DOS TALENTOS INDIVIDUAIS DE UMA ORGANIZAÇÃO DEPENDE DO VALOR OBSERVADO NO TODO DESSA MESMA ORGANIZAÇÃO.

Eu estou vivo, sou único
  e imutável,
    mesmo quando cresço e me desenvolvo.
No entanto, para de fato viver, devo me expressar
  por completo,
    e, ao fazê-lo, terei muito o que proporcionar.
Mas, para tanto, preciso dos outros, e sou mais produtivo
  ao lado daqueles que também precisam de mim.
Para estabelecer esses relacionamentos, devo
  primeiro ser reconhecido por aquilo que sou,
    para em seguida receber
      de acordo com aquilo que proporciono.

Um dos temas mais marcantes das Leis de Identidade é que devemos assumir a responsabilidade por nós próprios enquanto indivíduos e enquanto organizações — responsabilidade para construir relações produtivas, perseguir nossos próprios sonhos e aspirações corporativas, para nosso sucesso, ou pela falta dele se for isso o que transparecer no final. Em um dos capítulos anteriores, vimos como a Lei da Possibilidade trata disso diretamente. O mesmo ocorre com a Lei do Entendimento. No começo, é essencial "conhecer a si mesmo", mas depende de nós assegurar que outros, particularmente aqueles que se importam conosco, entendam com clareza as características únicas que fazem de nós aquilo que somos e que representam o fundamento de como nós criamos valor.

O desafio de sermos reconhecidos por aquilo que somos se dá, de diversas formas, várias vezes por dia. Para as pessoas, esse desafio pode ser observado na opinião que fazemos de nós próprios, naquilo que falam a respeito de nós e na reputação que criamos no trabalho e entre os amigos e familiares. Para uma organização comercial, a Lei do Entendimento impõe aos administradores o desafio de encontrarem clientes leais, investidores leais, funcionários leais e outros sem os quais as organizações definham e morrem. É esse o desafio de ser conhecido não simplesmente pelos produtos e serviços da empresa, mas também por quem a companhia é enquanto indivíduo. Produtos e serviços e suas características e benefícios são coisas tangíveis, concretas, "novas e aperfeiçoadas" — em termos relativos, fáceis de vender. Contudo, por isso mesmo, constituem uma distração potencialmente perigosa e permanente que nos desvia da identidade da corporação e que deve às vezes ser evitada se a companhia quiser ser entendida em sua totalidade.

Assegurar que a identidade da organização seja compreendida tanto interna quanto externamente é a responsabilidade do dirigente, seja ele o presidente da empresa, uma equipe de projetistas, ou o chefe de um corpo de elite dos representantes de vendas. Isso pode ser um negócio cheio de armadilhas. Não admira que a necessidade de melhorar as vendas sirva de orientação para os administradores, e muitas vezes para suas agências de propaganda, para eles investirem seu tempo, sua energia criativa e seu orçamento na venda de produtos e serviços. Muitas vezes a instituição por trás dessas ofertas é considerada de importância secundária. (Lembro-me de um executivo desapontado da gigantesca indústria alemã BASF me dizer que um de seus colegas o havia desafiado a explicar-lhe por que promover a BASF, a corporação, ajudaria a vender "uma simples libra a mais que fosse" de produtos químicos especializados.)

O presidente nunca pode delegar por completo a responsabilidade da administração implícita na Lei do Entendimento. Ele deve ser o guardião da identidade da empresa. Ninguém está mais interessado do que ele em assegurar que os acionistas entendam a identidade, porque é ela que explica *o valor do todo*. Ao mesmo tempo, o sucesso dos administradores de alto escalão é melhor avaliado pela capacidade de enquadrar a todos "no esquema". O pessoal da fábrica, o das finanças e o do marketing e vendas levam a sério o papel que cumprem para a identidade da organização? O comportamento deles chega ao ponto de tomarem *decisões com base na identidade*?

A sétima Lei de Identidade, a Lei do Entendimento, precisa mais do que as tradicionais funções de marketing e vendas para ser trazida à vida por completo. Em primeiro lugar, ela se expressa pela maneira como os empregados falam da empresa e como se comportam durante e depois do trabalho. Essa lei é reforçada, além disso, por meio dos produtos e serviços que são (ou deveriam ser) a expressão natural da identidade e por meio das políticas e práticas da companhia em relação às comunidades em que atua. Se devemos reconhecer que o todo é maior do que a soma das partes, então o valor do todo deve ser visível em cada uma de suas partes. O mesmo vale para os indivíduos. Nós reconhecemos aquelas pessoas que são chamadas de líderes sobretudo pela totalidade do que são, não simplesmente por uma ou duas de suas qualidades. Isso se aplica a diretores, gerentes, profissionais e empregados de uma empresa em cada nível.

Foi nos últimos dez anos apenas, pouco mais ou menos, que eu tratei deliberadamente de ser conhecido por quem eu era. A capacidade que tenho hoje de compreender melhor as empresas — de apontar suas forças e oportunidades camufladas pelos próprios produtos, pelas camadas organizacionais e a concepção que têm a respeito do negócio em que estão

— levaram-me a perceber, e a alimentar, o valor que eu crio e a identidade que lhe serve de base.

Em 1996, deixei a Anspach Grossman Portugal, a qual tinha atravessado uma fase de grande crescimento dois anos antes. O ano de 1994 tinha sido turbulento. A procura de parceiros comerciais deu-se em conseqüência da compra do controle acionário pelo grupo WPP, e um novo presidente acabou sendo empossado.

Pela primeira vez em dezesseis anos eu me defrontava com a necessidade de fazer um balanço de mim mesmo e de expressar minhas qualificações na forma de currículos e cartas. Apesar de ter sido algo estranho e complicado, eu acabei exultante. Dei uma oportunidade para mim mesmo de avaliar minhas descobertas e articular a pessoa que eu era. Eu descrevi minha experiência em solucionar problemas e meu papel na tentativa de desenvolvimento da AGP. Eu também tive a oportunidade de expressar e promover as características que me definiam nas palestras que eu dava: entre essas características havia uma paixão pela criatividade intelectual e uma capacidade de pensar em termos de sistemas de soluções. Era um exercício que reforçava não apenas *o que* eu fazia, mas também *quem* eu havia me tornado.

O resultado de deixar as pessoas saberem exatamente o que eu representava foi magnífico. Quase que imediatamente, adquiri um sentido maior de integridade pessoal — mais honrado, completo e confiante. Profissionalmente, passei a entrar em contato com outras pessoas de idéias semelhantes. Comecei a trabalhar com mais clientes que queriam o que eu tinha para oferecer em termos de uma abordagem mais profunda e abrangente da consultoria de identidade. Desde então, tenho tido o privilégio de orientar um número cada vez maior de empresas e organizações de pesquisas comerciais nesse mesmo sentido.

Um dos exemplos organizacionais mais dramáticos da Lei do Entendimento em ação ocorreu na Interbrew (uma empresa multinacional de um bilhão de dólares do ramo de bebidas com sede na Bélgica) quando essa empresa esteve preocupada em adquirir a Labatt do Canadá em 1995. A Interbrew nasceu de uma fusão entre a Artois e a Piedboeuf, duas das maiores e mais bem-sucedidas empresas de bebidas da Bélgica. A Artois era a companhia que fabricava a Stella Artois, uma das cervejas mais vendidas na Europa. A Piedboeuf detinha a maior fatia do mercado belga com a marca Jupiler. As duas empresas trabalhavam também com água mineral e bebidas suaves. Depois que as duas se uniram, a nova empresa resultante dessa união passou a oferecer uma coleção de diversos tipos de cerveja, coleção essa que ia além de trezentas marcas. A história da Interbrew é a história da criação — a criação de um empreendimento de baixo para cima.

INTERBREW
Jupille Brewery, Primavera de 1990

Josie Renquin e eu chegamos à cervejaria pouco antes das sete da manhã. Josie era um membro de alto escalão do setor de comunicações da Interbrew e seria meu guia naquela manhã. Eu não estava muito à vontade quando entramos por um corredor cujas paredes eram feitas de tijolos claros e de vidro, passando por uma entrada em forma circular e por várias portas de escritórios idênticas umas às outras, até chegarmos ao fundo da fábrica onde o grupo que iríamos encontrar já estava chegando.

A sala adjacente às linhas de enchimento de vasilhames tinha sido equipada na noite anterior com uma mesa improvisada e cadeiras, especialmente para a reunião que teríamos naquele local. A iluminação não era muito boa; o cheiro da cerveja preenchia o aposento. Fomos recebidos por um grupo de seis homens cujas idades deveriam estar entre 25 e 50. Quase todos estavam vestidos da mesma maneira: com um sobretudo azul. O grupo e eu procuramos tomar assento ao longo da mesa. Olhando para seus rostos, pude perceber que mal sabiam a razão pela qual eu me encontrava ali. No entanto, eu sentia boa vontade da parte deles em representar o papel de bons soldados e participar — afinal, muita coisa estava mudando naquele local, conhecido na época como Interbrew.

Josie apresentou-me em francês a eles, pois não falavam inglês. Eu havia trabalhado muito no dia anterior para simplificar e traduzir para o francês uma série de problemas relacionados com o sentimento daquelas pessoas a respeito de como a fusão afetaria sua vida e seu trabalho. Ao mesmo tempo em que delegava a Josie o papel de tradutor, procurava utilizar um pouco do meu limitado francês como gesto de boa-fé.

A hora e meia seguinte teve momentos estranhos e enfadonhos. Eu tinha de ouvir, digerir e reformular questões no decorrer da reunião. Depois de aproximadamente uma hora de discussão, um jovem voltou-se para um outro e sussurrou-lhe alguma coisa que não se pôde ouvir. Em seguida, olhou para mim e para Josie e começou a falar com mais liberdade do que qualquer outro antes dele.

A mensagem dele era simples: aquelas pessoas estavam assustadas, mas não em relação a perder o emprego. Tinham medo de perder suas *identités spéciales* que adquiriram ao fazer parte da Piedboeuf, uma organização com séculos de idade, que produzia a Jupiler, a cerveja mais vendida da Bélgica. Tinham medo de que não fosse restar mais nada do amor e da dedicação que possuíam, de seus colegas e, em alguns casos das famílias que haviam levado essa companhia até o lugar em que se encontrava — temiam que tudo pudesse desaparecer sob a onda das fusões.

À medida que eu falava, os jovens colegas daquele moço balançavam a cabeça em sinal de concordância. De repente, a sala tornou-se animada e viva diante das perguntas ainda não formuladas. A cada momento que passava, seus olhos se voltavam para mim: "O que vai acontecer? O que podemos esperar?" A verdade é que eu não sabia o que dizer. Era muito cedo para isso, e o desafio de discernir e então implementar a identidade à luz das fusões era algo que deixava muitas perguntas sem resposta.

Quando a reunião se aproximava do final, imaginei o quanto aqueles trabalhadores deviam se considerar insignificantes diante do esquema para o qual as coisas caminhavam. Tanto quanto eles poderiam estar certos por um lado — é verdade que eles não podiam influenciar as decisões acerca de investimentos ou coisa parecida —, estavam errados em acreditar que não eram importantes. A meus olhos, cada um desses indivíduos representava um gene vital no cromossomo dessa corporação que estava nascendo. E, em relação a isso, pensei, cada um seria um elemento crítico para a composição e desenvolvimento do todo. Para a Interbrew ter sucesso, esses trabalhadores e centenas de outros como eles precisariam ser parte da solução; precisariam empenhar-se em trazer essa organização à vida. A questão era como.

A "Necessidade da Identidade"

Como presidente da Interbrew, José Dedeurwaerder era um homem de fortes convicções; ele era motivado no melhor sentido da palavra. Esse traço ficou claro para mim numa conversa que tivemos durante um almoço no restaurante Four Seasons em Nova York, pouco depois do início de minha missão com a empresa em fevereiro de 1990. José falava apaixonadamente, com faíscas nos olhos, sobre o quanto era necessária à Interbrew a identidade. Não basta ter uma boa estratégia e conhecer as artimanhas da economia e a estrutura da integração, concordava. Para chegar ao sucesso, a Interbrew deveria ter e assumir uma identidade própria. José entendia que o lado humano do novo empreendimento precisava de atenção, tanto quanto o lado econômico.

José sempre dizia: *Não mude apenas os nomes, os logotipos e a linguagem da missão; mude a maneira de viver e trabalhar dos funcionários*. A consultoria de identidade que ele buscava não era uma simples questão de *planejar* a "casa corporativa"; era todo um processo de construir essa casa quase até o fim.

Trabalhando com o Boston Consulting Group, José e sua equipe de executivos resolveram criar, na esteira das fusões, uma companhia internacional de bebidas, cujas marcas combinadas atingiriam um mercado muito além das fronteiras da Bélgica. A meta era o crescimento agressivo. A remoção das onerosas barreiras comerciais pela Europa, em 1992, estava para ocorrer. A gerência deveria posicionar a Interbrew de forma que ela pudesse aproveitar essa onda de mudanças e, enfim, estabelecer novos postos na Ásia e na América do Norte.

À medida que José e eu discutíamos isso, a missão da identidade acabou envolta por três necessidades. A primeira delas era combinar a Artois e a Piedboeuf, juntamente com outros administradores de fora, em uma nova organização. A segunda era dar início à assimilação da Interbrew pelo cenário internacional dos negócios. A terceira, desenvolver um empreendimento dirigido para o mercado em lugar de um que era demasiadamente voltado para a produção. O que deixou de ser mencionado era a necessidade mais importante de todas. De fato, era a necessidade que, uma vez satisfeita, satisfaria as outras em troca: aquela necessidade era discernir exatamente o que significava ser a "Interbrew". Ficou mais claro para mim então que a Artois e a Piedboeuf eram dois seres distintos. Era uma conclusão inevitável que cada uma das companhias possuía suas próprias características; quais eram, eu precisava descobrir.

Quando comecei a análise, defrontei-me com um problema, o de como eu poderia chegar à soma das partes de modo a revelar um todo novo e viável. Concluí que a melhor maneira de discernir a identidade da Interbrew seria operar do lado de fora como se a Artois e a Piedboeuf *já fossem uma companhia*. Seria então uma questão de articular o potencial que residia naquela organização.

As fusões desafiavam o conteúdo sagrado da identidade. Por definição, se não por desígnio, elas despedaçavam o tecido das organizações devido à exigência de mudanças, que ameaçavam suas características próprias de criação de valor. E, com isso, a necessidade de as pessoas "entenderem" essas características na nova entidade resultante da fusão era suprema e imediata. A relação com os consumidores está freqüentemente sendo reformulada, gostemos ou não. A contínua disponibilidade de capital investidor de forma eqüitativa estava em jogo. Os empregados podem ser traumatizados pelo medo do desconhecido, um medo que pode solapar a produtividade. Com esses pensamentos em mente, passei a procurar um modelo que fizesse sentido para mim — um modelo que indicasse a possibilidade de um sucesso a longo prazo e não um modelo do fracasso.

Certo dia, às 3 horas da manhã, no meu quarto em um hotel de Bruxelas, eu não conseguia dormir e decidi ligar para casa. Eram 9 horas da noite em Connecticut e eu sabia que não iria acordar ninguém. Depois de aproximadamente dez minutos de conversa com minha esposa, dei-lhe boa-noite e voltei para a cama. Quando eu estava já quase dormindo, dei-me conta de que o melhor modelo para se entender a identidade no contexto das fusões era a *família*. Ponderei sobre como os membros de minha família eram diferentes, únicos em si mesmos, e com isso, enquanto unidade, formávamos uma identidade que era distinta da própria família. Em seguida considerei como nossa família havia se formado — e como nossas identidades se "alinharam naturalmente" desde o começo na qualidade de base para o edifício de nossa relação.

À medida que ponderava essa analogia, dava-me conta de que o objetivo, no caso da Interbrew, não era criar uma família no sentido literal. (Porque isso, em relação aos negócios, pode significar, como disse um gerente certa vez, "perdoar uma falta".) Mas o modelo, pensei, continuava sendo lógico, pois obedecia a muitas das Leis de Identidade que coletivamente orientam a vida e o destino das organizações e das pessoas.

Uma Época Sensível

A estratégia de crescimento agressivo da Interbrew balançava os fundamentos de duas culturas. Colocava a organização em um curso desconhecido que deixou muita gente preocupada. Um antigo executivo descreveu a fusão como dura e incômoda. O "saber no que estávamos nos tornando" era um tema que ouvi inúmeras vezes de diversas maneiras ao longo do processo.

A questão de saber em que negócio a Interbrew estava veio em seguida. O Boston Consulting Group insistia com vigor que a Interbrew era uma empresa do ramo de *bebidas* — que deveria construir-se sobre a base de sua herança cervejeira e, ao mesmo tempo, desenvolver e ampliar sua força crescente no ramo das bebidas suaves e de água mineral. Os administradores e os funcionários não estavam muito seguros disso. Muitos deles apressavam-se em se apegar à noção de que a Interbrew era essencialmente uma "empresa cervejeira" e que dizer o contrário seria um equívoco. Outros pontos de vista começaram a aparecer. Um executivo de alto escalão, um novo gerente que não havia pertencido às fileiras nem da Artois nem da Piedboeuf, via a Interbrew como uma empresa que apresentava um leque de quatro opções de negócio: cervejas claras (*lager*), cervejas especiais, água mineral e bebidas suaves.

Enquanto as pessoas discutiam a questão de "em que negócio estavam", eu passei a falar em desconstruir as respectivas culturas da Artois e da Piedboeuf. Era apenas um ponto de partida, mas importante para começar a entender a psicologia da empresa com o objetivo de avaliar o quanto seria difícil, ou fácil, promover uma fusão de fato.

Levou pouco tempo para que eu visse como eram diferentes essas organizações. No decorrer de minhas entrevistas, logo aprendi que a Artois e a Piedboeuf eram como a "Coca e a Pepsi". A rivalidade entre elas continha uma paixão própria que pouco tinha a ver com as marcas Stella Artois, da Artois, e a Jupiler da Piedboeuf. Era uma rivalidade que tinha origens diferentes.

A Artois era flamenga, ou seja, da região da Bélgica conhecida pelos negócios de orientação industrial, ao passo que a Piedboeuf era francesa.

A Artois era aberta, mais extrovertida, mais comunicativa e de certa maneira aristocrática. A companhia aceitava mais os riscos e era mais receptiva a mudanças. Tinha uma aparência mais internacional; a Stella Artois era uma das cervejas mais vendidas na França e em outros mercados fora da Bélgica.

A Piedboeuf era mais privada e introvertida. A despeito de a Jupiler gozar da condição de "número um" entre as cervejas belgas, a cultura da empresa era tida como menos experiente nos negócios. Era menos rentável do que a Artois e menos inclinada a uma comunicação aberta. Além do mais, a organização me dava a impressão de ser mais sistemática em seu estilo de administração e menos apta a assumir riscos como parte da natureza do negócio. Enfim, a Piedboeuf era mais provinciana; sua atenção se voltava sobretudo para o mercado doméstico, o que não era surpresa uma vez que a Jupiler dominava essa fatia do mercado no país.

Os acentuados contrastes entre essas duas companhias fundadoras tornava bastante clara a tarefa que eu tinha diante de mim; uma tarefa complicada sobretudo pela necessidade de integrar ao tecido da Interbrew um grupo de administradores de alto escalão vindos de fora e que, por isso, seriam elementos de uma terceira "cultura". A experiência coletiva desses executivos — o presidente José Dedeurwaerder era um deles — não dizia respeito a cerveja; viam os negócios sempre de uma perspectiva internacional e do ponto de vista de uma "grande empresa"; além disso, estavam acostumados com uma clientela sofisticada. Eram administradores que haviam ocupado postos na Nestlé, Renault e Philips NV.

Apesar da complexidade que todas essas culturas representavam, uma coisa estava clara: não havia como voltar atrás; *a Interbrew seria formada*. A jornada a ser empreendida antes da organização exigia mudanças significativas. A Artois e a Piedboeuf, já como Interbrew, teriam de mudar de um negócio voltado para a produção para um negócio voltado para o mercado; de um negócio voltado para a quantidade para um negócio voltado para a qualidade; de um negócio voltado para uma família de acionistas para um negócio voltado para o consumidor; e de uma concepção do cliente que reagia de maneira positiva ao apelo do produto para um cliente que tivesse iniciativa própria em relação ao produto — principalmente diante da primeira etapa da integração européia que aconteceria logo, em 1992, e com ela um novo mundo de oportunidades se abriria.

Surge a Interbrew

O princípio dominante pelo qual eu orientava minha avaliação dessa organização que acabava de se constituir era tratá-la como se ela sempre tivesse sido um ser único, vivo e com idéias próprias. Proceder de outro modo poderia ter-me levado facilmente pelo caminho errado. Ao avaliar as forças distintas da Artois, por exemplo, eu poderia acabar perdendo o tecido de conexão que era crucial para revelar como essas duas organizações criavam valor naquele momento em que já eram uma só.

Havia uma outra distração em potencial da qual eu devia me resguardar. Eu podia me deixar levar pela crença de alguns administradores de que eram os *produtos* que de fato importavam e que, conseqüentemente, a identidade corporativa não era algo com que se preocupar. Mas isso não parecia verdadeiro para José e, certamente, não o era para mim. José reconhecia a necessidade de a organização ter sua própria identidade. Era a *Interbrew* que precisava ser "vendida" para os clientes comerciais — revendedores e proprietários de hotéis, restaurantes, bares e cafés, aos quais a Interbrew destinava sua distribuição.

O plano também necessitava promover a Interbrew para os consumidores como uma marca de qualidade. José entendia que se os funcionários não concordassem em apoiar a fusão como o corpo, mente e alma da Interbrew, quem sofreria com isso seriam as marcas dos produtos que eram tão caras a essa gente responsável por criá-las e alimentá-las.

Eu me concentrei em discernir que forças ressaltavam a habilidade da companhia em criar valor — fazer uma contribuição própria a esse mercado em expansão. O que descobri foram cinco capacidades específicas que pertenciam e muito à Interbrew como um todo. A primeira era a *capacidade de resistência* da Interbrew. Suas duas organizações fundadoras tinham longas histórias. As raízes da Artois se estendiam até 1366, dando à Interbrew uma herança de mais de seis séculos de experiência na fabricação de cerveja, vendendo e servindo uma das cervejas mais consumidas na Europa, a Stella Artois.

A segunda força que identifiquei foi a *capacidade de lidar com a arte e ciência das ocasiões* da Interbrew. Pois apesar de todo o conhecimento que tinha da fabricação e distribuição de cerveja, esse aspecto de aumentar sua competência no mercado de bebidas era a chave para como a Interbrew criava valor. Em seus mais de seiscentos anos de vida, essa organização tinha conseguido entender como capitalizar aqueles momentos na vida das pessoas que a bebida ajuda a tornar uma ocasião significativa e memorável. Esses momentos eram marcantes. Eram os momentos em que as refeições eram servidas, quando as festas e aniversários eram comemorados, ou simplesmente quando pessoas se reuniam para conversar. À medida que ficava clara a força da Interbrew nessa área, eu passava a perceber um potencial inexplorado: Por que não colocar no mercado cervejas para o Natal e marcas para outras ocasiões? E, se alguns produtos não funcionam, por que não desenvolver novos produtos? A importância dessa capacidade em particular não podia ser subestimada. Inerentes a cada uma dessas ocasiões, não importa o tamanho delas, eram as sementes de um consumo sempre crescente. E saber exatamente como os produtos da Interbrew se relacionavam com tais ocasiões era a chave do crescimento para a companhia.

A terceira capacidade da Interbrew era a *capacidade de liderar*. Essa aptidão ficava mais clara em duas frentes. Primeiro, vinha da herança sem igual da Stella Artois. Se a Interbrew tinha uma marca internacional, essa marca era a Stella Artois. A marca havia sobrevivido a séculos de mudanças, e, embora tenha tido altos e baixos em sua economia, havia estabelecido uma continuidade leal e crescente. A outra reivindicação da Interbrew por liderança vinha na forma da predominância no mercado local da Jupiler. Embora não fosse tão encantadora ou conhecida como a Artois, os registros da Jupiler eram superiores em termos de realização econômica em geral. Ela era simplesmente, na visão de muitos empregados e administradores, a "melhor cerveja da Bélgica".

A quarta força era a capacidade da Interbrew de *produzir diversidade aliada a uma profunda especialização*. Poucas empresas podem se gabar de quantidade de marcas tão grande como a Interbrew. Reunidas, essas marcas satisfazem praticamente todos os gostos. Para conduzir uma estratégia própria, a administração havia organizado a empresa em torno de três classes de produto: cervejas claras e escuras, água mineral e bebidas suaves, e cervejas especiais. Cada uma dessas classes não apenas incorporava sua própria psicologia comercial e personalidade como também, como logo passei a ver, representavam seu próprio meio de vida.

Cervejas claras e escuras diziam respeito a quantidade e apelo de massa. Esses produtos representavam uma "válvula de escape social"; a experiência de consumi-los era facilmente previsível. Quanto às "bebidas suaves" e à "água mineral", como eram chamadas, apelavam para a preocupação das pessoas com a saúde, com o corpo e também de se refrescarem. Mas eram as cervejas especiais que continham o grande potencial de distinção da Interbrew. As trezentas variedades de cervejas especiais da Interbrew iam desde as cervejas "brancas" como a Hoegaarden, até cervejas com sabores especiais que lembravam cereja e framboesa. Essa classe de produtos era um mundo em si mesma, que revelava a capacidade da empresa de se especializar — um mundo fundado sobre o artesanato e a exclusividade que apelavam para gostos estranhos e pessoais.

A quinta capacidade da Interbrew para a criação de valor era sua capacidade de *influenciar as pessoas — na sua maneira de viver*. Por exemplo, as cervejas especiais da Interbrew eram uma dádiva da empresa para a natureza individualista de todas as pessoas. Em conjunto, o catálogo de bebidas da Interbrew era um retrato das aspirações e desejos das pessoas. Refletia momentos de glória e derrota, prazer e fantasia, saúde e descanso — uma gama completa das expressões e experiências humanas.

Avaliei essas cinco capacidades. O que elas representavam juntas? Nem a Artois, nem a Piedboeuf, separadamente, poderiam chegar a essas forças determinadas. Mas juntas, essas capacidades constituíam os cinco pilares da criação de valor. Como exatamente a Interbrew *criava* valor? Eu sentia que essas forças individuais continham a semente da identidade da empresa e, assim, tinham o poder de galvanizar a organização num ser produtivo.

Mais tarde, na primavera, três meses depois do início de minha missão, eu estava no escritório do secretário da corporação, revendo algumas de minha descobertas. Três fatos me ocupavam o pensamento. O primeiro era que a Interbrew parecia um negócio relativo a bebidas, e não apenas a cervejas. O segundo era que a organização, quase como uma pessoa, e apesar das rivalidades inerentes entre companhias fundadoras, era totalmente dedicada a satisfazer seus consumidores e a diversidade de gostos deles. A terceira era que todos — desde os administradores de alto escalão até os funcionários da linha de produção com os quais eu conversei na Jupille dois meses depois — tinham um profundo desejo de "sobreviver à fusão e de ter sucesso".

Enquanto eu ouvia o secretário da corporação, as peças de repente se juntaram: a Interbrew era dirigida pela necessidade de *saciar a sede de viver*.

Era um fato incontestável, uma penetrante ambição que tornava a companhia distinta das demais e dava o tom, os princípios básicos e o desafio para se alcançar o sucesso como uma empresa internacional de bebidas.

Assim que a idéia ia se formando, revi a composição do empreendimento. A necessidade de a Interbrew saciar a sede de viver transcendia e abarcava, de uma só vez, as diversas linhas de negócio da companhia e seu vasto catálogo de marcas. De fato, cada negócio contribuía para a identidade da companhia, apesar das realidades econômicas e operacionais diferentes que deixava um negócio distante dos outros e apesar das diversas "personalidades" das marcas que combinavam com os estilos de vida de consumidores diferentes.

A Interbrew certamente estava no negócio de matar a sede, mas seu direcionamento inato para saciar a sede de viver falava mais alto; reconhecia, como eu tinha chegado a ver, o desejo dos funcionários de continuar a ser os melhores em seus campos. A identidade da Interbrew era a energia viva por trás de uma fusão que estava destinada ao sucesso. Diante desse fato, eu precisava então definir precisamente o que significava essa sede de vida e então encontrar maneiras de estimular essa prática nas atividades diárias da organização. Como havia dito José, a tarefa tinha mais relação com a implementação do que com a descoberta da identidade.

Da Identidade para a Cultura

O poder que a identidade tinha para ajudar no trabalho provinha de duas coisas: o fato de que ela refletia a experiência, as aspirações e os valores pessoais dos próprios funcionários e o fato de que ela era construída sobre capacidades distintas que, juntas, orientavam a atuação da empresa.

Como muitas companhias recém-fundidas, no entanto, a Interbrew corria o perigo de tornar-se não mais do que uma *holding* para suas unidades e marcas comerciais. Quanto mais os funcionários da Interbrew vissem a si próprios como parte de uma ou outra das duas empresas formadoras originais, maior seria a probabilidade de a companhia petrificar-se, não se tornando nem uma coisa nem outra, o que acabaria fazendo com que a organização nunca atingisse seu potencial. Os administradores e os funcionários da Interbrew precisavam de um quadro que fizesse sentido tanto para a integração quanto para a mudança. Eu descobri, no curso de minhas investigações, que eles buscavam "valores" que lhes ajudassem a orientar seus comportamentos na jornada para a transformação da empresa em um empreendimento internacional, orientado para o consumidor.

A identidade promove a cultura. Era uma lição que eu havia aprendido anos antes ao longo de meu trabalho junto à Alcoa e à Fidelity. Nunca me esqueci disso, pois era uma lição que vinha diretamente das duas primeiras Leis de Identidade, a Lei do Ser e a Lei da Individualidade. Ao lembrar desse fato, dei-me conta de que certos valores eram inerentes à identidade da Interbrew — e que para satisfazer a sede de vida, essa organização teria de se comportar de forma que lhe possibilitasse criar valor que correspondesse a sua identidade. Para viver sua identidade, no entanto, a companhia tinha de desabrochar. A Interbrew precisava ver-se tanto de fora quanto de dentro. Em relação a todas as suas forças combinadas, a Artois e a Piedboeuf acanhadas eram muito individualmente.

Para fazer com que o pessoal olhasse para além das fronteiras da Bélgica, e até mesmo da Europa, e, com isso, acelerasse o processo de internacionalização, decidi rever os princípios operacionais das quatro maiores empresas do mundo. Cada uma delas representava um papel em potencial que proporcionava à organização uma perspectiva nova sobre os desafios que iria enfrentar. Duas delas estavam no ramo de cervejas e bebidas, mas duas, escolhidas deliberadamente, não estavam. A Interbrew, eu acreditava, precisava ver a si própria como uma empresa comercial e não simplesmente como uma empresa de bebidas. A organização precisava ser sacudida — de alguma forma muito mais do que o tinha feito a fusão.

A primeira empresa que usei como exemplo foi a Anheuser-Busch, o maior fabricante de cervejas do mundo. Possuía uma rica herança norte-americana. Mas o mais importante para a Interbrew era que a Anheuser-Busch tinha uma tradição pioneira que a Interbrew deveria imitar. A segunda empresa era a Coca-Cola. Essa empresa era a maior representante do sistema de livre-empreendimento e de mercado norte-americano e responsável pela marca mais famosa e mais distribuída do mundo. Utilizar a Coca-Cola como exemplo faria com que a Interbrew entendesse como funcionava a administração de uma marca internacional.

O terceiro modelo era a Procter & Gamble. Essa empresa clássica de produtos ao consumidor era a maior autoridade em vendas de produtos embalados. Para a Interbrew, a P&G podia demonstrar a extrema importância de reconhecer o consumidor, acima de tudo, como o fundamento do sucesso comercial. O último modelo que eu apresentei à Interbrew era a Apple Computer. A Apple que era uma iconoclasta desde o início, no começo da década de 1990 atingiu a maturidade como uma empresa inovadora. A Apple havia mudado o mundo com os computadores — eu sentia que a Interbrew também desejava "mudar o mundo" pela necessidade que tinha de saciar a sede da vida.

De minha análise dessas companhias, selecionei seis valores que eram mais apropriados para a Interbrew e que se alinhavam naturalmente com a identidade da organização.

- *Colocar o cliente em primeiro lugar.* As pessoas que bebiam os produtos da Interbrew eram os melhores amigos da empresa. Colocar o cliente em primeiro lugar em tudo o que a companhia fazia era o único caminho para o sucesso.

- *Uma dedicação artesanal à qualidade.* Qualidade era uma questão de orgulho assim como de lucro. Isso significava quem era a organização e como os funcionários valorizavam seu negócio como um todo. Dedicação à qualidade não era apenas um conjunto de procedimentos para se fabricar e vender bebidas; era uma forma de vida que abrangia todos os aspectos da Interbrew.

- *A busca constante pelo profissionalismo.* Por meio de seu profissionalismo, os funcionários contribuíam para a reputação da companhia. Isso era visto nas palavras das pessoas, em suas atitudes, ações e aparência e por meio da sabedoria que demonstravam nas decisões que tomavam todos os dias em prol da organização.

- *Uma paixão pela comunicação.* A comunicação era a ponte entre a sabedoria e a realidade, entre um departamento e outro, entre a empresa e o consumidor, e entre todas as pessoas, não importando a condição social delas, suas responsabilidades ou experiência.

- *Uma confiança inabalável no trabalho de equipe.* Considerar com vigor o trabalho de equipe era a única maneira de capitalizar as diversas habilidades, talentos e experiência dentro da organização. O trabalho de equipe era uma forma de trabalhar, aprender, conhecer um ao outro e agir como um empreendimento.

- *Uma fome de inovação.* A inovação manteria a Interbrew saudável e vibrante. Era essencial para a liderança. Como resultava em melhores produtos para o consumidor, a inovação também levava a melhores relações e a um ambiente de trabalho que proporcionava um constante desafio.

No Caminho da Mudança

A Lei do Entendimento trata da necessidade pessoal de ver algo em sua inteireza, sentir, experimentar — e, em última instância, de "obtê-lo". Se os funcionários deveriam "obter" alguma coisa e viver o que isso significava para a Interbrew — saciar a sede de viver — eles precisariam ser capazes de capturar a verdadeira natureza da companhia de forma simples e convincente. Eles precisavam ver a si próprios como parte vital da organização e incluir a Interbrew como parte integral de sua própria vida.

Onde a Lei do Relacionamento fornece um *quadro* para a implementação por meio do círculo de valor, a Lei do Entendimento revela os *instrumentos* da implementação, instrumentos para se construir o empreendimento em torno de sua identidade. A maneira pela qual eu descobri esses instrumentos e cheguei a aplicá-los ilustra a íntima relação entre a identidade humana e a identidade corporativa. Como tantas coisas, essa relação reafirma a necessidade imperativa de "conhecer a si próprio".

Ao longo dos dois anos em que estive na Interbrew, com freqüência usava o escritório de Jacques Tibault como local de trabalho provisório. Jacques era diretor de treinamento e desenvolvimento da Interbrew. Foi lá que, numa tarde ensolarada, um de meus colegas e eu solucionamos o mistério de como fazer com que milhares de empregados dessem início ao processo de mudança.

Apesar de todos os livros sobre mudança que eu havia lido, sentia que a única maneira de ter as respostas de que eu precisava era obtê-las, não intelectual, mas emocionalmente. O que, ponderei, me levaria a mudar se eu estivesse na pele dessas pessoas — se assumisse suas dúvidas e se eu quisesse ter sucesso, mas não tivesse certeza em relação ao futuro?

Naquela tarde, no escritório de Jacques, imaginei-me como uma daquelas pessoas. Nos minutos que se seguiram, percebi meu caminho ao longo do processo de mudança. Experimentando e registrando, em minha mente, o que na verdade funcionaria e o que não funcionaria. Descobri, em primeiro lugar, que eu queria estar *envolvido* naquele processo de maneira concreta e não simplesmente que me dissessem o que fazer. Imaginei também que precisava de orientação; eu estava buscando um quadro de referência que fosse lógico e também pessoal. Por fim, percebi que, se estivesse sendo honesto comigo mesmo, não teria outra escolha senão mudar para continuar existindo. Embora eu não acreditasse que essa análise resultasse num processo que fosse aplicável universalmente, eu acreditava sim que ela proporcionaria idéias, nas quais eu poderia me fiar, no sentido de como a Interbrew poderia seguir em frente. Se esses fossem os critérios para o sucesso, então que passos deveriam ser dados?

Os meses seguintes foram dedicados a conduzir dezenas de grupos de funcionários designados a traduzir a identidade baseada em valores da Interbrew. Todas as divisões e níveis da companhia faziam parte do processo. Se havia um desejo por trás disso tudo, esse era o de levar a organização a resolver seus próprios problemas, a dar-se conta para si própria do que significava satisfazer a sede da vida.

A cada grupo foi feita a mesma pergunta e dado o mesmo quadro. A pergunta era: "Como o seu trabalho poderia mudar amanhã de manhã se a Interbrew estivesse vivendo plenamente de acordo como os valores de colocar o cliente em primeiro lugar, fazendo da qualidade um meio de vida e participando regularmente de um trabalho de equipe?" Eu impus apenas duas condições: que não se preocupassem com o custo do processo de mudança e que ignorassem as políticas que pudessem atender às suas idéias. Embora essas questões de fato incitassem e exigissem atenção, era vital naquela etapa que as pessoas expressassem suas preocupações com liberdade, sem se preocupar com tais considerações.

O que transpirava não era nada mais, nada menos do que a liberação da empresa na forma de conhecimento e *know-how*, coisas que estavam apenas latentes até então. O cuidadoso processo de liderar esses grupos e analisar os resultados revelou centenas de comportamentos que traçavam um rico e diversificado quadro do que significava precisamente *saciar a sede de viver* no nível operacional mais básico.

As ações tomadas para o desenvolvimento desses grupos eram, em muitos casos, bastante concretas. Por exemplo, profissionalismo significava fazer do ponto de vendas um local de visitas obrigatório para todos os gerentes internacionais, preparando de antemão esse local para ser visitado pelos clientes e estabelecendo o uniforme básico para todo o pessoal de vendas. Era aqui que as raízes da produtividade humana tinham de ser encontradas — nos milhares de coisas que as pessoas faziam diariamente.

À medida que eu ponderava sobre esses resultados, imaginei que esses valores em si não eram, de forma alguma, exclusivos da Interbrew; muitas empresas se comprometiam a "colocar o cliente em primeiro lugar", e com a qualidade e coisas assim. O que era exclusivo era como esses valores eram interpretados por essas pessoas em particular. Eu imaginei que era por meio desse processo de interpretação que a verdadeira diferenciação ocorria e que até mesmo o sucesso da melhor das estratégias dependia da conduta dos funcionários no dia-a-dia.

Que esses resultados tivessem sentido em sua inteireza era um desafio por si só. Eu acreditava que os comportamentos associados com cada valor em particular iluminavam a *estrutura e o conteúdo* geral daquele valor (Quadro 5). A estrutura se apresentava nas *dimensões* específicas que enquadravam cada valor e determinava em que lugar esse mesmo valor precisava ser praticado com mais urgência. Por exemplo, a necessidade de *colocar o consumidor em primeiro lugar* se dava no contexto de três áreas específicas: respeito e correspondência, educação do consumidor e política pública.

"Cliente em primeiro lugar" é algo que implica também crenças ou atitudes que os funcionários precisam adotar para viver aquele valor. "Facilitar as coisas para o consumidor" e reconhecer que "todos na Interbrew são homens de marketing", por exemplo, respaldava a necessidade de respeitar e ser respeitado. Cada valor estava incorporado aos *comportamentos* em si — as centenas de ações que determinavam como a Interbrew deveria agir *para viver de fato de acordo com esses valores*.

A administração, em vez de simplesmente promover as marcas de cervejas, águas minerais e bebidas suaves da empresa, precisava ter certeza de que as pessoas, de dentro e de fora, iriam entender o que a companhia era, pois a identidade do empreendimento era aquilo que completava todo o resto. Fazer com que isso acontecesse significava encontrar uma maneira de trazer a identidade da Interbrew à vida em todas as operações, desde a

QUADRO 5

Dimensões	Respeitar e ser respeitado	Educação	Política pública
Filosofias	• Tornar as coisas fáceis para o consumidor. • Antecipar, não reagir. • Honestidade é a melhor política. • O marketing é a ponte para o consumidor / Todos são pessoas de marketing na Interbrew.	• Todos os funcionários são embaixadores da Interbrew. • Um consumidor educado é o melhor cliente.	• Proteger o consumidor. • Um ambiente limpo e com áreas verdes faz o empreendimento ter sentido. • Consumidores saudáveis são consumidores de valor.
Ações	• Elaborar um gráfico de uma organização voltado para o consumidor. Colocar o consumidor em primeiro lugar, o cliente em seguida e a administração por último. • Estabelecer um local centralizado do consumidor para: 1. responder às queixas imediatamente e 2. direcionar a resposta do consumidor para o grupo apropriado. • Tornar todas as comunicações com o consumidor absolutamente claras em termos de benefícios-chave e linguagem. • Fornecer informações pormenorizadas nos rótulos. Especificar os ingredientes, imprimir claramente as datas de fabricação e cuidar para que os rótulos sejam legíveis. • Colocar no produto um número de discagem gratuita para estimular a resposta do consumidor. • Evitar a desinformação ou anúncios confusos (por exemplo, ser honesto ao comunicar as possibilidades de ser sorteado nas promoções). • Nunca deixar faltar produtos nos pontos de venda. • Desenvolver / promover tecnologia de tampas de garrafa com rosca. • Criar uma ciência de esclarecimentos sobre a dinâmica de compra e oportunidades. • Tornar a pesquisa de mercado a "voz do consumidor" para toda a corporação.	• Distribuir uma coleção de miniaturas dos produtos para cada novo empregado. • Estimular os funcionários a "vender" a Interbrew a seus amigos. • Todos os empregados devem fazer uma visita a todas as fábricas. • Distribuir um folheto com a história da corporação a todos os empregados. • Fazer da Interbrew a autoridade e o orientador certo no mundo das cervejas.	• Evitar riscos aos produtos. • Promover ativamente o compromisso e a posição da Interbrew em relação a problemas de saúde e ambientais. • Promover o uso de embalagens recicláveis (vasilhames de alumínio, garrafas de vidro). • Desenvolver tampas rosqueáveis para as garrafas. • Continuar a promover a moderação no consumo de álcool e os cuidados ao dirigir.

gerência e o setor de pesquisa e desenvolvimento até o departamento de vendas, marketing, serviços ao consumidor, finanças e recursos humanos.

A solução era *reorganizar* todos os comportamentos dentro de seis "mecanismos de mudança", um sistema básico usado para administrar a organização como um todo. Eram eles a avaliação de desempenho, a política de remuneração, as comunicações, o treinamento, desenvolvimento e educação e recrutamento e reconhecimento por parte do funcionário.

Para cada um deles, eu elaborei um quadro pormenorizado, feito sob medida para o cliente, que ilustrava como aquele sistema de administração em particular deveria operar se estivesse direcionado para os valores. Por exemplo, se a avaliação de desempenho fosse direcionada a colocar o consumidor em primeiro lugar, então o que seria "avaliado" era a capacidade dos funcionários de facilitar para o consumidor a obtenção de rápidas respostas a suas perguntas ou reclamações (Quadro 6).

Todo o mecanismo de mudança foi desenvolvido no contexto dos seis valores. Com a ajuda dos administradores da Interbrew, eu estava divisando um processo de *implementação de valores*. Para engajar os funcionários direta e profundamente nisso, era preciso levá-los não apenas a resolver seus próprios problemas, mas também a criar seus próprios futuros. Para a Interbrew, a implementação de valores fazia da liderança, pelo exemplo, o padrão operacional para todos os envolvidos.

Algo surpreendente costuma acontecer nesse processo: a credibilidade da gerência junto aos funcionários, e da mesma forma sua influência, aumenta significativamente. Isso acontece porque os dirigentes da empresa não podem dizer: "Essas idéias são suas; vocês me disseram para fazer assim." Os executivos acabam adquirindo uma imensa estatura diante dos funcionários de linha pois escutam e estabelecem um diálogo de substância, criando dessa forma um respeito mútuo.

A implementação passou a impor seu próprio ritmo. Conforme isso acontecia, fui-me dando conta do que estava acontecendo. Além de ajudar a colocar a identidade em funcionamento, eu estava ajudando a *humanizar a estratégia* — torná-la acessível e compreensível para os milhares de pessoas responsáveis por garantir o sucesso daquela fusão.

Nos meses que se seguiram, os gerentes da Interbrew lançaram uma quantidade extraordinária de iniciativas para transformar o empreendimento. A equipe de comunicações criava mensagens para conseguir o apoio

QUADRO 6

Mecanismos de mudança

Avaliação de desempenho

A avaliação de desempenho destina-se a estabelecer critérios de desempenho pormenorizado e, ao fazê-lo, direcionar todos os aspectos das tarefas dos funcionários — as duras e específicas responsabilidades do dia-a-dia, assim como as responsabilidades mais leves da cultura geral, que vem com a condição de membro da equipe da Interbrew.

Valores	Colocar o *consumidor* em primeiro lugar	Uma dedicação artesanal à *qualidade*
Filosofias e ações de apoio (Exemplos)	*Facilite as coisas para o cliente:* • Estabeleça um local de resposta ao consumidor que seja centralizado para: 1. responder as queixas imediatamente e 2. direcionar a resposta do consumidor aos grupos apropriados. *Antecipe, não reaja:* • Nunca deixe faltar mercadoria no ponto de venda. *O marketing é a ponte até o consumidor:* • Criar uma ciência de esclarecimentos sobre a dinâmica de compra e oportunidades. • Transforme a pesquisa de mercado na "voz do cliente" por toda a empresa.	*Uma atenção obsessiva aos pormenores:* • Estabeleça e reforce especificações totais do produto que sejam aceitáveis para o consumidor. *Consistência é a medida da qualidade:* • Controle especial de qualidade para a exportação é a prioridade número 1. • Assegure a consistência da apresentação da embalagem (cor, procedimentos de produção, rótulos, mensagens). *Qualidade é e uma responsabilidade pessoal:* • Instituir auditorias de qualidade sem aviso prévio: — Impacto sobre alocações de orçamentos — Compensação de executivos • Estabeleça um padrão de qualidade mínimo para donos de bares e cafés armazenarem os produtos da Interbrew: — Temperatura correta da cerveja — Copos limpos — Ambiente limpo (sobretudo os banheiros) — Funcionários facilmente identificáveis orientados para se dirigirem ao consumidor de forma pessoal — Local bom, clientela boa — As promoções e o *merchandising* devem ser freqüentes e contínuos • Instituir um programa de "policiamento" por meio da organização de vendas para monitorar a qualidade dos pontos de venda; uma política estrita de "ou limpa ou fecha" nos bares.	*Tornar a qualidade visível é prioridade da corporação:* • Assegure-se de que todas as instalações estejam limpas e bem conservadas: — Limpar o saguão das instalações de Leuven todos os dias — Todos os depósitos, armazéns e fábricas devem ter programas estritos de manutenção — Consertar imediatamente o que estiver quebrado — Não deixar poeira sobre os produtos — Lavar constantemente a fábrica para reduzir o cheiro da fermentação • A Interbrew deverá promover visitas à fábrica. • Reformar os caminhões de entrega e instituir um calendário de inspeções de qualidade: — Estabelecer um padrão de qualidade básico — Limpezas quinzenais — Manutenção constante do telhado — Limitar o uso dos caminhões; promover um rodízio com os veículos novos para evitar troca de pneus e funilaria • Fazer inspeções regulares de surpresa para assegurar que os padrões (visuais) estejam sendo mantidos. • Estabelecer padrões de qualidade para todos os meios de comunicação da corporação. Todo tipo de comunicação deve reforçar a orientação da Interbrew para a qualidade.

continuação

Valores	A busca constante pelo *profissionalismo*		Uma paixão pela *comunicação*
Filosofias e ações de apoio (Exemplos)	• Redesenhar o saguão de entrada e a sala de visitas do cliente: — Mostrar os produtos da Interbrew com orgulho — Aquecer a sala de visitas — Remover o vidro que separa a recepcionista do visitante — Eliminar plantas de plástico *Qualidade total da marca:* • Promover um programa para assegurar a qualidade da marca. *A qualidade muda de acordo com os tempos:* • Critérios para a melhoria de qualidade a cada ano. *O cliente é o número 1:* • Cada cliente tem um contato exclusivo na Interbrew (para cada necessidade)/ "Administração de relacionamento total". • Visita regular aos clientes. • Não deixe passar mais de uma semana sem se comunicar com o cliente. • Cada executivo superior está encarregado de um relacionamento direto. • Estabelecer uma relação pessoal com o cliente. • Tornar obrigatório para os gerentes internacionais as visitas regulares aos pontos de venda. • Atender imediatamente aos pedidos de informação.	*Todos cumprem um papel:* • Redefinir as tarefas: — Concentrar-se nos valores, na satisfação do consumidor • Fazer com que os funcionários descrevam suas tarefas no começo de cada período de avaliação. • Pedir aos funcionários para que redijam suas próprias avaliações imediatamente antes da época de revisão. • Proporcionar descrições de tarefa, prioridades e objetivos claramente definidos para cada funcionário. *Seu serviço é sua responsabilidade:* • Seja pontual. *Eleve sua visão, dê o exemplo:* • Documentos sem erros; conferir três vezes; grafar corretamente os nomes. *A aparência é importante:* • Estabelecer padrões básicos de vestimenta. • Manter os uniformes limpos. *Tome decisões, e siga-as:* • Estabeleça prioridades e siga-as (quinzenalmente, mensalmente e semanalmente). *Pense lucrativamente:* • Não fazer contratos com bares, cafés, restaurantes e hotéis de baixa categoria.	*Comunicação sistemática promove entendimento e apoio:* • Estabeleça mensalmente reuniões de aproveitamento de tempo para rever as unidades comerciais e estabelecer objetivos para o período seguinte. • Requisite relatórios quinzenais de progresso estratégico da administração (desde o topo até os gerentes médios).

Valores	Fome de *inovação*	Confiança inabalável na equipe de trabalho
Filosofias e ações de apoio (Exemplos)	*Conhecimento é poder:* • Procure por registros e relatórios de tendências e mudanças no mercado. *O risco alimenta o sucesso:* • Os critérios de avaliação dos funcionários devem abranger: — A revitalização de produtos velhos ou de pouca saída. — Lançamento de um a três novos produtos por ano.	*A Interbrew é uma só, indivisível:* • Novas iniciativas comerciais devem ser revistas / complementadas por múltiplas funções. *As missões orientam a equipe de trabalho:* • Estabelecimento de alvos (ou seja, missões) para todas as equipes (metas / impacto). *A autonomia motiva:* • As equipes determinam sua própria agenda.

de vários grupos e indivíduos — 23 diferentes segmentos no total. Cada mensagem era um chamado para a ação. Internamente, por exemplo, os funcionários comerciais (vendas) estavam encarregados de ser "observadores do controle de qualidade e canais com os consumidores por meio dos hotéis, bares, cafés e restaurantes e do comércio de alimentos". Externamente, a Interbrew se apresentava para os clientes de varejo como um "parceiro comercial empenhado", prometendo-lhes um faturamento consolidado e entregas mais coordenadas.

Um processo de envolvimento de funcionários, elaborado em quatro partes, foi estabelecido e implementado em torno da "sede de viver" da Interbrew. Esse processo continha um programa de reconhecimento do desempenho profissional, a educação de valores, treinamento e desenvolvimento, e atividades comunitárias que giravam em torno de: patrocínios ao esporte, iniciativas para assegurar que a bebida não entrasse em determinados lares e o financiamento de causas ambientais locais.

Uma das mudanças mais significativas deu-se em torno da atuação do sistema administrativo da Interbrew. A descrição de tarefas deixou de ser um falatório frio e sem vida de terceiros sobre "responsabilidades" e passou a ser um *compromisso pessoal* voltado para a contribuição pessoal e visando resultados. A tarefa do gerente de marketing que trabalhava com as principais marcas do mercado passou a ser descrita como "minha tarefa" (em vez de simplesmente "*a* tarefa") e estava voltada para fatias específicas do mercado e devia estabelecer metas para a imagem da marca em apoio à estratégia da Interbrew. Outra seção implicava que o sucesso desse gerente dependia de sua ligação com a identidade da empresa. A última parte do processo estava voltada para a satisfação do cliente. E foi nele que o gerente resolveu o problema ao identificar seu consumidor primário. Ele anotou o nome de determinadas pessoas com quem precisava manter uma relação — e para quem ele seria de ajuda no decorrer do ano seguinte.

Ao mesmo tempo em que refazíamos a descrição das tarefas essenciais, reavaliávamos os padrões de avaliação do desempenho. No final, esses também mudaram. Entre outras coisas, o sistema de classificação foi revisado para estimular um desempenho maior em todas as funções, em todos os setores da empresa.

Uma das principais iniciativas externas visava melhorar a satisfação do consumidor. Durante meses, trabalhei com uma equipe especial voltada para a satisfação; nosso objetivo era colocar a identidade da Interbrew e o apoio que a empresa dava aos valores em termos mais claros com o objetivo de estreitar a relação dela com seus clientes.

Umas das primeiras atividades era tomar alguns funcionários e seus respectivos "clientes" como exemplo. Esses exemplos eram então incorporados ao processo de avaliação de desempenho. Entre os clientes dos gerentes da marca estavam aqueles que compravam no varejo, agências de anúncios e, é claro, os consumidores. Os motoristas de caminhões, o cerne do sistema de entregas da Interbrew, eram treinados para concentrarem seus relacionamentos nos donos de bares e gerentes de supermercados. Não seriam mais tolerados caminhões e uniformes sujos. Cada motorista era a própria Interbrew e tinha de refletir a sede de viver da Interbrew e o orgulho que isso significava. Recepcionistas e telefonistas também estavam incluídos nesse processo. Eles tinham de ver a todos, secretários, vendedores e outros visitantes da Interbrew, como se fossem clientes.

Muitas iniciativas para satisfazer o consumidor foram tomadas com base em centenas de comportamentos que tinham vindo à tona nos grupos de funcionários. Por exemplo, os gerentes comerciais (a força de venda) estavam encarregados de trabalhar de acordo com o novo serviço, controle de qualidade, educação do consumidor e padrões de informação. Funcionários técnicos (os de logística e transporte) tinham de insistir num padrão elevado de limpeza e manutenção de todos os setores; além disso, tinham de promover uma inspeção regular e um programa de renovação da frota de caminhões de entrega.

Um dos recursos mais interessantes desenvolvidos pela equipe foi a planilha de satisfação do consumidor, uma para clientes internos e outra para clientes externos. Sua eficiência baseava-se no fato de que os próprios funcionários elaboravam suas relações com os clientes. A cada funcionário era feita uma série de perguntas simples: *Qual é a natureza da relação entre você e esse grupo de acionistas (tais como os donos de restaurantes)? O que você faz para eles? (Ou seja, como você os auxilia?)* Para assegurar a lisura, as planilhas eram distribuídas para determinados clientes identificados pelo próprio funcionário.

A cada mudança sistemática que estava ocorrendo na Interbrew, era importante que correspondesse uma mudança simbólica. As pessoas tinham de estar rodeadas de lembretes visuais afirmando que a Interbrew era única, não apenas a soma da Artois com a Piedboeuf. Atingir essa meta era o desejo da equipe. Durante os dois anos em que trabalhei com a Interbrew, a empresa deu início a um amplo programa visual de identificação. Tudo mudou: o logotipo da empresa; sua sinalização de fábrica e escritório, seus caminhões de entrega, os uniformes, o estacionamento e, colateralmente as vendas e o marketing; a embalagem de produtos selecionados; o recrutamento, a orientação e a literatura de treinamento e desenvolvimento. Tudo parecia diferente — graças ao planejamento.

O planejamento serve a um propósito acima de todos que é o de assinalar a mudança que nasce da verdadeira identidade da companhia. A partir daí as pessoas, sobretudo os funcionários, só conseguirão ver a si mesmos como parte dessa mudança. O planejamento é um recurso fundamental para a administração baseada na identidade.

A Interbrew era *dirigida pela necessidade de saciar a sede de viver* — palavras que ajudaram a promover a fusão. Por volta do final de meu trabalho, eu tinha aprendido que não importava com que perfeição elas capturavam a identidade do empreendimento, essas palavras não eram tudo. O que torna especial a identidade dessa organização, ou de qualquer outra, é como essas palavras são vividas, dia após dia, década após década.

UMA PALAVRA DE ORDEM

Nós estamos plenamente em harmonia com a Lei do Entendimento quando usamos todas as nossas faculdades para *experimentar* algo: a visão, a audição e todos os nossos sentidos. Em relação a isso, o que ouvimos em forma de mensagens e o que vemos em forma de símbolos são de importância vital. O papel de mensagens e do planejamento, no entanto, é o de criar esperanças, não o de proporcionar a experiência. Desse ponto de vista, a palavra de ordem inerente à Lei do Entendimento é "Prove!"

A sétima lei da Identidade contém um paradoxo que explica por que dizer "Prove!" é tão importante e por que dizê-lo soluciona o mistério do *como* — como efetivar uma mudança significativa e permanente. É um paradoxo que deve ser entendido por todos os gerentes para que tenham sucesso em promover mudanças e fazer com que todos os elementos da relação comercial "reconheçam a organização por aquilo que ela de fato é". Esse é *o paradoxo da transformação*. Conforme aprendi com a Interbrew, o paradoxo da transformação funciona da seguinte maneira: para tornar as mudanças firmes, é preciso tornar o difícil fácil (a estratégia dos negócios deve ser entendida em termos simples) e o fácil, difícil (os valores culturais devem ser concretos para que a companhia prospere pela força de sua identidade).

A Lei do Entendimento exige que assumamos a responsabilidade de deixar os outros saberem quem somos e para que servimos. O primeiro desafio é estar à vontade e em paz com a própria identidade. Muitas pessoas e empresas não estão seguras a respeito de si próprias; falta-lhes confiança em relação ao que são. *Elas podem acreditar secretamente que têm muito o que dar, mas como não têm certeza disso, não têm vontade de proporcionar a si próprias uma oportunidade de deixar os outros saberem quem elas são verdadeiramente.* Para parafrasear a sétima Lei de Identidade, uma pessoa ou uma organização é tão valorosa quanto ela *acredita* ser. Se não ajudarmos os outros a entenderem nossas verdadeiras capacidades, estaremos fadados a desperdiçar as oportunidades que por direito nos pertencem.

A sétima Lei da Identidade é escrita em código binário: o valor *observado* é uma questão de preto no branco. Não existe meio-termo. Essa lei exige que os administradores e as organizações que dirigem tenham a coragem de se manifestar e se tornarem conhecidas. O anonimato não vale nada. No final, saberemos que estamos vivendo de acordo com a Lei do Entendimento quando outros, por meio de suas ações, proferirem duas palavras: *"Eu entendo."*

8 A LEI DO CICLO

A IDENTIDADE DETERMINA O VALOR, O VALOR PRODUZ A RIQUEZA, E A RIQUEZA, POR SUA VEZ, PREENCHE A IDENTIDADE.

Eu estou vivo, sou único
  e imutável,
    mesmo quando cresço e me desenvolvo.
No entanto, para de fato viver, devo me expressar
  por completo,
    e, ao fazê-lo, terei muito o que proporcionar.
Mas, para tanto, preciso dos outros, e sou mais produtivo
  ao lado daqueles que também precisam de mim.
Para estabelecer esses relacionamentos, devo primeiro ser
  reconhecido por aquilo que sou,
    para em seguida receber
      de acordo com aquilo que proporciono.

O círculo tem sido utilizado por muitas pessoas como um modelo rico de significado. Nós falamos do ciclo da vida e do ciclo da virtude. Usamos o círculo para descrever o mundo e, conseqüentemente, o conhecimento que temos ou queremos ter sobre a natureza das culturas, dos mercados e dos países. Eu já mencionei o "círculo do valor" para descrever a interdependência econômica dos corretores de ações. Mas eu acredito que a expressão mais interessante de um círculo ou ciclo seja a maneira pela qual ele ilustra a oitava Lei de Identidade.

As coisas que eu acredito que sou — o humanista/rabino, o estrategista/arquiteto — determinam o sentido que tenho de mim e são um sinal dos dons que tenho para proporcionar à minha família, meus amigos e meus clientes. O que eu recebo de volta — a riqueza que recebo — depende do quanto estou adaptado à mistura desses dois papéis ligados de forma tão vital. Eu não espero ser "rico" em termos monetários. É provável que isso não faça parte desse campo. Mas eu espero ser recompensado segundo a contribuição que dou. Além disso, eu espero riqueza de muitas outras formas: ou seja, conhecer pessoas que sejam intelectualmente instigantes, criativas e passionais em suas vidas e atitudes; viajar para lugares fascinantes como Europa, Japão, Coréia e Austrália; o amor e o respeito da minha família e de outros que entendem o poder que a identidade tem para moldar a vida.

Entretanto, a volta do círculo não estará completa até que compreendamos que a riqueza que recebemos em troca do que proporcionamos, estimula ainda mais a expressão da identidade. Para empresas, bem como para indivíduos, a riqueza certamente se refere a dinheiro, mas ela também se refere a outras coisas que, como um ímã, atrai as pessoas até nós cada vez mais. Por exemplo, o reconhecimento que recebemos dos amigos, dos clientes, dos familiares e dos funcionários estimula nossa determinação de seguir em frente e redobrar nossos esforços no que quer que façamos para ganhar o reconhecimento deles em primeiro lugar.

Meu trabalho com o diretor-executivo Leonard Hadley e sua equipe na Maytag Corporation, de 1992 a 1994, retrata essa realidade. Como a Maytag Corporation vive, como sua identidade influencia seus negócios, são exemplos claros dos benefícios advindos de se agir de acordo com a Lei do Ciclo.

MAYTAG CORPORATION
Fábrica da Magic Chef, Segundo Trimestre de 1992

A estrada até a fábrica era difícil de encontrar. Era uma saída à esquerda da estrada principal perto de Cleveland, no Tennessee. Ali ficava a sede da Magic Chef, uma das empresas recentemente adquiridas pela Maytag Corporation. Eu podia sentir o calor que abençoava o sul no outono. As folhas ainda estavam firmes — de um verde-escuro com leves manchas de amarelo. A mudança estava no ar.

A fábrica era como às de muitas indústrias que eu havia visitado em minha carreira: uma grande estrutura de concreto e tijolos cujas bordas eram demarcadas por escritórios envidraçados e em cuja parte central ficava o centro produtivo da operação. Os negócios com base em manufatura sempre mostravam uma incongruência familiar. Normalmente os locais são abertos, sem desperdício de espaço, simples e sem preocupações estéticas, apesar de serem o centro do processo de criação de valor. São simplesmente eles quem "traduzem" a identidade em coisas que tornam a identidade tangível.

Naquele dia de outono no Tennessee, eu fiquei frente a frente com um grupo de empregados incumbidos de falar sobre o que pensavam de se tornarem parte da Maytag Corporation. A sala em que nos reunimos tinha paredes azuis e uma longa mesa no centro, em que oito homens e mulheres pareciam esperar ser interrogados. Eu sempre notei um contraste surpreendente entre os operários e os gerentes, principalmente aqueles logo abaixo dos altos executivos. Enquanto estes mediam as palavras, aqueles diziam exatamente o que pensavam. É sempre uma oportunidade para se aprender.

Dentre as pessoas que participavam daquela reunião, uma mulher falava com mais eloquência do que os outros, de forma lenta e controlando o tom de voz. Sua família trabalhava na Magic Chef há gerações. Ela, e agora seus colegas, mencionava várias histórias sobre a organização; a Magic Chef Company tinha seu próprio saber e, durante anos, instilou um grande orgulho em seus funcionários.

Havia uma ou mais coisas que ela e todos os outros queriam saber. *O que aconteceria a eles se o nome Magic Chef fosse trocado por Maytag?* A pergunta pairava no ar como uma gigantesca nuvem negra sobre o Tennessee, carregada e pronta para explodir. Essa mulher não estava perguntando o que aconteceria aos *produtos* Magic Chef, pois já sabia que a linha de produtos dessa marca continuaria a existir. Ela estava tentando descobrir o que aconteceria à *identidade* da Magic Chef, a instituição que atuava há oitenta e seis anos.

Era uma pergunta que ia diretamente ao coração do empreendimento: esclarecer o que significava ser *Maytag Corporation* — não Maytag, a marca, nem a Maytag empresa, mas a Maytag organização familiar. Inadvertidamente, aquela mulher tinha cutucado a ferida. Em resposta à pergunta que ela havia feito, eu expliquei que o objetivo era compreender como todas as operações, que agora faziam parte do empreendimento, se uniram em algo maior e mais forte do que as empresas sozinhas.

Um dos temores ocultos que acabou por fim sendo revelado na reunião era o de que a qualidade da Magic Chef, que era muito boa, fosse considerada não tão boa assim para os lendários padrões da Maytag. Isso não quer dizer que os empregados da Magic Chef considerassem seus produtos ou seu sistema de produção como algo de baixa qualidade. Na verdade, eles estavam preocupados é que "a corporação" assim pensasse. *A Corporação*. Sempre que esse termo era usado pelas pessoas no curso de nossa discussão, ele parecia carregado de suspeitas e dúvidas.

Em resposta ao medo das pessoas, eu enfatizei que meu trabalho era ajudar a fazer com que esse relacionamento funcionasse. Eu prometi levar as preocupações deles para a administração. Isso era o máximo que eu podia fazer naquele momento. O assunto "a corporação" — o que ela realmente era e como a Magic Chef se encaixaria nela — não poderia ser resolvido naquele dia.

Eu fiz o que tinha ido fazer. Identifiquei problemas que podiam atrapalhar a Magic Chef no sentido de se tornar uma parte produtiva em uma organização maior. Todos os problemas giravam em torno da adaptação. As pessoas estavam com medo de não se adaptar, de não fazer parte do negócio. Em última instância, elas temiam que o relacionamento com a "corporação" não desse certo e que a empresa fosse vendida novamente.

Quando estava saindo do estacionamento, pensei nos gerentes e empregados que eu havia conhecido nos últimos dois dias e nos muitos que não conhecia. Ali "no meio do Tennessee" havia uma indústria que era o lar de no mínimo mil pessoas; elas eram como as folhas das árvores que circundavam o local, dispostas a enfrentar o inverno que estava para chegar. De certa forma, eles temiam o frio, um frio provocado pelo receio de não fazerem parte da nova empresa, de não estarem no nível da tarefa e de não entenderem o motivo. O que eles não sabiam era que a Magic Chef tinha muito a proporcionar à Maytag, a corporação, e não só em termos de capacidade de produção.

Mudança em Andamento

No início da década de 1980, a Maytag Company — a "gente de confiança" — existia há quase um século. Nesse período, a organização tinha adquirido uma reputação de fabricar produtos de alta qualidade para lavanderias; essa reputação não existia apenas entre os consumidores, mas também entre os empregados e investidores. A Maytag era um empreendimento bem-definido e bem-visto que tinha se tornado um marco do comércio norte-americano.

A reputação da empresa foi adquirida tanto por meio de sua publicidade quanto por causa de seus produtos. Desde meados da década de 1960, a qualidade da Maytag é chamada de *Ol' Lonely*, o técnico desocupado da Maytag, que não tinha trabalho porque as lavadoras e secadoras da empresa nunca quebravam. Então, na década de 1980, a Maytag pareceu mudar de percurso.

O início deu-se com a compra da Hardwick Stove Company em 1980 e da Jenn-Air em 1981; a Maytag, sob a liderança de Daniel Krumm, começou a crescer por causa das aquisições. A estratégia teve seu momento alto em 1986, quando a Maytag comprou a Magic Chef. A aquisição trouxe consigo dois novos utensílios: Admiral e Norge; trouxe também a Dixie-Narco, uma empresa líder de vendas.

Em 1988, a Maytag adquiriu a Chicago-Pacific Corporation. O alvo específico dessa compra foi a Hoover, uma empresa cujo patrimônio era tão rico e tradicional quanto o da própria Maytag. A Maytag, uma corporação familiar, deixou de ser uma empresa que atuava principalmente no ramo de eletrodomésticos de cozinha e lavanderia, para se tornar líder também em equipamentos para limpeza de chão e de tapetes.

O significado de ser Maytag, a partir de então, começou a se propagar — em termos de definir características como linhas de produtos, preço e até mesmo qualidade.

Segundo Jan Cooper, meu contato inicial e vice-presidente para assuntos corporativos, a Maytag precisava de ajuda para acalmar a confusão que incomodava a empresa como resultado de suas aquisições. A empresa tinha "problemas de identidade" que precisavam ser organizados. Nas reuniões iniciais com Jan, ela descreveu como a confusão tinha se introduzido em todos os aspectos da vida da empresa.

As distinções entre a Maytag Corporation, a Maytag Company e a marca Maytag eram nebulosas. Os administradores e empregados em outras unidades da empresa estavam inseguros sobre suas funções e responsabilidades.

As pessoas de fora da empresa, inclusive os clientes e os corretores de Wall Street, simplesmente não se deixavam levar por algo que entendiam ser uma expansão sem fim do negócio de eletrodomésticos. Entre os analistas com os quais conversei, havia uma concepção generalizada de que a Maytag Corporation estava privada de um propósito comum, ou de uma visão, para unir as partes do empreendimento em um único investimento profissional descrito como "um todo explicável".

Para piorar ainda mais a situação, os dois principais rivais da empresa, a General Electric e a Whirlpool, estavam ganhando força. Na época em que trabalhei com a Maytag, a Whirlpool era vista como a empresa que ditava o ritmo dos negócios. Sob a direção de David Whitwam, diretor-executivo da Whirlpool, a empresa dava passos arrojados e decisivos rumo à globalização e ganhava aplausos da comunidade financeira por seus esforços.

A situação preocupava o novo executivo-chefe da Maytag, Leonard Hadley. Para Hadley, o papel da identidade exigiria várias mudanças urgentes. Um dos maiores desafios seria receber o apoio de Wall Street.

Um outro desafio enfrentado por Hadley e sua equipe era fortalecer a rede de revendedores para a exposição da linha de produtos e das marcas da corporação. Se, por um lado os revendedores estavam satisfeitos com a ampliação da linha e da qualidade dos produtos, por outro havia um descontentamento crescente. Os revendedores estavam com acúmulo de entrada de pedidos e um lento prazo de entrega, e tinham de lidar com um grande número de faturas ao negociar com várias empresas — tudo por causa da Maytag Corporation.

Ao mesmo tempo, o relacionamento com os revendedores estava mudando drasticamente porque eles próprios estavam se consolidando. E enquanto faziam isso, cada um dos relacionamentos que a Maytag tinha com um varejista, como, por exemplo, a Tops ou a Circuit City, adquiria uma importância maior. Não apenas o número de revendedores estava caindo, mas a natureza do relacionamento com eles também estava mudando. As transações tradicionais de "compra/venda" davam lugar a parcerias de serviços interdependentes baseadas na resposta do tempo de entrega, um acesso mais fácil ao gerente geral, um treinamento interdependente e um apoio de vendas por meio de publicidade e promoções.

Um terceiro desafio era interno. Hadley falava da enorme pressão que era fazer com que os empregados de uma divisão trabalhassem em sintonia com os empregados das outras divisões. Tudo estava em jogo, desde um melhor desenvolvimento de novos produtos e aprimoramento do marketing até uma maior divisão do mercado: *bastava que as pessoas conversassem umas com as outras*. A situação clássica "nós/eles" tinha aparecido. A Maytag estava descobrindo que não tinha comprado simplesmente um monte de bens inanimados, ela tinha adquirido uma variedade de entidades vivas. Cada uma continha sua própria identidade, e muitas delas, como a Magic Chef e a Hoover, tinham décadas de história. Não era surpresa que os empregados estivessem atrelados às respectivas heranças e acostumados a fazer as coisas de uma determinada maneira.

Um dia, durante o almoço no restaurante da empresa na sede da Maytag em Newton, no Estado de Iowa, uma funcionária relatou a situação perfeitamente. Ela disse:

— Sempre há uma suspeita velada sobre "o outro" quando você não o conhece.

Os funcionários das empresas da Maytag nunca se deram conta de que eram todos parentes muito próximos uns dos outros para o consumidor.

À medida que eu ouvia um gerente atrás do outro falando sobre a ambigüidade das funções que as divisões desempenhavam, comecei a ver que o ponto de atrito estava na produtividade da corporação. Os funcionários sentiam que cada operação estava sendo comparada, como disse um funcionário, com a "Maytag, Maytag, Maytag". As notícias nos meios de comunicação a respeito da Maytag *Corporation* eram geralmente vinculadas erroneamente à Maytag *Company*. Por fim, eu percebi que o valor total do empreendimento estava obscurecido pelo domínio da Maytag Company. Por causa da antiga reputação de suas operações, bem como da sua lucratividade superior naquele momento, o restante dos empreendimentos estava perdido na confusão.

Hadley já tinha feito da mudança uma prioridade para a organização. A fim de permanecer independente, a Maytag precisava se tornar mais eficiente e produtiva como um *empreendimento único*. Os funcionários em muitas divisões agora passaram a ver as mudanças como "algo constante", mas de uma forma negativa. Alguns falavam relutantemente sobre "a nova ordem das coisas" e sobre uma "mudança sem propósito". Um diretor de seção lamentou que tudo parecia estar mudando rápido demais.

Uma concepção da Maytag como "um amontoado de fragmentos e partes" propagou-se internamente e foi até inconscientemente reforçada pelo balanço anual. As várias aquisições da Maytag levaram os gerentes a apresentar a organização como um *conglomerado manufatureiro*. Essas aquisições tinham apenas acrescentado empresas e fábricas à Maytag mas pareciam ser a descrição principal do empreendimento. Eis como a Maytag lidou com essa concepção:

- Balanço anual 1989: *A Maytag Corporation [...] consiste de 9 empresas com ênfase primária em eletrodomésticos e venda de equipamentos. A corporação tem 26 fábricas em oito países e aproximadamente 26 mil funcionários.*

- Balanço anual 1990: *A Maytag Corporation [...] consiste de 9 empresas com 22 fábricas em sete países e aproximadamente 22 mil empregados.*

- Balanço anual 1991: *A Maytag Corporation [...] consiste de 12 empresas com 22 fábricas em sete países e aproximadamente 23 mil funcionários.*

Eu sabia que essa concepção fragmentada da empresa não era correta. Havia muito mais nesse conjunto de empresas do que essas descrições imaginavam.

Uma necessidade urgente por trás desses desafios era definir o papel único do ser corporativo — para ajudar a encontrar sua própria identidade, e, conseqüentemente, seu próprio caminho. O papel da corporação havia se tornado um assunto muito debatido entre os gerentes, que tinham pontos de vista definidos sobre como a corporação deveria ser e o que ela deveria fazer.

Muitas pessoas viam o papel da corporação como passivo — um veículo de aquisições, financiamento e coordenação em apoio a operações independentes. A analogia com uma "companhia controladora" era usada freqüentemente. A corporação era um "bureau de serviços" que fornecia recursos financeiros, jurídicos e humanos. Em muitas discussões, eu observei a clássica reação automática que os gerentes normalmente têm sobre as organizações familiares cujas identidades distintas e de criação de valores são desconhecidas por eles. São entidades que esses gerentes preferem odiar. Elas são vistas como uma fonte de desperdício, como elefantes-brancos, e são alvos fáceis para críticas.

Além desse sentimento negativo que existia em relação a várias operações da Maytag, havia também um grande número de gerentes e funcionários que viam o potencial da corporação de uma forma mais positiva e dinâmica. Muitos executivos acreditavam seriamente que a corporação poderia exercer uma liderança positiva em termos de uma ação completa, de uma estratégia de marca centralizada e de uma definição de metas comerciais. O sentimento no grupo era de que "Len Hadley e sua equipe tinham de organizar tudo como se fosse uma orquestra sinfônica, não uma banda de coreto".

Outros ainda acreditavam que o papel da corporação era proporcionar conhecimento e informação por meio de preparo e desenvolvimento e por meio dos conselhos da empresa. Esses conselhos controlariam disciplinas básicas como compras, marketing e pesquisa e desenvolvimento. Alusões positivas eram feitas com freqüência à General Electric; não importava a competição que havia entre a Maytag e a GE; o que as pessoas estavam vendo era a possibilidade de "a corporação" se tornar um unificador de partes aparentemente distintas.

O ESCLARECIMENTO DO SIGNIFICADO DA MAYTAG

Por saber que eu precisava avaliar cada parte da empresa por seus méritos próprios, passei a analisar em primeiro lugar a qualidade histórica do negócio, que era uma característica distintiva da Maytag. Era como a música hipnótica de um encantador de serpentes. O que a Maytag significava além de qualidade? Nenhuma análise de uma grande organização teria crédito se não examinasse a qualidade como um pilar da identidade.

As Raízes da Qualidade

A história da Maytag Company está muito mais ligada à qualidade de suas idéias do que à qualidade de suas lavadoras e secadoras.

A empresa foi fundada por Fred L. Maytag em 1893. Era um pequeno fabricante de equipamento agrário. Funcionava num barracão abandonado de 10 metros por 15 em Newton, no Estado de Iowa. A linha de equipamentos agrícolas foi ampliada e passou a contar com prensas de feno e colheitadeiras. De 1907 até 1911, a companhia chegou a ponto de fabricar os automóveis "Maytag-Mason" em Waterloo, em Iowa. A primeira lavadora de roupas foi construída em 1907 para ser uma linha adicional de produtos com dois objetivos: manter o fluxo de caixa quando a venda de produtos agrícolas entrasse em baixas sazonais e atender a demanda crescente dos lares por lavadoras. A lavadora Pastime da Maytag nasceu assim.

A qualidade da Pastime foi sendo melhorada gradativamente. Adicionou-se a ela uma polia, de forma que pudesse funcionar com uma fonte de energia externa. Em 1911, a Maytag lançou um modelo com um motor elétrico[1]. Quatro anos mais tarde, a empresa criou uma lavadora com motor a gasolina para as propriedades rurais que ainda não dispunham de eletricidade. Em 1919 a companhia lançou a primeira máquina de lavar com tubo de alumínio, o que eliminava um problema crônico que era o

---

1. A maioria das máquinas de lavar roupa era movida a manivela. A lavadora elétrica apareceu em 1908, chamava-se Thor e foi patenteada em 1910 pela Hurley Machine Company. (N. do T.)

bolor dos tubos de madeira. Dizia-se na época que essa novidade era "a máquina que não poderia ser construída".

A empresa expandiu-se nacionalmente no começo da década de 1920 sob a direção de L. B. Maytag, filho do fundador. L. B. Maytag deu continuidade ao processo de inovação. Ele concebeu um novo projeto de máquina de lavar que usava um agitador no fundo do tubo. Foi uma das invenções mais significativas da história dos eletrodomésticos de lavanderia. O princípio revolucionário dessa invenção era um dispositivo que fazia com que a água sob pressão entrasse em contato com a roupa em vez de arrastar a roupa na água. Esse produto foi lançado em 1922 e seu enorme sucesso levou a Maytag a trabalhar exclusivamente com lavadoras, o que levou a empresa a dominar a nova indústria de utensílios de lavanderia. Por volta de 1927, alcançou o número de produção e distribuição de um milhão de lavadoras "Gyrofoam". A qualidade dos produtos da Maytag estava sendo cada vez mais reconhecida.

A qualidade das idéias que estavam por trás do crescimento da empresa deu origem à primeira lavadora automática, a AMP, em 1949. Em 1953, começou a produzir secadoras. Todo o mundo conhecia a Maytag pela qualidade de seus produtos, mas as inovações coletivas promovidas pela empresa representaram a gênese de uma reputação que perduraria ao longo dos anos.

Apesar da importância e da lucratividade da empresa, eu logo percebi que a qualidade da Maytag tinha um lado negativo. A qualidade dava origem a uma espécie de arrogância (*Ninguém sabe melhor do que nós como construir produtos de qualidade*), e com a arrogância vinha uma inflexibilidade que acabava levando à miopia. Aos olhos de muitos gerentes da Maytag, havia pouco espaço para as idéias de outras pessoas. E apesar de muitos executivos reconhecerem com um certo rancor que produtos baratos poderiam ter boa qualidade, foi difícil para eles aceitarem isso.

Quando os prós e os contras da qualidade da Maytag começaram a se tornar claros, eu me dei conta de que uma das tarefas mais importantes que eu tinha pela frente era afirmar a importância dessa característica que é a mais vital de todas, e, ao mesmo tempo, ampliar suas definições e práticas.

Os Talentos do Empreendimento

Era possível para os gerentes "dominar" e, portanto, controlar suas específicas linhas de produto, estratégias de preço e marcas, mas não era fácil para eles controlar as *capacidades* que deram origem a essas coisas em primeiro lugar. Tais capacidades, eu acreditava, pertenciam à corporação-mãe. Se eu pudesse esclarecer o que eram essas capacidades, eu poderia esclarecer também o que significava ser Maytag Corporation. As capacidades implicariam o potencial de criação de valor do empreendimento como um todo.

Ao analisar as idiossincrasias econômicas de cada operação, pude sentir mais semelhanças do que diferenças entre essas operações no que diz respeito à forma pela qual elas criavam valor. Com exceção da Dixie-Narco, não estavam essas companhias todas vendendo eletrodomésticos de alguma forma? Esses eletrodomésticos não se enquadravam todos na categoria de bens duráveis? Não eram eles encontrados com freqüência nas estantes e nos assoalhos dos mesmos fornecedores e nas casas dos mesmos clientes?

Cada uma dessas empresas veio equipada com uma herança e um registro próprios. Cada uma delas, de maneira particular, tinha se tornado uma instituição no melhor sentido — aceita pela cultura e pela sociedade a que pertença. Sabendo disso, concluí que cada uma delas teria dons e conhecimentos especiais nos quais seus produtos, histórias e registros eram baseados.

Avaliei sete diferentes operações. Eis o que descobri sobre as capacidades distintivas de cada uma delas:

> A **Admiral** tinha se especializado em geladeiras por décadas. As habilidades particulares da empresa, no entanto, estavam em seu setor de engenharia e desenvolvimento, o qual poderia ser traduzido em áreas que iam além da refrigeração.
>
> A **Dixie-Narco**, apesar de ser uma empresa de vendas, proporcionava à Maytag Corporation uma experiência que era útil aos maiores interesses do empreendimento. Essa organização tinha uma especialidade que era a produção de um sistema de refrigeração que não agredia o ambiente.

A **Hoover** tinha uma história tão longa e rica quanto a da Maytag. A companhia tinha se tornado adepta de duas áreas que eram vitais para o crescimento da corporação: projeto e automação em tecnologia e fabricação.

A **Jenn-Air** era o maior fabricante de fornos e fogões. Ao longo de sua história, a empresa foi se especializando na inovação de produtos e, como a Hoover, em inovação de projetos.

A **Magic Chef** também estava no ramo de fornos e fogões, mas seus produtos eram mais baratos do que os da Jenn-Air. A Magic Chef era particularmente boa em algo que eu chamei de "integração com o cliente (fornecedor)". Ironicamente, essa habilidade da empresa estava relacionada com o preço. Eu descobri que a Magic Chef havia lutado muito junto aos fornecedores por causa das empresas rivais que ofereciam aos varejistas produtos mais avançados e que proporcionavam a eles uma margem maior de lucro. Por causa disso, a empresa teve de aprimorar sua capacidade de comercialização de produtos e aprender como trabalhar de maneira mais afinada com os fornecedores que queriam trabalhar com ela.

A **Maycor** era a principal operação de serviços ao consumidor da corporação. Trabalhava com diversas marcas. A Maycor proporcionou ao empreendimento não apenas experiência, mas também um sistema avançado de avaliação do desempenho e da reputação de suas marcas principais.

A **Maytag** era o centro de qualidade por excelência em termos de fabricação. A Maytag também contribuiu para a corporação com seus métodos de treinamento e a importância que dava a ele. Essa preocupação com o treinamento era uma característica totalmente transferível, e as outras partes da organização poderiam se beneficiar dela.

Em um pedaço de papel, dispus essas várias capacidades em torno do nome *Maytag Corporation*, sem mencionar o nome das companhias que as caracterizavam. De repente, a força competitiva do empreendimento como um todo começou a tomar corpo. Um retrato da identidade inerente à corporação começou a surgir.

A administração continuava se referindo à totalidade de seus negócios como "eletrodomésticos", "utensílios" ou "itens de vendas". Essa concepção era bastante estreita. Os executivos viam o negócio do ponto de vista do fabricante e falavam do "objeto" em vez de verem o negócio do ponto de vista do consumidor e falar do *uso*. Essa diferença, apesar de ser simples, era importante, pois ajudava a esclarecer ainda mais a maneira pela qual a empresa criava valor. A Maytag era "boa em" cinco coisas que ajudavam o consumidor a viver melhor: *cozinhar, lavar pratos, limpar o chão, lavar a roupa e em refrigeração*.

A verdadeira identidade do empreendimento seria encontrada na soma das operações. Eu havia tomado uma a uma separadamente as peças desse quebra-cabeça chamado Maytag para depois juntá-las e ver o resultado. Na minha opinião, não havia praticamente nenhuma parte da corporação que não contribuísse para o processo de criação de valor. Diversos elementos podiam cumprir papéis diferentes e ter responsabilidades diferentes, mas tratava-se de um empreendimento *único*, e deveria ser entendido como tal.

Durante o tempo em que estive em Newton, hospedei-me numa pensão chamada La Corsette. Era uma casa pequena e aconchegante que havia sido restaurada e era usada muitas vezes para abrigar os visitantes da Maytag. Logo fiz dela um local de descanso e reflexões. Um dia, eu estava tomando o café da manhã com a proprietária, Kay, e falávamos sobre o que a havia levado a deixar o local ao mesmo tempo agradável e prático. Cada quarto era único; as refeições, consistentes e de boa qualidade, e a mobília estava sempre limpa. Comentei com Kay que devia ter dado muito trabalho fazer com que as coisas parecessem tão simples.

À medida que eu falava, percebi que estava pensando em meu cliente, o pessoal que eu havia conhecido e o enorme potencial que senti que a Maytag Corporation tinha em relação ao futuro. A Maytag Company existiu durante cerca de cem anos; a Hoover quase isso e a Magic Chef, 86 anos. Outras operações também tinham idade avançada. Individual e coletivamente elas tinham crescido, atravessado várias crises, imposto sua presença no mundo e criado raízes na sociedade de que faziam parte. Como poderia esse empreendimento *não* ter vida própria? Pouco mais tarde, encontrei o que estava procurando. A Maytag, o ser corporativo, era movido por uma necessidade de *melhorar a qualidade da vida familiar*.

Não era apenas uma empresa de eletrodomésticos, nem simplesmente um conglomerado manufatureiro. A Maytag era um *empreendimento de administração familiar*; essa era a verdade da corporação, uma verdade que criava valor. Conforme eu procurava aprofundar essa descoberta, outras peças do quebra-cabeça organizacional acabaram se encaixando. Eu percebi que a identidade da Maytag era definida pelas capacidades coletivas da organização e não por suas marcas. As marcas eram *resultado* dessas capacidades e constituíam uma ponte entre a corporação e os consumidores. O papel de cada uma das divisões, então, seria o de aperfeiçoar o valor percebido daquelas marcas por meio de uma propaganda e uma política de vendas cada vez mais atuante.

Em uma reunião com Len Hadley e sua equipe de executivos, expliquei-lhes que "melhorar a qualidade da vida familiar" implicava uma ação, que por sua vez exigia uma mudança na razão pela qual a "qualidade" era praticada. Eu tinha de fazer com que eles deixassem de pensar na qualidade de fabricação. Para que eles expandissem seus horizontes, propus que pensassem em termos de *qualidade global* — um conceito que quase não tinha nada a ver com geografia.

Qualidade global significava várias coisas. Indicava uma *forma de pensamento e comportamento* que englobava tudo, inclusive os funcionários da Maytag Company. Significava estabelecer *uma parceria de ganhos mútuos com os fornecedores*. A qualidade global, sugeri, exigiria *flexibilidade e uma conduta aberta* da parte de todos. Implicava uma forma de conduzir os negócios que exigia *atenção total no marketing*, não no sentido funcional apenas, mas na maneira pela qual os funcionários de cada área encaravam suas tarefas.

Qualidade global também significava celebrar *o potencial de lucro individual e a contribuição de cada divisão*, em vez de considerar apenas a lucratividade da Maytag Company. A competição pelo lucro entre as divisões era estrategicamente irrelevante na melhor das hipóteses; na pior, desviava a atenção dos administradores que deveria estar voltada para criar valor para os consumidores. Por fim, a qualidade global exigia que o *treinamento*, por toda a corporação, envolvesse a todos, desde vendedores até os gerentes gerais.

RUMO À CRIAÇÃO DE VALOR

Por volta de dois meses depois de minha apresentação inicial à gerência, a implementação teve início, com prudência. Logo no começo, eu ponderei que procedimentos seriam necessários para ajudar a companhia a capitalizar sua identidade recém-descoberta. Uma das coisas que o desejo da Maytag de melhorar a qualidade da vida familiar me sugeriu foi uma eficiência potencial e profunda que tinha de aparecer na organização.

Como, perguntei-me, essa eficiência poderia ser alcançada? Um passo-chave seria ligar todas as divisões de forma a melhorar a capacidade individual e coletiva de cada uma no sentido da criação de valor. Em termos práticos, isso significava entrelaçar essas divisões em pontos estratégicos relevantes de suas operações. Por causa de minha experiência anterior com a Interbrew, eu sabia da necessidade, por exemplo, de se estabelecerem conselhos de competências. Tais conselhos estariam incumbidos do marketing e da administração da marca, de compras, tecnologia da informação e comunicações. Para atingir esse tipo de eficiência, eu imaginei, no entanto — uma eficiência significativa, estratégica — que seria preciso mais.

Na primavera de 1993, eu me empenhei para que a reunião anual dos gerentes acontecesse. Era o ponto de partida para promover a mudança. Minha tarefa era ajudar Len Hadley e sua equipe a determinar uma missão para a Maytag Corporation. Até então, meu trabalho já tinha repercutido dentro da organização; a idéia de que a Maytag estava no negócio de administração familiar já não era novidade.

A sessão começou bastante tranqüila. Eu expus a idéia de que a identidade da organização proporcionava a "missão" mais lógica para o empreendimento; e com a exceção de uma ou duas pessoas, os administradores na sala concordaram comigo. À medida que discutíamos as implicações da capacidade da Maytag de melhorar a qualidade da vida familiar, uma das vozes dissidentes começou a falar. Com uma preocupação legítima e uma frustração visível, ela colocou que o negócio da Maytag, em todas as divisões, era *eletrodomésticos: fabricar e vender alguns dos melhores eletrodomésticos do mundo*. Tinha sido assim durante décadas. Para a pessoa que falava, melhorar a qualidade da vida familiar não bastava.

Outros entraram na discussão, que foi se tornando cada vez mais barulhenta. Como normalmente acontece, dois partidos se formaram. Nesse caso, um partido era o dos gerentes que se sentiam à vontade com a missão que eu havia proposto e a defendiam; o outro partido se organizou em torno de um executivo que acreditava que a missão da corporação se dava em torno de eletrodomésticos. Eu me detive um pouco para observar.

Poucos minutos depois, quando a tensão já tinha diminuído um pouco, eu me impus novamente para propor uma solução: Por que não combinar as duas idéias em uma única missão? De fato, não havia nada a ser debatido: as duas propostas eram reais. A Maytag Corporation, como um todo, de fato aspirava a melhorar a qualidade da vida familiar. E o fazia *projetando, construindo e oferecendo* eletrodomésticos que estavam entre os melhores do mundo.

As propostas não eram excludentes. Se houvesse de fato um debate, esse debate deveria se dar em torno do *ser* e do *fazer*. A identidade do empreendimento refletia, acima de tudo, a condição de ser da organização — *quem* ela era, para *que servia* e como *poderia contribuir para a sociedade*, para cada um de seus clientes individualmente. O fato de que a Maytag construía e vendia eletrodomésticos era também importante, mas tratava-se de um *meio* pelo qual ela expressava sua identidade.

A relação capital entre ser e fazer era crucial para a missão da Maytag, assim como o seria para qualquer empresa. Simplesmente *ser* alguém ou alguma coisa única e não fazer nada de concreto para expressar essa singularidade, é o mesmo que abdicar da responsabilidade de viver. De maneira alternativa, simplesmente *fazer* coisas (fabricar mais e melhores eletrodomésticos, por exemplo) pode facilmente resultar numa atividade caótica e ineficiente. Ser e fazer eram dois lados da mesma moeda. Era minha tarefa impulsionar a identidade na esteira de ambos.

Uma das primeiras iniciativas da implementação tomadas por mim foi traduzir a identidade em ações específicas. A gerência precisava ver rapidamente o que significava "melhorar a qualidade da vida familiar". Dirigime aos funcionários à procura de respostas, utilizando a identidade para liberar e canalizar a criatividade deles.

Demos início ao processo dividindo a necessidade da Maytag de melhorar a qualidade da vida familiar em três categorias em seqüência. Faziam parte dessas categorias os *benefícios* ao consumidor implícitos na identidade; como a companhia deveria *reagir* para proporcionar esses benefícios; e que *ações* ou procedimentos seriam dados relevantes para isso (Quadro 7).

Entre muitos outros, os *benefícios* que os funcionários acreditavam poder melhorar a qualidade da vida familiar eram facilidade de uso, mais tempo livre, vida simples, rapidez e até mesmo mais orgulho em cuidar da casa. Como a Maytag *poderia* ajudar o consumidor nesse sentido? Várias idéias foram propostas: que a entrega de peças de reparo e a chegada do técnico ocorressem dentro de doze horas depois da chamada e não em até 24 horas, como acontecia; que se produzisse um conjunto de ferramentas para que o cliente mesmo fizesse alguns consertos no equipamento, e que algumas peças de reposição simples pudessem estar disponíveis de imediato; que se promovesse uma "auditoria familiar" uma vez por ano para avaliar o desempenho de todos os eletrodomésticos da casa, fossem eles da Maytag ou de terceiros; e que se implantasse um acompanhamento do cliente por funcionários da linha depois da venda do produto.

Um funcionário propôs que a Maytag publicasse e distribuísse guias de administração do lar contendo uma série de fatos e informações sobre como preparar e conservar alimentos, lavar pratos, roupa e limpar o chão. Seria uma forma, ele argumentava, de aprofundar a relação da empresa com as pessoas.

QUADRO 7

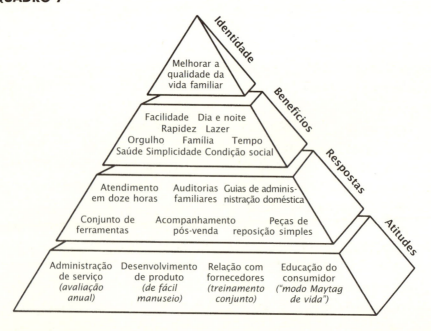

Se a Maytag traduzisse essas respostas em *ações* práticas, ela poderia começar a trazer sua identidade à vida. Levando em consideração as respostas que haviam sido identificadas, os gerentes que estavam trabalhando comigo definiram várias áreas como alvos primários para a mudança: gerência de serviço, desenvolvimento de produtos, relações com fornecedores e educação do consumidor.

Ao mesmo tempo em que essas mudanças sistemáticas estavam sendo ponderadas, Len Hadley estava dirigindo a organização por meio de uma iniciativa de identificação do empreendimento de cima para baixo. Assim como havia acontecido na Interbrew, a necessidade de cercar as pessoas com símbolos visíveis de mudança era de extrema importância. Todos os elementos com os quais a empresa se relacionava, particularmente funcionários, precisavam ser lembrados constantemente de que as coisas já não seriam mais como antes.

Na melhor das hipóteses, a identificação do empreendimento proporcionaria um sinal externo de algo mais profundo — a verdadeira identidade do empreendimento. A força disso reside no fato de que todos nós somos intensamente visuais; a visão é o principal meio pelo qual nos enquadramos no mundo, seja no contexto dos negócios ou na vida em geral. "Só acredito vendo" é uma palavra de ordem para aqueles administradores que procuram assinalar a mudança e diferenciar as organizações segundo o que elas são de fato. No caso da Maytag, a iniciativa de identificação do empreendimento culminou com a adoção do nome Maytag por todas as divisões, exceto a Hoover e a Dixie-Narco. O significado da Maytag estava de fato mudando.

Avaliação dos Resultados

Os resultados das iniciativas de administrar a identidade devem ser avaliados. Algumas possibilidades de classificação vêm à baila: o grau de satisfação do *consumidor* e sua fidelidade é uma delas; outra seria a satisfação e o compromisso do *funcionário*. Outro meio de classificar os resultados seria acompanhar o crescimento das vendas e da participação de mercado.

Mas o "resultado" mais importante da administração baseada na identidade é a produtividade do empreendimento — especificamente, *a contribuição produtiva* dos funcionários para a vida dos consumidores e da sociedade a que esses funcionários servem. Se houvesse um medidor financeiro para isso, este seria o retorno do dinheiro investido em folha de pagamento — a relação entre folha de pagamento e medidas-chave como rendimento, lucro operacional, o valor da produtividade por setor e a capitalização na bolsa de valores. Tudo isso se refere a um trabalho de equipe em grande escala.

Além disso, os benefícios da administração baseada na identidade não se limitam ao resultado econômico imediato. Avaliá-la exclusivamente do ponto de vista financeiro é diminuir as possibilidades de lucro. Dizem por aí que *aquilo que pode ser contado nem sempre conta, e que aquilo que conta nem sempre pode ser contado*. Moral, desejo, dedicação, convicção e criação fazem parte desse pequeno conjunto de "coisas" difíceis de serem contadas. Têm elas valor para os negócios? Influenciam a produtividade? É claro que sim. Elas são as coisas de que é feita a administração baseada na identidade.

No caso da Maytag, acontecimentos positivos e negativos a ajudaram a enfrentar os desafios originais. Uma das primeiras conseqüências disso foi a concordância de Wall Street em reformular suas idéias sobre a estratégia de aquisições da Maytag. A identidade inata da corporação continha uma mensagem que começava a ressoar no ouvido dos investidores: *A Maytag não é apenas um conglomerado que fabrica eletrodomésticos; é um empreendimento de administração familiar*. Comunicar a identidade nesses termos ajuda a explicar a lógica subjacente das aquisições.

Uma segunda conseqüência foi a simplificação do sistema de emissão de faturas, o que reduziu o número de lançamentos que os fornecedores faziam de aproximadamente seis para dois. Quando a identidade do empreendimento se tornou clara para todos, os executivos compreenderam que era necessário que a Maytag Corporation fosse simplificada, e dessa forma reforçasse a sua relação com os fornecedores e distribuidores. Era uma ação concreta no sentido daquilo que os consumidores já sabiam: *Só existe de fato uma Maytag*.

Em relação aos resultados positivos, a idéia de "ser dono do lar" ressoava na organização. Eu via isso como se fosse a afirmação de um propósito estratégico que estava de acordo com a identidade da organização. Por fim, houve uma aceitação cada vez maior do nome Maytag internamente. Um alto executivo me disse, algum tempo depois, que o meu compromisso com a empresa havia terminado, que os funcionários da maioria das divisões "estavam de fato falando como funcionários da Maytag".

Os benefícios da administração baseada na identidade nunca são totalmente previsíveis. No final, a falta de jeito que a Maytag Company tinha com a prestação de serviços (produtos de confiança não deveriam precisar fornecer assistência técnica) foi compensada pela capacidade que a Magic Chef tinha de *usar* o serviço de assistência técnica como uma oportunidade para construir relacionamentos. Era uma qualidade que servia de modelo para os fornecedores e para indicar como a Maytag Corporation deveria conduzir a si própria no mundo. Além disso, era uma qualidade que revelava um valor maior que ia além dos produtos que eram fabricados ali, na unidade da Magic Chef em Cleveland, no Tennessee.

A Maytag Corporation pode não ser a maior empresa do ramo; o que ela tem em abundância como organização é integridade; ela é um todo, completa, e tem confiança naquilo que é. Por meio das lentes da identidade, é essa integridade que lhe dá uma sólida reputação e lhe proporciona um crescimento lucrativo e constante ao longo do tempo. O ser corporativo Maytag conhece a si próprio.

Ao mesmo tempo, o empreendimento tem o potencial de alcançar uma eficiência ainda maior — *a grande eficiência* — daqui para a frente. A Maytag Corporation tem toda a possibilidade de completar outros cem anos. Certamente a companhia não terá a mesma aparência e os eletrodomésticos serão bastante diferentes no futuro. Como se criará valor daqui a cem anos é algo que não se pode dizer. Mas se a Maytag ainda existir, o desejo dessa organização de melhorar a qualidade da vida familiar estará presente no interior das instituições, mantendo as coisas em ordem e equilibradas.

O Pagamento

Da mesma forma que a administração baseada na identidade diz respeito a proporcionar, ela também diz respeito a receber. Esse é o enunciado central da Lei do Ciclo. Viver de acordo com a identidade não é um gesto altruísta. Ele demanda riqueza em troca do valor. Não é renúncia nem abnegação. Como se define riqueza é outra questão, mas o respeito mútuo é um dos princípios da oitava Lei da Identidade. *Devemos ser pagos.*

A "riqueza" que a Maytag recebe em troca do valor que cria é proporcionada de várias maneiras: por meio das vendas por unidade, dos rendimentos e do lucro operacional. Ela se traduz na fidelidade do cliente; destaca-se nos relacionamentos comerciais estrategicamente vantajosos e mais ainda em investimentos de acionistas. Pode ser vista no comprometimento do funcionário com a empresa e na maneira pela qual ele a defende. No final, tudo isso acaba sendo reinvestido na organização, nutrindo a identidade da Maytag e fortalecendo a empresa para o caminho que tem pela frente.

Ao longo dos eventos relatados aqui, a Maytag demonstrou muitas das características da fé na identidade, fé que explica a lógica que existe por trás das leis da identidade e que contém suas próprias recompensas. A Maytag, a instituição, estava de fato *viva*, um ser com vontade e mente próprias. Ela era *única*, um fato que podia ser melhor observado na combinação das heranças de suas operações e na qualidade sem igual de seus produtos. A Maytag era de fato *imutável*, mesmo continuando a crescer e se desenvolver. Mudar à luz de sua identidade significou para a Maytag tornar-se ainda mais um empreendimento de administração familiar. Apesar disso, a maneira pela qual ela expressava essa capacidade mudava implacavelmente com o tempo.

Para viver de verdade, no entanto, a Maytag precisava *expressar-se por completo*. E assim o fazia, crescendo por meio de aquisições que estavam em grande medida de acordo com um desejo que não esmorecia de melhorar a qualidade da vida familiar. Nesse mesmo sentido, a organização tinha também *muito para proporcionar*. E, dessa forma, para compreender o potencial de criação de valor que tem, a administração empenhou-se em liberar suas idéias, experiência e o conhecimento de seus funcionários, tudo isso em nome de uma mudança construtiva.

A produtividade da Maytag como empreendimento dependia de como ela construía *relacionamentos com aquelas pessoas que mais precisavam dela* em termos do valor que a organização criava. Certamente me refiro aos funcionários. Também me refiro a proporcionar mais aos consumidores na forma de produtos cada vez mais fáceis de serem usados e na forma de uma assistência cada vez melhor.

A Maytag tem se empenhado corretamente para ser *reconhecida* por aquilo que é. De muitas maneiras, devido à sua genealogia, a empresa já estava em vantagem em relação às demais. Mas ela tinha meios de fazer com que as pessoas entendessem o verdadeiro e o mais completo significado de Maytag. Por fim, eu acredito, a companhia tem sido *recompensada de acordo com as dádivas que proporciona* — aos consumidores e, por meio deles, à sociedade.

O CÍRCULO SE COMPLETA

Para todos os administradores, a Lei do Ciclo pode indicar tanto perigo quanto oportunidade. Se se concentram na criação de riqueza antes da criação de valor, estarão fadados ao fracasso, se não hoje, amanhã. Se tentarem colocar o lucro antes da contribuição, estarão violando a oitava Lei da Identidade e colocando a empresa no caminho da autodestruição.

Por outro lado, o ciclo contínuo *que vai da identidade até a criação de riqueza, e daí de volta à identidade* proporciona um significado novo ao conceito de "ciclo de vida" para as instituições comerciais (Quadro 8). Ironicamente, as organizações são de alguma forma seres maiores e mais potentes do que os indivíduos que passam por elas, porque a morte delas não é uma certeza. As organizações não precisam morrer, na medida em que seus dirigentes entendem a identidade delas e tomam providências para que as atividades da organização estejam alinhadas com a identidade.

A identidade é tanto um começo como um fim. Para pessoas e organizações, ela é a fonte das capacidades únicas de cada um de contribuir, do potencial único de cada um e das oportunidades encerradas nesse potencial. A identidade é também beneficiária de sua própria força: ao se exercitar e se expressar, torna-se cada vez mais rica, profunda e forte.

A identidade requer um sistema fechado — em termos visuais, um *círculo completo*. Por esse motivo, tenho o círculo como um símbolo quase perfeito de como a identidade organiza tanto o serviço quanto a vida. A importância do círculo para a identidade e seu impacto especial sobre a liderança residem em três coisas que são características essenciais do próprio círculo — características que eu identifiquei pela primeira vez na Alcoa e em outras organizações em 1987.

A primeira característica do círculo é sua forma *eficiente*. Da mesma maneira a Lei do Ciclo implica que a vida seja eficiente, uma eficiência que pode ser observada na elegância e precisão que a vida tem quando todas as suas partes trabalham em sincronia.

A segunda característica é a *integridade*. A idéia de totalidade, de completude, é inerente ao círculo. Nesse mesmo sentido, há uma grande integridade em uma vida levada de acordo com a Lei do Ciclo. O sentido de completude que eu sinto, quando tomo decisões e procedo de acordo com aquilo que sei estar em sincronia com minha identidade, é a fonte de uma energia constante. Tenho testemunhado esse mesmo sentido de integridade nas empresas e em seus dirigentes quando eles, quer tendo consciência disto ou não, fazem de suas identidades inatas o centro de gravidade de suas condutas. Ocorrem-me os exemplos da Coca-Cola, da Herman Miller e da Disney.

QUADRO OITO

A terceira característica comum ao círculo e à oitava Lei de Identidade é a *preservação*. O círculo — particularmente o ciclo de vida — é a história da infinidade. Para as pessoas e as organizações, a Lei do Ciclo lembra uma capacidade semelhante de preservação. Talvez os seres humanos não estejam em posição de se beneficiarem dessa característica em sentido físico. Mas em sentido espiritual, sim. Aquilo que deixamos como legado e a maneira pela qual somos lembrados podem produzir valor por muito tempo depois que partimos. Para as empresas a conservação é um grande desafio. Sob a liderança de homens que entendem a Lei do Ciclo é plenamente possível para as empresas se conservarem para sempre.

A Lei do Ciclo pode anunciar grandes realizações e riqueza se empregada como um modelo para a organização da vida pessoal ou de uma instituição. Por outro lado, a decisão de ignorar essa lei pode ser o prenúncio de uma vida sem realizações ou de falências no terreno empresarial. Seja como for, a Lei do Ciclo dirige nossa sorte, e a sorte das organizações comerciais, inexoravelmente.

9 O QUE SE PODE ALCANÇAR COM A ADMINISTRAÇÃO BASEADA NA IDENTIDADE

O QUE APRENDEMOS ATÉ AGORA

Por natureza própria, a identidade não pode ser fragmentada. Em sua forma e aplicação, a identidade é um todo — a soma das capacidades mentais, físicas e emocionais de alguém. Apesar disso aprendemos, ao longo deste livro, que a identidade *pode* ser revelada, pelo menos por um instante, o que é bom, pois não podemos nos beneficiar daquilo que não podemos ver. Examinar as Leis da Identidade uma de cada vez — para entendê-las, experimentá-las, testá-las e aplicá-las — significa desmistificar a identidade, tornar seu enorme poder compreensível, abrangente e, em última análise, quem sabe, administrável.

Em termos práticos, o que significam as Leis da Identidade para os líderes de hoje e para as pessoas que aspiram à liderança? Há muitas atitudes que os administradores podem tomar, "a partir de amanhã cedo", para começar a alinhar suas empresas em torno das identidades inatas delas. A seguir, mostraremos, de maneira resumida, as principais implicações das Leis da Identidade.

A LEI DO SER

Toda organização composta de um ou mais seres humanos tem o direito de estar viva, exibir capacidades físicas, mentais e emocionais distintas, que não apenas derivam das pessoas que a compõem ao longo do tempo como também as transcendem.

A primeira Lei da Identidade revela que as organizações estão literalmente vivas: são seres com vontade e mente próprias. Mas isso não significa que elas governem a si próprias. No entanto, esses fatos podem alterar nosso entendimento acerca da natureza e da prática da liderança.

A primeira implicação é que os *administradores devem servir a instituição*, o ser corporativo, e não o contrário. Eles devem libertar a identidade da instituição, lançando mão de todos os recursos disponíveis nesse sentido de forma que o potencial da instituição possa se concretizar.

Segundo, os administradores devem conduzir a organização de acordo com uma definição mais abrangente da criação de valor que vá além do lucro. Essa visão mais ampla tem como princípio o *valor humano* contido na identidade — os milhares de pessoas que fazem e fizeram parte da organização ao longo do tempo. Dessa forma, a vida do empreendimento se torna um reflexo verdadeiro dos talentos e especialidades agregados dos funcionários.

Os administradores devem reavaliar a noção mais tradicional do *valor comercial*. Sob a administração baseada na identidade, o "valor comercial" se refere à contribuição que uma empresa presta ao mercado, de maneira única e exclusiva, medida pelos produtos ou serviços que emanam da identidade e aumentam a sua força.

Os líderes empresariais devem também avaliar o sucesso de sua administração em termos de como suas organizações *criam valor* — por exemplo, o impacto causado pela Alcoa nos meios de transporte, distribuição de energia e conservação de alimentos. As profundas raízes que se formam quando uma organização opera uma melhora na sociedade é uma apólice de seguros de pouco valor; elas determinam o cenário para o desenvolvimento de uma relação duradoura com o mercado que pode ajudar a organização a atravessar muitas tempestades.

Apenas ao combinar os efeitos dessas três formas de criação de valor — humana, comercial e social — os líderes podem deveras ter acesso ao *valor econômico* da organização em termos do valor financeiro fundamental que essa organização possui. Dessa forma, aqueles que administram a corporação poderão levá-la adiante como o ser vivo que ela de fato é.

A LEI DA INDIVIDUALIDADE

As capacidades humanas de uma organização invariavelmente se fundem numa identidade distinta que torna única essa organização.

A segunda Lei da Identidade postula que toda organização, como toda pessoa, é única. Qual o significado disso para as empresas líderes? Significa que uma diferenciação verdadeira e sustentável pode ser alcançada. Além do mais, para que o empreendimento se desenvolva, suas características únicas e de criação de valor *devem ser conhecidas*.

É imperativo que as empresas líderes examinem em profundidade a organização; que se comprometam a descobrir, a desvendar, a conhecer a instituição como o indivíduo que ela é; que perguntem às pessoas — clientes, fornecedores, funcionários — o que torna a empresa especial; que lhes perguntem como elas percebem que sua empresa cria valor para elas e *em conjunto com elas* — não em termos financeiros, mas em termos da contribuição que a empresa delas proporciona para melhorar a qualidade de vida delas e dos clientes, e em termos também do aprimoramento produtivo de sua empresa e do melhoramento da sociedade. É imperativo também que as empresas *não assumam nada*, mas que procurem determinar padrões, descobrir o que está debaixo de questões óbvias como custo baixo, prestação de serviços, qualidade, rapidez e inovação.

Líderes que buscam respostas sólidas devem também olhar para trás; escrutinar a história do empreendimento em busca de pistas que revelem as capacidades e paixões que estiveram sempre presentes nele — e que sempre estarão. As sementes da necessidade que a Fidelity tinha de *satisfazer o individualismo* haviam sido semeadas décadas antes. O reconhecimento desse fato tornou possível o descobrimento da identidade da companhia.

Ao definir o tipo de negócio em que sua organização está, o administrador deve se lembrar de que a identidade é a chave sem a qual essa questão tão importante nunca poderá ser respondida de forma adequada.

A LEI DA CONSTÂNCIA

A identidade é algo fixo, transcende tempo e lugar, ao passo que suas manifestações estão em constante mudança.

A terceira Lei da Identidade trata da imutabilidade das organizações, mesmo quando elas crescem e evoluem. Daqueles administradores que percebem que a vida não permanece estável e que as empresas precisam mudar, essa lei exige uma resposta que vai radicalmente de encontro a suas intuições: As iniciativas de "mudança" devem, para funcionar, estarem afinadas com a identidade da instituição.

Os administradores têm de se dar conta de que a noção de mudança já está construída dentro da identidade — tanto na identidade da organização quanto na identidade dos próprios administradores. A dificuldade desse processo consiste na utilização de forças externas — econômicas, competitivas, tecnológicas e sociais — como estímulo para desencadear novas formas de *interpretação* da identidade e não como uma razão imaginária para a mudança. A Korn/Ferry International se deparou com esse desafio quando lançou o *FutureStep*, um serviço inovador. Quanto mais perto os líderes estão de alinhar as mudanças com a verdadeira identidade do empreendimento, mais naturalmente eficaz a organização se torna e, dessa forma, maiores são as possibilidades de sucesso para esses empreendimentos.

A LEI DA VONTADE

Toda organização é obrigada pela necessidade a criar valor de acordo com a própria identidade.

A quarta Lei da Identidade descreve a necessidade fortemente arraigada que uma empresa tem de criar valor em seus próprios termos: *ela deve expressar-se por completo*. Os administradores responsáveis por determinar a direção de um empreendimento devem tomar para si a tarefa de conhecer a identidade de sua organização antecipadamente. Devem também reconhecer a vontade da instituição como uma força central e de criação de valor; caso contrário, correrão o risco de ver suas organizações vacilarem como, creio eu, fez a Upjohn. A identidade não pode ser extinta, a não ser quando ocorre um desmantelamento completo da organização.

O que devemos concluir disso? Trata-se de uma questão de prioridades. *A identidade precede a estratégia.* Se a intenção de uma empresa é manter o seu poder — quer chamemos isso de visão, missão, propósito ou estratégia — os líderes devem se assegurar de que ele venha da identidade.

A LEI DA POSSIBILIDADE

A identidade prenuncia o potencial.

A quinta Lei da Identidade revela o poder da identidade como uma abertura às oportunidades. O que isso significa para os líderes que querem que suas organizações cresçam? Significa que os meios mais ricos, com o maior potencial de crescimento, residem em descobrir a inclinação natural da organização.

Os administradores que buscam novos mercados simplesmente porque são mercados de potencial crescimento e os administradores que buscam a diversificação simplesmente para amenizar os altos e baixos dos ciclos dos negócios voltam sua atenção para o lugar errado. Eles deveriam olhar, em primeiro lugar, para o potencial de criação de valor inerente à identidade de suas instituições se desejam que elas cresçam de forma natural e lucrativa. A Westinghouse não conseguiu fazer essa ligação, e rumou para o desastre.

Os líderes precisam ter em mente que suas organizações — seres corporativos — procuram exercitar e aprofundar suas identidades; procuram se atualizar. *Isso significa crescer.* Os líderes devem utilizar a identidade como um guia para o crescimento, mantendo, ao mesmo tempo, os requisitos econômicos em mente. Em vista da identidade, contudo, eles devem também redefinir o que constitui um horizonte de tempo "razoável" e uma taxa "aceitável" para o retorno de seus investimentos.

A LEI DO RELACIONAMENTO

As organizações são inerentemente relacionais, mas as relações estabelecidas por elas só terão força se o alinhamento natural entre as identidades das partes também o tiver.

A sexta Lei da Identidade explica por que as organizações são *sobretudo produtivas com aqueles que também precisam delas.* É um caso de interdependência da mais alta ordem, proporcionando toda uma estrutura apoiada na força das relações.

Os líderes devem reconhecer que o relacionamento que uma empresa estabelece com todos os seus constituintes deve ser administrado como um *sistema*, e não como um catálogo de relações independentes com pessoas de interesses diversos. Esse sistema, o qual eu descrevo como *círculo de valor*, é composto pela interdependência econômica dos funcionários, clientes e investidores. Os administradores devem organizar o funcionamento da empresa de forma a expandir essa interdependência natural. O objetivo de tudo isso seria colocar o círculo de valor em movimento e fazê-lo girar com uma determinada energia que possa criar um relacionamento vantajoso que perdure.

O círculo de valor tem muito mais a dizer sobre a liderança efetiva: os administradores que proclamam que o acionista é o elemento constituinte mais importante da empresa estão mal informados. O que realmente interessa é *aprimorar ao máximo* as relações entre os funcionários que criam valor, clientes que compram valor e investidores que financiam valor. O destino dessas pessoas está inextricavelmente entrelaçado.

O fato de as organizações serem mais produtivas com aqueles que também precisam delas sugere algo mais, e algo que nenhum líder pode ignorar: *A necessidade é determinada pela identidade*. A Companhia de Eletricidade e Gás de Nova York é motivada pela *necessidade de moldar ambientes de energia*. Essa necessidade determina a relação da empresa com todos os outros, o que implica valor, de muitas formas. Os administradores devem compreender como as identidades de suas instituições se alinham com as identidades daqueles que estabelecem relações com ela — todos — para que essas relações sejam vantajosas.

Um passo que pode ser dado pelos líderes, e que é de extrema importância para se atingir essa meta, é semear as Leis da Identidade nos panoramas de suas organizações, discutindo abertamente essas leis e conclamando todos os funcionários a considerar o quanto elas podem promover mudanças construtivas. Elas deverão ser utilizadas como um instrumento de análise da forma pela qual a companhia estabelece relações.

A LEI DO ENTENDIMENTO

O valor dos talentos individuais de uma organização depende do valor observado no todo dessa mesma organização.

A sétima Lei da Identidade postula a necessidade de uma organização *ser conhecida por aquilo que ela é* como um pré-requisito para a construção de um relacionamento sólido com os outros. As ramificações para as empresas líderes são muitas. O anonimato não tem nenhum valor. Os administradores devem garantir que o dom exclusivo que suas organizações têm para criar valor seja bem-compreendido. De que outra maneira poderíamos estabelecer uma relação com segurança?

Os empregados futuros e atuais devem conhecer a identidade do empreendimento, pela qual eles também são responsáveis, se quiserem vivê-la e manter a saúde, a vitalidade e a importância dela. Os investidores também precisam conhecer a identidade da companhia, pois a identidade é essencial à produção de riquezas. Mas, quanto aos clientes, a questão é outra: é preciso certificar-se de que eles *experimentem* essa identidade sempre. Pouco importa se eles podem articular a identidade de uma companhia. O que interessa é o papel representado pelos funcionários no sentido de tornar a identidade "conhecida". Se os líderes têm uma tarefa acima das outras, é a de assegurar que a identidade esteja firmemente ligada às operações cotidianas da empresa.

O que mais importava para a Interbrew, a empresa européia de bebidas, eram os pormenores: aumentar a autoridade dos motoristas dos caminhões de entrega para que eles pudessem preencher os pedidos feitos pelos estabelecimentos que se encontravam em sua rota, o que levou o pessoal de vendas para outra direção, a de comunicar às revendas o que a necessidade que a companhia tinha de *saciar a sede de viver* significava para eles em termos de disporem de uma maior flexibilidade de estoque e políticas de lucro.

Existe um corolário a este último ponto. Os líderes devem sempre ter *o paradoxo da transformação* em mente e com sinceridade. Eles devem se empenhar em "tornar o difícil (as estratégias comerciais) fácil" e o "fácil (a identidade), difícil".

Os empregados não devem nunca se referir às estratégias comerciais ou às metas financeiras de maneira pessoal. Tanto uma como outra são, ao mesmo tempo, muito racionais e muito abstratas; falta-lhes o ponto de referência emocional de que as pessoas precisam para determinar o delas próprio. Além do mais, isso não compete à maioria dos funcionários. Para serem abraçadas pela organização, essas coisas devem ser *humanizadas* — articuladas pelas lentes da identidade. Ao mesmo tempo, se os administradores pretendem deixar uma marca profunda no crescimento e na maneira de atuar do empreendimento, devem ajudar a traduzir os conceitos sutis, embora de muito valor, em procedimentos concretos.

A LEI DO CICLO

A identidade determina o valor, o valor produz a riqueza, e a riqueza, por sua vez, preenche a identidade.

A oitava Lei da Identidade afirma que as organizações *recebem de acordo com aquilo que proporcionam*. Quais são as implicações disso para os líderes? Uma delas é que *não se deve colocar o lucro antes da contribuição*. Um líder que esteja fazendo isso, corre o risco de erodir a identidade da organização, que é responsável pelas duas coisas.

E mais: se a intenção é "ficar rico" — adquirir riqueza em todas as suas formas —, então, como no caso da Maytag, os administradores devem direcionar todos os talentos da organização para a criação de valor. Eles devem entender a maneira pela qual a companhia investe nessas capacidades e contribuir para elas constantemente. O que significa isso exatamente? Significa que os administradores devem desafiar as pessoas a pensar, agir e avaliar o progresso que fazem de acordo com as relações de causa e efeito que a oitava Lei da Identidade revela: *A identidade determina o valor, o valor produz a riqueza, e a riqueza, por sua vez, preenche a identidade.*

Ao encarregarem suas organizações de abraçar as realidades contidas na oitava Lei da Identidade, os líderes podem abrir caminho para benefícios extraordinários para todos: uma *grande eficiência* que amplia de maneira considerável o significado e as medidas da produtividade; uma *integridade* que reflete a força do empreendimento como uma coisa una — que o todo é verdadeiramente maior do que a soma das partes; e uma *resistência* que demonstra o potencial que a empresa tem para viver muito além do imediato e de, com isso, aprofundar seu valor intrínseco. Os líderes devem buscar esses benefícios sempre.

Em suma, o que aprendemos até agora é que a identidade organiza a vida: a vida dos líderes, a vida das instituições, a vida que cada um de nós levamos a cada dia. Dessa forma, a identidade resolve problemas essenciais como estes: *Quem somos? Para que existimos? Qual o nosso potencial para criar valor? Como reconhecemos esse potencial?* Para as empresas, no final, o que conta é isto: Desvende o código da identidade e entenderá como sua empresa de fato ganha dinheiro.

O ASPECTO HUMANO É IMPERATIVO

As Leis da Identidade exigem o melhor de nós como administradores, como profissionais e simplesmente como seres humanos para que possamos ver e entender as coisas de maneira mais completa e clara do que nunca. Aquilo que se enxerga é apenas a superfície: os produtos e serviços por meio dos quais uma empresa é mais conhecida, e as coisas que as pessoas dizem sobre ela; as roupas que vestimos, a cor de nossa pele, e as coisas que as pessoas dizem sobre nós. Abaixo da superfície é onde se encontram os veios mais ricos de ouro.

Para que tenham mais clareza sobre aquilo com que estão lidando, os administradores precisam encarar "os números" de forma diferente, para enxergar o que esses números de fato representam. À medida que as organizações se tornam mais sofisticadas em desenvolvimento e aplicação de estatísticas comerciais, não devem medir esforços no sentido de criar valor. Em outras palavras, *as estatísticas devem ser concebidas para testar o sucesso da administração baseada na identidade.*

Medidas-padrão proporcionam um significado novo e mais profundo quando se leva a identidade em consideração. A imagem da companhia — o conceito que o consumidor faz da companhia — reflete o que ela é de fato e como ela cria valor? Como seriam as vendas e os lucros se ela refletisse? Até que ponto a satisfação dos clientes e funcionários está relacionada com a identidade? Qual seria o resultado de aprofundar a relação com os clientes e de manter funcionários de valor?

Além da capacidade para reconhecer as estatísticas naturais, os administradores devem encarar o desafio de adotar novas estatísticas com o objetivo deliberado de testar a tendência de suas organizações criarem valor. Avaliar o retorno do investimento feito na folha de pagamento, um conceito mencionado por mim no Capítulo 8, é um desses testes. A média anual de investimento em folha de pagamento em relação ao lucro operacional, ao valor de venda ou valor de mercado é uma medida que promete trazer para o centro do problema a íntima relação entre a criação de valor e a criação de riqueza.

Para terem sucesso como agentes de mudança e crescimento, os administradores devem reconhecer que os efeitos da identidade sobre a liderança são tanto naturais como acumulativos.

- O primeiro efeito que a identidade provoca sobre a liderança é *pessoal*. A identidade faz com que a liderança progrida de uma atividade centralizada (o presidente da empresa, o chefe de serviço ao cliente, o chefe dos escoteiros, o capitão da equipe de futebol) para um meio de vida no qual cada um de nós seja, antes de mais nada, responsável pela própria liderança de acordo com as próprias habilidades. Saber em que ramo, em que profissão e em que empresa nos sentimos melhor é o resultado natural de viver de acordo com a própria identidade.

- O segundo efeito é *organizacional*. A presença da identidade corporativa (por exemplo, a necessidade de a Maytag *melhorar a qualidade de vida no lar*) desenvolve a capacidade da instituição para a liderança em vez de promover a supremacia individual. E todos (mais especificamente, *todos que se enquadram*) cumprem um papel no sentido de ajudar a instituição a alcançar seus objetivos.

- O terceiro efeito que a identidade exerce sobre a liderança é *administrativo*. Como se fosse um meio de vida, naquilo em que a instituição transcende o indivíduo em importância, a "liderança" se torna uma maneira bastante ampla para se tratar a administração da empresa, na qual o objetivo principal seria reconhecer o potencial de criação de valor dessa mesma empresa. Desse ponto de vista, a identidade de uma corporação determina tudo, desde a estratégia e a organização até a cultura e as operações.

A liderança não diz respeito a ganhos pessoais: ganhar mais dinheiro e conquistar o respeito das pessoas. A liderança não é uma recompensa. A liderança é uma obrigação inexorável para se viver e crescer por meio da identidade — seja a identidade individual ou a da organização. Para cumprir esse desafio, os administradores devem, em primeiro lugar, liderar a si mesmos de acordo com as qualidades que possuem como indivíduos; devem ser reconhecidos por aquilo que são. Em seguida, eles devem fazer com que os funcionários conheçam a identidade da organização e saibam que, acima de qualquer outra coisa, a identidade é um manancial de criação de valor. Em terceiro lugar, eles devem organizar e dirigir a empresa de forma que a identidade se espalhe por toda ela.

A Humanização do Empreendimento

O procedimento lógico seguinte para os líderes seria estruturar a organização de forma que ela se fundisse com a mente, com o corpo e com o coração de todos os seres humanos que ela de maneira tão apaixonada busca: clientes, funcionários e investidores. Por que isso tem de ser assim e como pode ser feito?

As corporações eram originariamente formadas em parte como um meio de congregar, organizar e empregar trabalho e capital em larga escala. De muitas maneiras, as companhias procuravam fazer o que as pessoas faziam: fabricar e vender coisas. Como as máquinas que possuíam, essas entidades eram planejadas de forma mecânica para que pudesse ser exercido sobre elas o melhor controle possível. Para simplificar: o plano era reduzir ao máximo o elemento humano para que se pudesse ampliar ao máximo a eficiência. As organizações que as pessoas se ocupavam em criar, no entanto, estavam *vivas* — tão vivas quanto as pessoas que havia dentro delas. Mas ninguém sabia disso. Até hoje não sabemos totalmente o que estivemos fazendo.

Como indivíduos, não agimos como máquinas. E nunca nos ocorreu fazê-lo. Temos muitas qualidades, somos muito complexos, muito *humanos*. A única entidade que pode ser "construída" por seres humanos é uma coisa tão viva quanto ele. Por que, então, os líderes continuam a estruturar as organizações sem levar em consideração a forma pela qual os seres humanos funcionam? Por que estamos sempre falando em "divisões", "operações" e "unidades" — as partes de um empreendimento — em vez de reconhecermos a totalidade do ser? Isso acontece simplesmente porque fomos ensinados a pensar dessa forma; sempre foi assim.

Os seres humanos, e também as organizações, têm como propósito dar o melhor de si e ambos são recompensados por isso. Desse ponto de vista, seria razoável pensar que as organizações deveriam ser estruturadas para capitalizar as capacidades humanas que lhes são inatas. Se assim for, onde encontrar um modelo para essa estrutura? Nós o encontraremos ao nos olharmos no espelho.

O que isso sugere não é nada menos do que a reorganização gradual do empreendimento em três sistemas interdependentes, que reflitam a maneira como os seres humanos funcionam. São os seguintes:

O sistema físico. As disciplinas que formam o *corpo* da organização; a estrutura esquelética, a carne e o sangue que compõem sua anatomia básica. Esses sistemas representam a base da resistência. Tais disciplinas devem englobar finanças (formação de capital, investimentos e orçamento), manufatura e operações, distribuição e logística, além das principais funções dos recursos humanos, que incluem recrutamento, contratação, manutenção no cargo e demissão.

O sistema cognitivo. As disciplinas que constituem os elementos básicos da *mente* do empreendimento — suas capacidades racionais — proporcionando a ele raciocinar e sentir as oportunidades e a necessidade vital de adaptação. O sistema cognitivo determina a capacidade para pensar da organização. Entre essas disciplinas estão negócios, economia e análise de mercado; pesquisa e desenvolvimento; e os principais processos de aprendizagem, que incluem o treinamento, a educação do funcionário e (como se define hoje em dia) a informação ou "administração de conhecimento".

O sistema emocional. As disciplinas que compõem o *coração* da instituição e que são os propulsores da motivação, da postura, da paixão e do desenvolvimento. Essas disciplinas representam um manancial de motivação tanto em sentido quantitativo quanto qualitativo. Elas abrangem todas as formas de comunicação — comunicação de vendas, entre e com os funcionários e comunicação corporativa. Abrangem também o serviço ao cliente, o reconhecimento dos funcionários e o desempenho da gerência, incluindo remuneração.

Por que organizar a empresa em termos do ser humano? Porque as organizações *já estão vivas*. Existe uma outra razão, contudo, que é igualmente importante. Com sua capacidade ímpar para raciocinar e sentir, imaginar e criar, resolver problemas e construir, *tudo ao mesmo tempo*, o ser humano é, de longe, o instrumento de criação de valor mais eficiente na natureza. Por outro lado, o modelo máquina que tem dominado os negócios há muito tempo, foi destinado a ser *repetitivo* e não original em seus resultados. Ao planejar organizações à imagem das máquinas, involuntariamente obstruímos, no lugar de aprimorarmos, a eficiência natural dessas organizações. É hora de termos claro o seguinte: é preciso planejar as organizações de forma que elas liberem, e não reprimam, as capacidades humanas. Organizar empresas de acordo com a semelhança que têm em relação ao ser humano é um caminho natural para liberar o potencial produtivo do empreendimento.

O propósito de formar e *administrar por meio* dos sistemas físico, cognitivo e emocional é ver as organizações de uma forma diferente, mais unificada e tratá-las dessa forma, além de promovê-las nesse sentido. Reconhecer a existência desses três sistemas obriga os administradores a pensar mais holisticamente sobre o negócio — sobre como o valor é criado e, como conseqüência disso, como a riqueza é produzida. O objetivo primordial para os líderes deveria ser a promoção de todas as pessoas envolvidas com o negócio no sentido da eficiência máxima, da integridade e da resistência advindas do reconhecimento do potencial da identidade corporativa.

Como esses sistemas se coordenam? Como suas respectivas forças se integram? O corpo de coordenação principal seria uma obrigação do maior executivo da empresa, e seus membros mais importantes seriam os chefes destas três áreas: do sistema físico, do sistema cognitivo e do sistema emocional. Um novo conselho administrativo — *o conselho administrativo da identidade* — poderia ser formado das fileiras dos principais executivos desses sistemas.

Outra coisa que mantém esses três sistemas unidos é a identidade da própria organização. Falando em sentido figurado, a identidade senta-se no meio da mesa de qualquer reunião executiva. A identidade é uma espécie de giroscópio que orienta o debate e as decisões que são apresentadas.

Esse modelo de organização baseada na identidade reforça o papel crucial do executivo-chefe como *o primeiro guardião da identidade*, o mantenedor daquilo que tem o potencial de ser uma chama eterna.

O que aprendemos da organização que se dá em torno da identidade pode ser usado para construir uma rede de conhecimento, que produza novas descobertas dentro do próprio empreendimento. Quais são as relações verdadeiramente críticas "entre as partes"? Como pode a companhia criar laços cada vez mais fortes com gente de fora dela que reflitam suas capacidades humanas e suas necessidades? Como podem esses laços ser administrados com mais eficiência para aprofundar a vantagem competitiva da companhia?

Elaborar e implementar esses sistemas exige líderes de todos os níveis da companhia, líderes que sejam bastante criativos e empenhados. Mas a lógica comercial desse procedimento é persuasiva: O verdadeiro valor só pode ser criado por meio de esforços integrados de um sistema humano primoroso, e isso pode ser levado a cabo por meio da capacidade dos líderes de aprimorar o potencial da companhia como um ser essencialmente vivo.

NOVOS CRITÉRIOS DE ADMINISTRAÇÃO

Além das implicações mais amplas que sustentam, as Leis da Identidade podem ser aplicadas a todas as facetas da administração diária, as quais, quando praticadas à luz da identidade, poderão ajudar na criação de valor e riqueza ao longo do tempo.

Para a diretoria, a identidade indica uma seleção de critérios para os principais executivos, como a capacidade que o presidente da empresa tem de liderar os funcionários e compreender as organizações, bem como a capacidade daqueles que aspiram a esse cargo de manter um olho clínico sobre o ambiente externo. Um outro critério desse tipo é a admiração que os diretores demonstram pela interdependência de funcionários, clientes e investidores. E outro critério ainda seria a capacidade dos líderes de reformar aquilo que já existe em vez de descartar, e de articular as implicações estratégicas da identidade junto à comunidade financeira.

Para os presidentes, a identidade indica, por sua vez, critérios para a composição do conselho — seleção de diretores cuja experiência e "visão global" sejam congruentes com as características ímpares de criação de valor da organização. A identidade também proporciona um quadro de referência para a escolha de parceiros comerciais cujas identidades estejam em sincronia com ela, para promover aquisições que fortaleçam a identidade, e para a seleção de executivos que procurem constantemente liberar o valor inerente à identidade da instituição.

Para os principais funcionários de finanças e analistas de títulos, a identidade proporciona um quadro mais amplo para a valorização das ações. Que balanço patrimonial e que demonstração do resultado da companhia refletem uma ação cada vez mais dinâmica no sentido de investir e de funcionar de acordo com a identidade?

Para executivos de planejamento estratégico, a identidade é o recurso mais importante da diferenciação competitiva e o centro de gravidade que proporciona novos caminhos para um crescimento substancial. O fato de a identidade ser eficiente por natureza faz com que ela possa ser utilizada para apontar critérios a respeito de onde investir ou não — mercados, negócios, empresas e alianças.

Para os gerentes de marketing, a identidade proporciona critérios para a expansão de mercado. O objetivo central é identificar mercados nos quais investir, desde que a empresa acredite que possa contribuir para esse mercado com sua própria identidade. O desenvolvimento de produtos e serviços também pode ser determinado com segurança por este critério: criar e comercializar apenas aquilo que seja uma clara expressão da identidade da organização e cujas vendas reforcem o laço natural entre as identidades dos clientes e a identidade do empreendimento.

Para os gerentes de linha, a identidade corporativa proporciona um quadro para o planejamento e manutenção dos negócios. Ela esclarece o papel de criação de valores da unidade. Serve como bússola para as decisões operacionais estrategicamente relevantes, para o relacionamento entre os administradores e os clientes e fornecedores, e para avaliar a contribuição prestada pelos negócios à corporação como um todo.

Para os executivos de recursos humanos, a identidade proporciona critérios essenciais para o recrutamento, treinamento e desenvolvimento, melhora de rendimento, comissões e prêmios. Por exemplo, a identidade determina o talento daquelas pessoas cuja experiência, aptidão, posturas, valores e gostos servem para enriquecê-la e torná-la mais arraigada. A identidade também fornece um quadro para a participação efetiva do funcionário. Ela esclarece o papel e o propósito das pessoas dentro de um contexto único, exigindo delas suas capacidades individuais como contribuição no sentido de construir e "vender" os valores econômicos e sociais inerentes à identidade da companhia.

Para os executivos de comunicações, a identidade é a própria mensagem a ser transmitida. É a pedra angular de todas as comunicações, sejam elas internas ou externas, de hoje e de sempre. A forma pela qual a identidade é interpretada pode mudar, mas a "mensagem" — aquilo que a identidade da organização é e como ela afeta as relações entre empresa e todas as pessoas — é inviolável.

AS RECOMPENSAS QUE A ADMINISTRAÇÃO BASEADA NA IDENTIDADE TRAZ

Eficiência, integridade e resistência são as recompensas essenciais advindas do fato de viver de acordo com as Leis da Identidade. Mas elas não são um fim em si. Pelo fato de fluírem da identidade, essas três qualidades convergem para um estado mais elevado de existência marcado por duas qualidades profundamente humanas: *poder* e *graça*.

Como conseqüência da identidade, o poder assume um aspecto ímpar. Não é transitório nem fugaz. É praticamente eterno como resultado das mudanças, quase sempre permanentes, provocadas pela alteração dos padrões de vida das pessoas e de outras organizações. Nesse sentido, o poder que emana da identidade é *positivo*: construtivo e não destrutivo. Ele beneficia todas as pessoas que fazem parte da expressão desse poder, porque ele é baseado na criação e perpetuação de uma contribuição legítima.

A graça, oriunda da identidade, tem um significado especial. Esse significado pode ser visto na capacidade do indivíduo ou da companhia de fazer algo extraordinariamente difícil como se fosse fácil. Existe graça na flexibilidade da linha de produção, nas proporções e no movimento do ser corporativo quando ele adquire uma eficiência plena. Também existe graça sob pressão, a qual dá aos líderes a força de que precisam para suportar os desafios e resistir a tentações (de vender pela melhor oferta, por exemplo, ou de tirar proveito de sua posição de monopólio para aumentar continuamente os preços sem que isso se reflita na qualidade).

A graça, oriunda da identidade, é o estado de estar, de maneira completa e natural, envolvido com o mundo. Sua base é formada pela autenticidade e pela coerência. Em um estado de graça — corporativo ou pessoal — a criatividade não é dissipada por causa de conflitos, nem desperdiça energia. A sua chancela é a serenidade e confiança.

Um dos principais benefícios de trabalhar de acordo com as Leis da Identidade é um estado de saúde pessoal e corporativa sem a qual a riqueza não pode ser produzida. Dessa forma, as capacidades física, cognitiva e emocional que nos tornam ímpares funcionam a todo vapor. Para as organizações e, da mesma forma, para os indivíduos, uma saúde como essa pode ser medida de várias formas, formas essas que significam mais do que apenas valor. Ela se reflete em agilidade e flexibilidade, em uma percepção aguçada e alerta, e na sensibilidade franca e sedutora que pode levar a uma plena relação com todos os que estão, de uma forma ou de outra, envolvidos com a organização.

As empresas e as pessoas que atuam em um estado de saúde como esse, muito provavelmente, reconhecerão o potencial — potencial que leva a sua marca — que têm para a produtividade, para a criação e para as contribuições que podem proporcionar aos clientes, mercados, indústrias, sociedade e, de maneira especial, à família e aos amigos também. Qual seria o resultado mais previsível disso tudo? *Um relacionamento profundamente arraigado na confiança.*

Um subproduto essencial do fato de viver e trabalhar em uma posição de poder e graça é exercer uma influência profunda na vida dos outros para que eles liberem *seus* potenciais. Viver de acordo com essas leis e as crenças que elas produzem encerra a oportunidade de promover mudanças significativas: viver um legado. Por quê? Porque está na natureza da identidade — de uma pessoa ou de uma corporação — fazer algo de novo.

Para as pessoas e para as organizações que seguem esse caminho, há um benefício adicional. É a força inabalável que vem do fato de sermos autênticos e honestos conosco mesmos, em vez de sermos falsos ou fingidos simplesmente para agradar aos outros. Essa força faz surgir uma confiança que se dá quando nos sentimos totalmente à vontade com aquilo que somos — e com aquilo que não somos. Não nos sentimos culpados nem arrependidos. Não alimentamos dúvidas, quer estejamos analisando nossos amigos, nossos clientes, nossos investidores, ou estejamos sós conosco mesmos no meio da noite.

O estado de saúde que se observa quando se vive de acordo com a identidade também proporciona uma vida mais longa — uma experiência que, se prolongada, poderá trazer a riqueza que emana do valor que se cria. Para as instituições comerciais, pode ser a perpetuação da existência, uma existência na qual o valor e a riqueza se expandem para sempre.

CONCLUSÃO

Foram dados muitos passos para que pudéssemos expor o impacto extraordinário que as forças humanas exercem no destino das organizações. Mas a caminhada continua. A estrada em que nos encontramos leva-nos inexoravelmente ao âmago do problema: *reconhecer a identidade como o centro imortal e invisível que orienta as organizações assim como orienta as pessoas.* O que fazemos com esse conhecimento — como reagimos às Leis da Identidade enquanto indivíduos, profissionais e líderes comerciais — é um desafio que cada um de nós tem de enfrentar de maneira pessoal.

Podemos desobedecer às Leis da Identidade? Podem os líderes simplesmente ignorá-las e tocar seus negócios da maneira habitual? Podem, se assumirem os riscos. É possível fechar os olhos para as forças dos mercados e da competição durante um tempo. Mas essas forças, de uma maneira ou de outra, acabarão por separar os fortes dos fracos. Da mesma maneira, os administradores podem decidir ignorar as Leis da Identidade. No final, porém, essas leis atuarão no sentido de separar as empresas que entendem o que é a verdadeira criação de valor daquelas que não entendem. As que entendem deverão prosperar, as outras se tornarão cada vez mais fracas e morrerão.

O único pré-requisito real para se empregar a identidade como centro de gravidade da vida é acreditar com convicção no potencial que as pessoas e as organizações têm para criar valor para os outros e produzir riquezas para si como recompensa. É esse o imperativo para os líderes de verdade. Para as pessoas e organizações que acreditam nisso, as Leis da Identidade são um guia.

Anteriormente, neste livro, eu percebi quanto tempo e atenção foram dedicados ao estudo dos líderes bem-sucedidos para que se pudesse entender como eles faziam o que fazem. Mas, uma das qualidades de todos os líderes, sejam eles pessoas ou instituições financeiras, é que eles são únicos. É essa uma das qualidades que mais admiramos. Dessa forma, seria um erro estudar outras qualidades com a intenção de imitá-las, pois isso seria um exercício contraproducente. Não podemos ser nada além daquilo que somos. Por isso, é necessário que estudemos a nós próprios, ou ao nosso empreendimento, para que possamos descobrir as características que fazem de nós ou de nossos negócios algo sem igual. Invista nessas características e a liderança virá como conseqüência.

SOBRE O AUTOR

Laurence D. Ackerman nasceu na cidade de Nova York. Tornou-se bacharel em inglês na Carnegie-Mellon University e mestre em Comunicações na Universidade de Boston. Ele é vice-presidente sênior da Siegel & Gate, uma empresa internacional de consultoria especializada em transformação comercial por meio de administração de marcas corporativas e comunicações interativas.

Larry começou sua carreira como consultor na Yankelovitch, Skelly & White antes de se afiliar à Anspach Grossman Portugal em 1981. Mais tarde deixou essa firma para fundar a Identica, junto com dois sócios, em 1985, na qual ele desenvolveu uma grande parte de sua teoria de administração baseada na identidade. Quando voltou à AGP em 1989 na qualidade de sócio, Larry passou dez anos aperfeiçoando suas idéias e aplicando-as a uma gama muito grande de clientes em todo o mundo. Sua experiência é bastante diversificada: trabalhou com empresas de assistência médica, fábricas e produtos de consumo; trabalhou também com serviços de finanças, serviços profissionais e públicos.

Larry escreve e fala regularmente sobre identidade e cultura e o impacto que elas provocam no desempenho comercial. Ele mora em Weston, no Estado de Connecticut, junto com a esposa Janet e o filho Max. Sua página na Internet é:

www.identityisdestiny.com